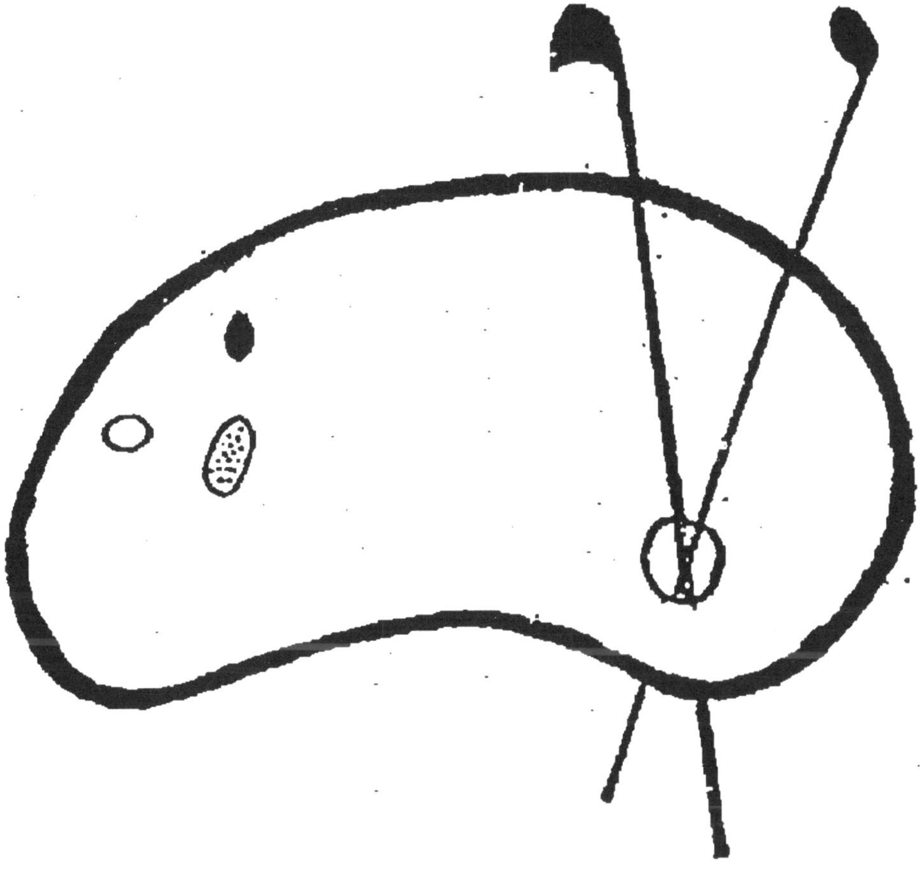

L'INSTRUCTION PRIMAIRE

EN SUISSE

PAR

Madame F. ESCALI

DIRECTRICE D'ÉCOLE COMMUNALE, A PARIS

DÉLÉGUÉE A L'EXPOSITION SCOLAIRE DE ZURICH

PARIS

A. RACT et Cie, Éditeurs,

16 et 18, rue Cassette.

1885

PARIS. — IMP. CHAIX (SUCC. B), RUE DE LA SAINTE-CHAPELLE, 5. — 1573-5.

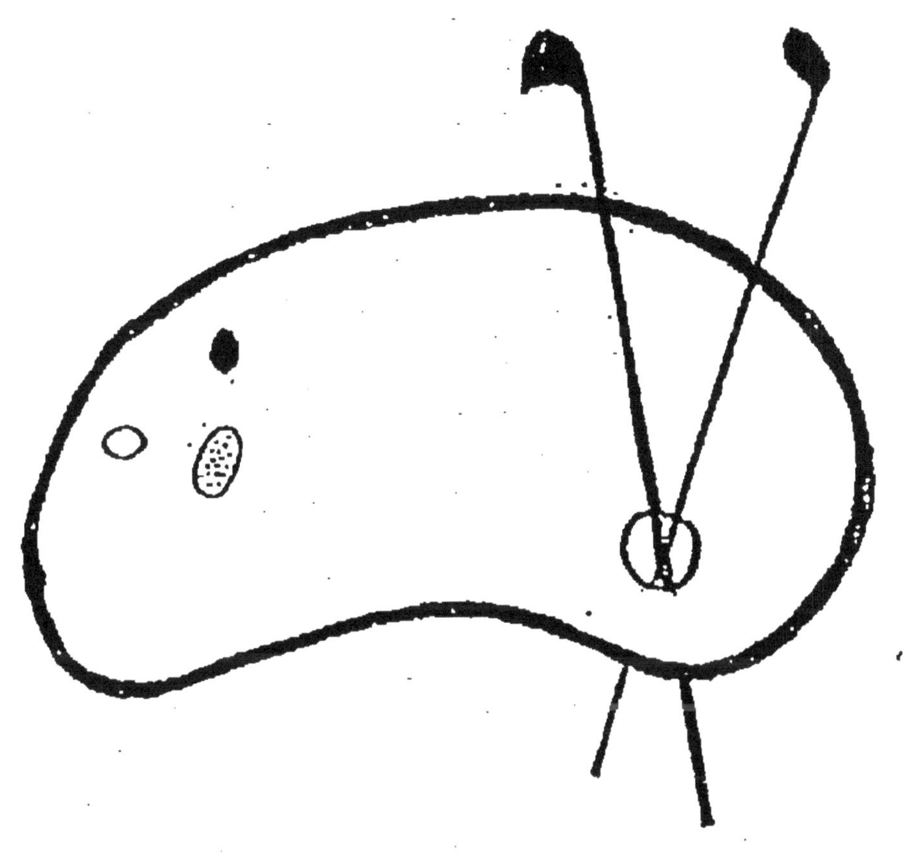

FIN D'UNE SERIE DE DOCUMENTS
EN COULEUR

L'INSTRUCTION PRIMAIRE

EN SUISSE

L'INSTRUCTION PRIMAIRE

EN SUISSE

PAR

Madame F. ESCALI

DIRECTRICE D'ÉCOLE COMMUNALE, A PARIS
DÉLÉGUÉE A L'EXPOSITION SCOLAIRE DE ZURICH

PARIS
A. RACT et Cie, Éditeurs,
16 et 18, rue Cassette.

1885

INTRODUCTION.

Cet ouvrage est le rapport que j'ai été chargée d'adresser à la Direction de l'Enseignement primaire de la Seine, comme déléguée à l'Exposition scolaire de Zurich.

MM. Buisson, directeur de l'enseignement primaire au ministère de l'Instruction publique, et Carriot, directeur de l'enseignement primaire de la Seine, ont bien voulu en consacrer l'existence en le faisant admettre dans les bibliothèques d'écoles normales, pédagogiques et des écoles communales de la Seine.

En Suisse, autant de cantons, autant de directions d'enseignement, et, par conséquent, autant d'organisations différentes.

Pour arriver à pouvoir donner un travail d'ensemble, j'ai procédé ainsi :

Pendant mon séjour à Zurich, j'ai visité les écoles, assistant aux leçons, prenant des notes auprès des maîtres, auprès des commissions de surveillance, réunissant tous les documents de nature à me permettre d'étudier les règlements, programmes, méthodes en vigueur dans le canton de Zurich. Ce travail a été ensuite complété par des remarques et de nouvelles notes prises dans les différentes classes du groupe XXX (exposition scolaire).

Pour connaître l'organisation des autres cantons (comme peu d'entre eux avaient exposé), j'ai dû, pour traiter toutes les questions relatives à l'enseignement primaire de ce pays, échanger de nombreuses correspondances afin de m'assurer les renseignements et documents officiels, pouvoir donner ainsi un travail aussi complet que possible.

Je renouvelle ici, comme dans mon rapport, mes remerciements aux personnes qui ont bien voulu, en Suisse, faciliter ma tâche de déléguée en m'assurant leur bienveillant concours, particulièrement à M. Zuan Salis, directeur de l'Exposition ; à

M. Koller, instituteur secondaire et membre de la Commission scolaire ; à M. Hirzel, directeur de l'instruction à Zurich ; à MM. Gachnang et Spöri, instituteurs; enfin, aux différents chefs des départements de l'instruction publique pour l'envoi de documents et plans.

Cet ouvrage est divisé en cinq parties :

1° Obligation, gratuité, laïcité.

2° Écoles.

3° Instituteurs.

4° Bâtiments scolaires.

5° Notes sur l'Exposition, avec différentes statistiques empruntées aux ouvrages de M. Grob (1), secrétaire du département de l'instruction publique du canton de Zurich.

Je serais heureuse si, tout en pouvant servir en France à établir des points de comparaison et à faire connaître l'organisation de l'enseignement primaire en Suisse, ce travail était bien accueilli dans ce pays, par tous ceux que les questions d'enseignement intéressent.

17 mars 1885.

F. E.

(1) Zurich, Typ. J.-J. Ulrich, Berichthaus.

CHAPITRE Ier

Obligation de l'enseignement; — gratuité; — laïcité; — rôle de la Confédération; — article 27.

Principe de l'obligation, durée et division de l'école obligatoire.

Répression des absences non justifiées.

Enseignement religieux.

§ 1er. — OBLIGATION DE L'ENSEIGNEMENT. — GRATUITÉ. — LAICITÉ. — ROLE DE LA CONFÉDÉRATION.

Ce fut en 1870-1872, à l'époque de la revision fédérale, lors du grand mouvement qui s'empara des esprits en Suisse, que la nécessité de s'occuper de l'instruction populaire fut dénoncée au Conseil fédéral par une pétition émanant du Comité central de la Société suisse des instituteurs, et par les *desiderata* qu'exprimèrent de nombreuses assemblées populaires ainsi que des associations importantes.

Les réformes demandées, en soulevant des controverses nombreuses et en donnant jour à des propositions multiples, devaient provoquer de longs débats. Il s'agissait, en effet, d'étudier et de résoudre de grosses questions, telles que :

L'obligation }
La laïcité } de l'enseignement ;
La gratuité }

L'immixtion de la Confédération dans les questions qui s'y rattachent.

En 1871 seulement, le Conseil national nomma une commission chargée d'étudier les différents projets qui avaient été déposés et de présenter ses conclusions.

Les membres de cette commission ne purent arriver à s'entendre, deux camps se formèrent, et cette scission s'explique par la nature même des deux propositions qui suivent :

La majorité se contentait de demander la création d'établissements supérieurs, tels que : séminaires, écoles industrielles, universités, écoles des arts et métiers (Technikum) et repoussait l'ingérence de la Confédération comme une tendance à une centralisation devant porter atteinte à la souveraineté des cantons.

La minorité, au contraire, proposa :

1° L'enseignement primaire, obligatoire, gratuit, ne pouvant être donné par des ordres religieux.

2° Le droit à la Confédération d'édicter des propositions légales sur le minimum de l'enseignement dans les écoles primaires.

Le rapporteur de la minorité s'attacha à faire ressortir combien il était illogique que la Confédération créât des établissements supérieurs d'instruction, s'intéressât aux études du petit nombre et négligeât l'enseignement primaire, duquel seulement le grand nombre peut profiter.

« Chaque année, dit-il, il sort des écoles primaires soixante à soixante-dix mille enfants; six cents à huit cents d'entre eux, à peine, profiteront des établissements d'instruction supérieure; il n'est donc rien fait pour les 90 0/0 de ces enfants. »

Il me paraît utile, avant de faire connaître les résultats des travaux, le projet de loi, d'indiquer rapidement les principaux arguments développés contre ou pour :

L'obligation }
La laïcité } de l'enseignement;
La gratuité }
L'immixtion de la Confédération.

Obligation. — Le principe de l'obligation ne fut pas ouvertement combattu.

Le principal argument des adversaires de l'intervention fédérale était que l'obligation se trouvait de fait exister dans tous les cantons (1). Mais il fut objecté, avec juste raison, qu'il fallait, comme garantie pour l'avenir, contre l'éventualité des réactions cantonales dans le domaine de l'instruction publique, que la Confédération fédérale déclarât une fois pour toutes que l'enseignement primaire dans les cantons était obligatoire. Pour bien des cantons, en effet, le principe était resté sur le papier, il ne fallait pas qu'il fût lettre morte, et il était nécessaire de limiter la durée de l'école suivant les besoins des localités, des contrées industrielles comme des contrées agricoles, de fixer un minimum de fréquentation scolaire et d'indiquer un mode de réprimande pour les absences.

Du reste, le droit qu'a un état de déclarer l'instruction obligatoire me paraît suffisamment établi par la protection même qu'il doit aux enfants contre ceux des parents qui négligent leurs devoirs et laissent leurs enfants dans une ignorance funeste, non seulement à leur propre intérêt, mais à celui de la nation.

---

(1) Sauf à Genève, qui revisait ses statuts pour l'introduire.

Laïcité. — C'est la laïcité qui donna lieu aux débats les plus vifs ; elle mettait en jeu trois grosses questions :

Deux relatives aux personnes chargées de l'enseignement ;

L'autre à la nature de l'enseignement lui-même.

Fallait-il exclure seulement de l'enseignement les membres des ordres religieux ou toute personne ayant un caractère ecclésiastique ?

L'enseignement primaire devait-il rester étranger à tout esprit confessionnel ?

Bien des propositions, d'un caractère diamétralement opposé, surgirent. Et pouvait-il en être autrement dans un pays aussi partagé au point de vue des croyances et des pratiques religieuses ?

Une pétition de Fribourg, signée par le comité d'une assemblée de professeurs, d'inspecteurs d'écoles, de régents du canton, auxquels s'étaient joints des pères de famille, demandait :

La liberté absolue des pères de famille et la souveraineté des cantons dans les questions de l'éducation et de l'instruction à tous les degrés de l'enseignement ;

Le droit pour les cantons et pour les communes de confier l'éducation de l'enfance à des corporations religieuses ;

Au lieu de la séparation de l'Église et de l'école dans l'éducation, l'union de l'Église et de l'école, du prêtre et de l'instituteur, du catéchisme et de la grammaire, de Dieu et de la science.

En opposition à l'esprit de ces vœux qui formaient la minorité, la plupart des cantons formulèrent celui de voir assurer à l'école son entière indépendance de l'Église, et trouvèrent dans un des rapporteurs de la Commission un défenseur dont je crois devoir reproduire un des passages de son discours :

« L'école primaire doit être une école de citoyens. Or, les ordres religieux sont composés de personnes qui font profession de vivre d'une façon différente du reste des humains. Ce n'est pas à elles que l'on peut demander de préparer des hommes et des citoyens pour la pratique des devoirs dont elles-mêmes se sont éloignées. Les personnes font vœu de célibat, elles ont quitté leur famille, et c'est à elles que l'on dirait d'instruire leurs élèves aux devoirs du père de famille, de la mère de famille ! Elles ont quitté la vie publique, renoncé pour ainsi dire au monde, et on leur demanderait d'enseigner à la jeunesse les devoirs du citoyen, les vertus de celui qui reste au milieu de la société et qui en accepte les lois ! Cela n'est pas possible. Il faut le dire d'ailleurs, un nombre considérable de membres de ces ordres sont étrangers et tous placés sous une loi d'obédience qui ne ressemble en rien aux lois du pays, reçoivent le mot d'ordre d'un souverain qui est à l'étranger. »

L'exclusion des ordres religieux ne suffit pas à ce défenseur de la laïcité, il veut un enseignement complètement laïque :

« L'État, dit-il, a le droit d'imposer aux pères de famille l'obligation de donner à leurs enfants l'instruction sur les vérités scientifiques qui sont des vérités incontestées, dont la démonstration rigoureuse a été faite et peut se faire chaque jour. »

Il ajoute aussi : « Mais s'il s'agit des croyances religieuses, dont le fondement est la foi, le droit de l'État s'incline devant le père de famille. »

Pour cet orateur, le caractère laïque de l'école découle de ces deux principes : l'école obligatoire et les croyances libres. Le régent sera laïque, l'enseignement religieux sortira du programme obligatoire; rien n'empêchera le curé ou le régent de donner la leçon de religion après les heures de l'école obligatoire.

Il faut remarquer que, dans les écoles catholiques, les pratiques religieuses prennent au détriment de l'instruction une place énorme. Il signale ce mal que plusieurs cantons ne demandent aucun brevet de capacité aux frères et sœurs des ordres enseignants, et que ce privilège n'est nullement justifié par l'état d'instruction des membres de ces ordres.

La comparaison qui fut alors établie entre les écoles tenues par les sœurs et celles à la tête desquelles se trouvaient des institutrices laïques donna un résultat convaincant en faveur de ces dernières.

Cette excellente raison ne fut pas négligée, et on la fit valoir.

Gratuité. — Partant de ce principe que les populations n'attachent guère de valeur qu'à ce qui coûte, et que la fréquentation était de 20 à 30 0/0 plus considérable dans l'école où l'on payait un écolage que dans les établissements gratuits plusieurs membres de la Commission demandèrent que pleine liberté fût laissée aux cantons.

D'autres exprimèrent la même idée aussi; ils alléguèrent qu'il n'était pas démontré que la gratuité fût un bien, car aux yeux des parents, c'était l'écolage qui donnait de la valeur à l'école.

Ces deux raisons furent aisément combattues.

Pour le plus grand nombre, en effet, la meilleure cause plaidant pour la gratuité était l'obligation de l'enseignement elle-même. Il était injuste, puisque les parents étaient contraints d'envoyer leurs enfants à l'école, de les faire payer.

Cette gratuité existait déjà, du reste, dans onze cantons, deux demi-cantons, et trois cantons laissaient les communes libres de réclamer un écolage ou d'y renoncer; et, c'était justement pour mettre un terme aux nombreuses inégalités, et pour que les citoyens qui vont s'établir dans un autre canton fussent traités sur le même pied que dans leur canton d'origine, qu'il y avait lieu de déclarer la gratuité générale et absolue.

Rôle de la Confédération. — A plusieurs époques, notamment en 1870, dans une assemblée tenue à Morat (canton de Fribourg) et dans une assemblée de libéraux à Lucerne, le peuple suisse avait demandé : *l'école populaire sous la surveillance de la Confédération.* Mais, ce fut seulement en mars 1872 que la Commission du Conseil national (qui elle-même paraissait admettre que la Confédération n'avait de devoir à remplir qu'à l'égard de l'instruction supérieure), voyant les nombreuses pétitions qui lui étaient adressées, décida que les questions se rattachant à l'enseignement primaire feraient partie du programme des travaux de la revision fédérale.

Parmi les nombreux vœux émis, je citerai comme un des plus importants celui qui, arrêté dans une assemblée d'instituteurs suisses tenue à Zurich le 14 octobre 1871, fut envoyé aux Chambres et tendait à l'introduction dans la Constitution de la Confédération fédérale d'un article ainsi conçu :

« Il appartient en première ligne aux cantons de pourvoir à l'instruction publique. Néanmoins, la Confédération a le droit et le devoir de s'assurer en tout temps de l'état des résultats des établissements d'instruction publique dans les cantons, et d'obliger ces derniers à créer et à diriger les écoles primaires, de telle manière qu'elles garantissent à tous la somme de connaissances nécessaire à l'accomplissement des devoirs généraux de l'humanité et des devoirs du citoyen. Elle a aussi le droit de compléter, par des établissements fédéraux d'instruction, l'ensemble des établissements d'instruction publique des cantons. »

Par quels motifs pouvait-on bien combattre l'immixtion de la Confédération dans les questions d'enseignement, quelles raisons, au contraire, réclamaient l'ingérence de l'État ?

Un membre de la Commission la trouve plus nuisible qu'utile.

Il la croit inutile parce que, dans tous les cantons, on fait déjà de louables efforts pour améliorer les écoles.

Elle rencontrera de grandes difficultés, par suite de la multiplicité des détails et de l'enseignement, ou alors il faudra créer un état-major d'inspecteurs.

D'autre part, la Confédération ayant la réputation d'être riche, si elle a son mot à dire dans l'instruction primaire, on s'habituera à l'idée qu'elle doit intervenir financièrement.

Ces allégations sont réfutées : l'intervention de la Confédération est nécessaire ; son abstention ne ferait que rendre toujours plus criantes les inégalités qui règnent actuellement dans l'enseignement primaire des différents cantons.

L'influence de la Confédération sera salutaire et ne peut être qu'un élément de progrès et d'encouragement pour les cantons.

L'intervention financière ne peut être considérable et ne doit pas effrayer.

Les raisons invoquées contre ce vœu devaient tomber.

Pourquoi, alors que dans la constitution de la Confédération suisse, il y a des articles portant que la Confédération peut intervenir en faveur des travaux d'utilité publique dans les cantons, etc.; pourquoi, dis-je, n'aurait-on pas ajouté un article lui donnant le droit d'intervenir dans la vie intellectuelle de son peuple ?

En signalant les points qui servirent principalement de base de discussion, j'ai voulu montrer combien avait été difficile l'enfantement du fameux article 27 de la constitution fédérale.

Je dois ajouter que cette nouvelle disposition constitutionnelle sortit des entrailles mêmes du peuple. En effet, lorsqu'en 1870-1871, la revision fédérale fut décidée, personne dans les régions du pouvoir ne songeait à faire quelque chose pour l'instruction primaire.

Mais, insensiblement, l'opinion publique fit prévaloir sa volonté par des adresses dans les assemblées et cet article 27 fut adopté par une importante majorité dans les deux Chambres (29 mai 1874).

Article 27. — 1° La Confédération a le droit de créer, outre l'École polytechnique existante, une université fédérale et d'autres établissements d'instruction supérieure, ou de subventionner des établissements de ce genre.

2° Les cantons pourvoient à l'instruction primaire, qui doit être suffisante et placée exclusivement sous la direction de l'autorité civile. Elle est obligatoire, et dans les écoles publiques, gratuite.

3° Les écoles publiques doivent pouvoir être fréquentées par les adhérents de toutes les confessions sans qu'ils aient à souffrir d'aucune façon dans leur liberté de conscience ou de croyance.

4° La Confédération prendra les mesures nécessaires contre les cantons qui ne satisferaient pas à ces obligations.

En 1875, le Conseil fédéral, invité à indiquer les mesures qu'il devait prendre pour assurer l'exécution des différents paragraphes de l'article 27, adressa aux cantons une circulaire dont je cite ce passage :

« Afin de s'assurer si, dans votre canton, l'instruction primaire répond aux exigences précitées, nous devons vous inviter à nous transmettre à cet égard les documents nécessaires. Si, sous un rapport ou sous l'autre, l'instruction primaire dans votre canton présentait des lacunes qui ne doivent plus exister sous l'empire de la nouvelle constitution, nous devons vous demander de nous instruire de quelle manière et jusqu'à quelle époque vous pensez être en mesure d'y remédier. »

Chaque canton répondit à cette invitation.

En 1877, le département fédéral de l'intérieur, estimant que le travail de revision annoncé par les cantons devait être terminé ou tout au moins approcher de sa fin, et qu'en conséquence il était possible de se rendre compte des effets produits par l'article 27, invita les cantons à lui faire parvenir :

1° Les rapports pédagogiques et statistiques des départements de l'instruction publique pour 1875 et 1876;

2° Le programme général de l'instruction primaire lorsqu'il en existe un semblable;

3° La liste des manuels en usage dans les écoles primaires;

4° Les modifications aux lois et règlements scolaires apportées depuis la promulgation de la nouvelle constitution fédérale.

C'est sur la base de ces documents que le département fédéral de l'intérieur dressa les tableaux que je donne ci-contre et qui, aujourd'hui encore, indiquent à peu de chose près l'état de l'instruction primaire en Suisse.

---

§ 2. — PRINCIPE DE L'OBLIGATION

DURÉE ET DIVISION DE L'ÉCOLE OBLIGATOIRE

1. — Zurich.

En mai, entrée des enfants qui ont atteint l'âge de six ans avant le 1er mai.

L'école de tous les jours dure six ans (trois ans d'école élémentaire, trois ans d'école réale); puis viennent :

1° L'école de perfectionnement (trois ans);

2° L'école de chant qui dure jusqu'à la fin de l'année scolaire dans laquelle l'élève a seize ans révolus.

2. — Berne.

Entrée dans l'école d'été des enfants qui ont atteint l'âge de six ans avant le 31 mars.

Durée de l'école obligatoire, neuf années. Pour les deux dernières années, les jeunes apprentis peuvent être dispensés de l'école quotidienne, à la condition qu'ils fréquentent les cours spéciaux douze à quinze heures par semaine, pendant quarante-quatre semaines.

En outre, il peut être dérogé aux principes ci-dessus pour les contrées de montagnes (art. 60 de la loi).

3. — Lucerne.

Entrée avec le commencement de l'année scolaire des enfants qui ont atteint l'âge de six ans avant le 1er janvier.

1° Écoles de *demi-année* réparties en neuf cours qui portent sur sept années, savoir : deux cours d'été, un cours d'hiver, un cours d'été, cinq cours d'hiver. Les élèves du cinquième et sixième cours d'hiver peuvent en outre être contraints de fréquenter l'école d'été un jour par semaine.

2° Écoles tenues *toute l'année* avec six années (plus rares que les précédentes), deux écoles de répétition ou de perfectionnement (pour les garçons) durant jusqu'à l'âge de seize ans révolus.

Les filles suivent les écoles d'ouvrage jusqu'à seize ans.

4. — Uri.

Entrée le 1er octobre de l'année dans laquelle l'âge de sept ans est atteint.

École primaire, six ans.

Cours de répétition jusqu'à l'âge de quinze ans révolus (dans des cas urgents, le Conseil supérieur de l'école peut dispenser du cours).

5. — Schwytz.

Entrée au printemps après six ans révolus.

École primaire, six ans.

École de répétition, deux ans (on peut obtenir dispense). Il existe encore un certain nombre d'écoles de demi-journée qui ne sont toutefois pas conformes à la loi.

Les enfants qui habitent à plus d'une lieue de l'école n'ont l'obligation de fréquenter l'école qu'une fois par jour.

6. — Unterwalden-le-Haut.

Entrée le 1er mai pour les enfants qui ont atteint sept ans avant le 1er avril.

École primaire, six ans.

École de perfectionnement, deux ans.

Avant les examens des recrues on donne à celles-ci quarante heures de leçons.

7. — Unterwalden-le-Bas.

Entrée obligatoire à l'âge de huit ans, facultative dès l'âge de six ans.

Durée de la fréquentation obligatoire, jusqu'à douze ans révolus.

8. — Glaris.

Entrée au printemps pour les enfants qui atteignent sept ans avant le 1er mai.

École de tous les jours, sept ans.

École de répétition, deux ans.

Pour les filles, il y a des écoles d'ouvrage à partir de la quatrième année scolaire jusqu'à la sortie de l'école de répétition.

Dans les écoles de demi-journée qui ne peuvent être tenues que moyennant une autorisation spéciale, l'obligation est prolongée d'une année.

9. — Zug.

Entrée pendant l'année durant laquelle l'âge de six ans est atteint.

École primaire, six ans.

École de répétition, trois ans.

Une dispense de l'école primaire peut être accordée après la cinquième année ; mais la fréquentation de l'école de répétition est alors exigée.

10. — Fribourg.

Dès l'âge de sept ans à celui de quinze ans révolus.

Les élèves suffisamment développés dont le travail est indispensable aux parents, peuvent être dispensés avant le temps par la commission scolaire, d'accord avec l'inspecteur.

11. — Soleure.

Entrée au 1er mai de l'année dans la première moitié de laquelle l'enfant a atteint l'âge de sept ans.

Durée de l'école pour les garçons, huit ans.

Pour les filles, sept ans.

Dans le district de Bucheggberg, l'obligation dure jusqu'à l'admission à la Sainte-Cène, en fait neuf années.

École de répétition pour les garçons, jusqu'à l'âge de dix-huit ans révolus.

École d'ouvrage pour les filles, depuis la deuxième année scolaire jusqu'à une année au delà des sept années d'école primaire.

12. — Bâle-Ville.

Entrée au 1er mai de l'année dans laquelle l'âge de sept ans est révolu (on peut aussi entrer un peu plus jeune).

École primaire : pour les garçons, trois ans, puis quatre années d'école réale; pour les filles, quatre années d'école primaire, puis trois années d'école secondaire.

Dans la banlieue, six années d'école élémentaire, deux années d'école de demi-journée.

13. — Bâle-Campagne.

Entrée au 1er mai de l'année dans laquelle l'âge de six ans est révolu avant le 1er mai.

École de tous les jours, six ans.

École de répétition jusqu'à quinze ans révolus pour les catholiques, jusqu'à la confirmation pour les réformés.

14. — Schaffouse.

Entrée pendant l'été de l'année dans laquelle, jusqu'au 1er mai, l'âge de six ans a été atteint.

École de tous les jours jusqu'à quatorze ans révolus.

École de perfectionnement pour les garçons jusqu'à dix-sept ans révolus, pour les filles jusqu'à la confirmation.

École d'ouvrage, pour les filles de dix à quatorze ans.

Les propriétaires de fabrique peuvent ouvrir des écoles de fabrique pour les enfants qui ont passé les cinq premières années d'école primaire.

15. — Appenzell (Rhodes extérieures).

Entrée au 1er mai jusqu'à six ans révolus.

École de tous les jours jusqu'à treize ans accomplis.

École de répétition jusqu'au commencement de l'instruction de catéchumène.

Dans quelques communes il existe des écoles d'ouvrage obligatoires pour les filles.

16. — Appenzell (Rhodes intérieures).

Entrée après sept ans révolus.

École primaire, six ans.

École de répétition, deux ans.

17. — Saint-Gall.

Entrée après six ans révolus.

École de tous les jours, sept années (écoles annuelles, écoles semestrielles, écoles trimestrielles ; aux écoles semestrielles fait suite l'école de repétition).

École de perfectionnement jusqu'à quinze ans révolus (sortie à la fin du semestre).

École d'ouvrage pour les filles depuis la quatrième année scolaire jusqu'à quinze ans révolus.

École de fabrique pour les enfants occupés dans un établissement industriel.

L'entrée dans une telle école ne peut avoir lieu qu'après la sortie de l'école de tous les cinq jours.

18. — Grisons.

Entrée après sept ans accomplis.

Durée jusqu'à quinze ans révolus (dispense exceptionnelle après l'âge de quatorze ans). Les écoles ne sont tenues dans la règle qu'en hiver.

19. — Argovie.

Entrée au 1er mai de l'année dans laquelle jusqu'au 1er novembre l'âge de sept ans est atteint.

École communale, huit années.

Les écoles d'ouvrage doivent être fréquentées par les filles depuis la troisième année scolaire.

Les propriétaires de fabriques peuvent ouvrir à leurs frais des écoles pour les enfants occupés par eux et qui ont fait leurs six premières années scolaires.

Ces écoles doivent avoir, été et hiver, douze heures de durée par semaine. Les communes ont la faculté de transformer leurs deux ou trois classes supérieures en écoles de perfectionnement obligatoire.

20. — Thurgovie.

Entrée au printemps de l'année dans laquelle jusqu'au 1er avril l'âge de six ans est atteint.

École de tous les jours, six années, été et hiver, puis trois années pour les garçons et deux années pour les filles, d'école de tous les jours en hiver et d'école de perfectionnement en été; puis pour les garçons encore trois années d'école de perfectionnement, durant du 1er novembre à fin février (dispenses exceptionnelles.)

École de chant pour les garçons et les filles, de dix à quinze ans.

École d'ouvrage pour les filles de neuf à quinze ans. Ainsi en tout pour les garçons, douze années; pour les filles, huit années et une année d'école de chant et d'ouvrage.

21. — Tessin.

Entrée en automne de l'année où, jusqu'au 1er novembre, l'âge de six ans est atteint.

Durée de l'obligation jusqu'à quatorze ans révolus.

Pour les enfants empêchés de fréquenter l'école parce qu'ils sont en apprentissage, ou occupés à des travaux agricoles, il y a des écoles de répétition, et partout des écoles de jours fériés, en outre des écoles du soir dans les communes où il y a dix garçons et plus.

22. — Vaud.

Entrée dans l'année où jusqu'au 1er novembre l'âge de sept ans est révolu.

Sortie à la fin de l'année scolaire, lorsqu'au 1er novembre l'âge de seize ans est atteint.

Le département de l'instruction publique peut dispenser les élèves avancés lorsque les circonstances de famille les réclament. Sous les mêmes conditions, les commissions locales peuvent dispenser de la fréquentation en été des enfants âgés de plus de douze ans et occupés aux travaux agricoles ; mais ils doivent suivre l'école deux ou trois heures par semaine.

L'école est dans la règle tenue toute l'année.

Les hameaux éloignés d'une demi-heure et plus de l'école communale et qui ont au moins vingt élèves, doivent avoir une école d'hiver (de la Saint-Martin à Pâques); où il y a au moins quarante élèves, on doit tenir une école semestrielle d'ouvrage et d'économie domestique (pour les filles); où il y a plus de soixante élèves, cette même école doit être tenue toute l'année.

Si une école à dédoubler compte seulement quatre-vingt-dix enfants, il suffit de créer une école d'hiver pour les plus jeunes élèves.

23. — Valais.

De sept ans à quinze ans révolus, école primaire subdivisée comme suit :

Premier degré : dure six mois, un maître.

Deuxième degré : dure plus de six mois et un maître, ou six mois avec plusieurs maîtres.

Troisième degré : dure plus de six mois et plusieurs maîtres.

Le Conseil d'État décide, suivant les circonstances, à quel degré chaque école doit appartenir.

De quinze à vingt ans, les jeunes gens doivent suivre l'école de répétition.

24. — Neuchâtel.

De sept ans à seize ans révolus, toute commune qui compte plus de quarante enfants astreints à fréquenter l'école, doit avoir une école tenue toute l'année (ailleurs, on permet des écoles temporaires d'hiver ou d'été).

Après treize ans, les enfants qui ont prouvé, par un examen, qu'ils possèdent des connaissances primaires suffisantes, peuvent entrer en apprentissage; mais ils doivent fréquenter les écoles d'apprentis dix heures par semaine toute l'année jusqu'à seize ans révolus.

Les enfants âgés de plus de douze ans et qui ont un développement intellectuel suffisant, peuvent être dispensés de l'école d'été en vue des travaux de la campagne; mais ils doivent néanmoins fréquenter l'école en été six heures par semaine.

25. — Genève.

École obligatoire de six ans à treize ans révolus.

Écoles primaires et écoles secondaires en grand nombre pour filles et garçons.

---

§ 3. — OBLIGATION DE L'ENSEIGNEMENT

RÉPRESSION DES ABSENCES NON JUSTIFIÉES

1. — Zurich.

Toute absence d'une demi-journée ou trois retards non justifiés comptent pour une absence.

Si, deux jours après, l'absence n'est pas excusée, elle est punissable. Après quatre absences dans le semestre, avertissement écrit aux parents; après sept absences, menace d'une amende de police; après dix, amende.

2. — Berne.

Si les absences non excusées s'élèvent, pendant un mois en hiver ou quatre semaines en été, à plus du sixième du nombre des heures de leçon, la Commission d'école se borne, pour la première fois, à adresser un avertissement écrit ; mais s'il y a des absences ultérieures pendant le même semestre et qu'elles dépassent par mois le sixième du nombre de leçons, ou si les absences non excusées dépassent le tiers du nombre de leçons pendant un mois de semestre d'hiver ou pendant quatre semaines du semestre d'été, le délinquant est dénoncé au préfet sans avertissement préalable.

3. — Lucerne.

Les parents négligents sont avertis, puis punis d'une amende allant jusqu'à 10 francs ou de la prison.

Après deux condamnations à l'amende dans le même semestre, si la négligence continue, le préfet punit de son chef suivant la loi de police ou défère au tribunal du district.

Il n'est pas dit dans la loi après combien d'absences l'avertissement, puis la répression ont lieu.

4. — Uri.

La loi se borne à rendre les parents, etc., responsables pour la fréquentation de l'école.

Les rapports de gestion ne mentionnent pas de mesures prises contre les absences non justifiées.

5. — Schwytz.

D'après la loi de 1848 (art. 28), cinq demi-journées d'absences non justifiées entraînent un avertissement; en cas de récidive, amende de 50 centimes à 5 francs, elle peut être transformée en prison.

Dans le cas de résistance durable, les contrevenants sont déférés aux tribunaux.

6. — Unterwalden-le-Haut.

Les parents ou tuteurs dont les enfants ont plusieurs absences non justifiées, sont cités devant le Conseil scolaire ou avertis par écrit. En cas de récidive, poursuite à l'amende conformément aux articles 23 et 104 de la loi de police.

7. — Unterwalden-le-Bas.

La loi dit simplement que les parents négligents doivent être signalés au Conseil communal, et, en cas de besoin, au Gouvernement.

Les enfants dont les parents sont assistés peuvent être conduits à l'école par la police en cas d'absences récidives.

8. — Glaris.

Après cinq jours d'absences non motivées dans une année, s'il s'agit de l'école de tous les jours, et deux jours s'il s'agit de l'école de répétition, avertissement écrit ou oral.

Si dans la même année, après avertissement, il se produit quatre jours d'absence (deux jours pour l'école de répétition), citation devant le président de la Commission scolaire. Puis, en cas de récidive dans la même année, pour trois jours (un jour dans l'école de répétition), plainte au tribunal de police, amende de 4 à 10 francs, et, en cas de récidive, le double.

9. — Zug.

Après plusieurs absences non motivées, récidivées (nombre non indiqué), avertissement, puis dénonciation au Conseil communal, qui punit de 1 à 4 francs, ou, si les parents sont pauvres, d'un à deux jours de prison. En cas de récidive, le double.

10. — Fribourg.

Avertissement lorsque les absences se répètent (nombre non indiqué), puis amende de 10 à 20 centimes pour chaque demi-jour ; en cas de non-acquittement d'amende, vingt-quatre heures de prison, et, dans les cas plus graves, poursuite devant le juge pénal.

11. — Soleure.

Après une seconde demi-journée dans le même mois, avertissement du maître aux parents par le gendarme, le garde champêtre, l'huissier communal.

Les gendarmes sont tenus, dans leur visite hebdomadaire, de ramener à l'école les enfants qui manquent sans motifs, et ils perçoivent en outre 20 centimes d'amende des parents.

A la fin de chaque année, le maître transmet au juge de paix et au président du tribunal la liste des absences; il peut du reste porter plainte dans le courant du mois.

Le juge de paix prononce une amende et transmet la liste au président du tribunal qui peut élever l'amende. Celle-ci est de 50 centimes à 20 francs, et doit être payée dans le courant du mois; elle peut être convertie en prison.

12. — Bâle-Ville.

Après quatre absences non justifiées dans le semestre, avertissement aux parents, puis avis à l'inspecteur qui cite les parents et les exhorte.

Si ce moyen reste infructueux, dénonciation à l'autorité compétente.

13. — Bâle-Campagne.

Si un enfant a dans un mois plus de trois absences non justifiées (les absences non justifiées pendant six demi-journées ne sont pas punissables), les parents sont punis de 7 1/2 centimes à 1 fr. 50 c. par absence; l'amende peut être convertie en prison.

14. — Schaffouse.

Toute absence non justifiée à l'école de tous les jours est punie de 10 centimes d'amende; à l'école de perfectionnement, de 20 centimes. S'il y a plus de trois absences dans le mois, l'autorité communale condamne à une amende qui peut aller jusqu'à 4 fr. 20 c., et à la prison qui peut aller à deux fois vingt-quatre heures.

15. — Appenzell (Rhodes extérieures).

Les absences non justifiées dans une durée d'une année jusqu'à dix pour les écoles de demi-journée, jusqu'à vingt pour les écoles d'une journée entière, et jusqu'à trois pour les écoles de repétition, donnent lieu à un avertissement. Cinq, dix et deux absences récidivées sont punies par le juge; les pénalités ne sont pas indiquées.

16. — Appenzell (Rhodes intérieures).

Avertissement après dix absences dans les écoles de demi-journée, vingt dans celles tenues deux fois par jour, si les absences se produisent dans le même semestre; puis, amende de 1 à 5 francs qui peut être convertie en prison.

17. — Saint-Gall.

Après trois absences non justifiées à l'école de tous les jours, et deux aux écoles de travail de répétition ou de perfectionnement dans le courant de deux semaines, ou bien six absences, soit quatre dans un délai plus long, avertissement, puis amende de 1 à 5 francs, et après deux amendes, poursuite à une amende qui peut aller jusqu'à 30 francs, ou être convertie en prison.

18. — Grisons.

Toute absence non justifiée paie 10 centimes; en cas de récidive, de 20 centimes à 1 franc par jour. Si l'amende n'est pas payée, dénonciation à l'autorité judiciaire.

19. — Argovie.

Une absence par mois n'est pas punissable; après trois dans le mois, avertissement; au délai de trois, amende de 20 centimes par absence. Si l'absence se renouvelle dans l'année, amende de 50 centimes par absence.

La Commission scolaire peut punir dans un mois jusqu'à six absences, dans le semestre d'été jusqu'à douze, dans le semestre d'hiver jusqu'à quinze. Au delà de ce nombre, le cas est porté au tribunal qui peut condammer de 60 centimes à 1 franc par absence, ou à la prison pour la même peine.

En cas de récidive, la prison est de règle.

20. — Thurgovie.

Toute absence non justifiée dans les trois jours est punissable dès qu'il y en a eu dix dans l'école de tous les jours, six dans le cours d'hiver, quatre dans les écoles de perfectionnement, de chant et d'ouvrage du sexe. 20 centimes par absence pour l'école de tous les jours, pour les autres 40 centimes.

Les personnes qui ne paient pas, ou qui, tout en payant, continuent à négliger d'envoyer leurs enfants plus de trente demi-journées (huit pour les dernières écoles) ou qui sont en état de récidive, peuvent être condamnées à l'amende jusqu'à 30 francs ou à la prison jusqu'à dix jours.

21. — Tessin.

Retards ou absences non justifiés sont punis soit par le maître, soit par l'autorité communale, de 5 à 20 centimes ; en cas de récidive, le double.

Le subside de l'État peut être retiré aux écoles dans lesquelles il y a trop d'absences.

22. — Vaud.

Après quatre absences dans le mois, citation devant la commission locale ; en cas de non-comparution, dénonciation au préfet et amende de 3 francs.

A récidive dans l'année, 10 centimes par absence. A une seconde récidive dans l'année, amende doublée.

Pour toute nouvelle récidive dans l'année, à 20 francs d'amende.

23. — Valais.

Toute absence non justifiée est punie de 20 centimes d'amende. En outre, les parents et tuteurs qui négligent gravement l'instruction de leurs enfants ou pupilles, peuvent être condamnés à une amende de 10 à 30 francs.

24. — Neuchâtel.

Chaque semaine, au moins une fois, les parents sont avisés de toute absence non justifiée de l'élève au moyen d'un formulaire détaché d'un registre à souche.

Si une absence non justifiée se renouvelle dans les trois mois, il y a citation devant le juge de paix qui peut prononcer une amende de 2 francs.

En cas de récidive, dans les six mois, l'amende est de 5 francs.

Après deux condamnations à 5 francs, dans la même année, prison jusqu'à trois jours, et, en cas de récidive, jusqu'à trente jours.

Cette dernière peine est prononcée par le tribunal correctionnel.

25. — Genève.

Les parents et tuteurs dont les enfants ne fréquentent pas assidûment l'école sont, après un avertissement, condamnés à des peines de police.

---

§ 4. — ENSEIGNEMENT RELIGIEUX (1).

1. — Zurich.

La loi zurichoise de 1859, articles 65 et 69, rend l'instruction religieuse obligatoire; mais depuis la nouvelle constitution fédérale (29 mai 1874), l'autorité scolaire supérieure a statué à plusieurs reprises que cet enseignement, tout en restant au programme scolaire, était facultatif pour l'élève. D'après l'article 70 de la loi scolaire, cet enseignement est donné par l'ecclésiastique, mais dans certains cas l'instituteur peut être tenu de le donner.

2. — Berne.

D'après la loi et les règlements antérieurs à 1874, l'enseignement religieux serait obligatoire. Les livres pour l'ensei-

(1) Comme on le constatera, l'article 27 n'est pas observé dans tous les cantons.

gnement religieux ne peuvent être introduits qu'avec l'autorisation de l'autorité ecclésiastique compétente Les instituteurs sont examinés sur la religion; ils doivent produire un acte de baptême; ils sont chargés de l'enseignement religieux historique, l'enseignement dogmatique étant réservé à l'autorité ecclésiastique.

3. — Lucerne.

D'après le programme lucernois, les instituteurs donnent l'enseignement religieux (catéchisme) suivant les directions de l'ecclésiastique.

Tout instituteur qui porte atteinte aux croyances religieuses des enfants peut être révoqué sans indemnité.

4. — Uri.

L'enseignement du catéchisme est donné par l'instituteur sous la direction du curé.

5. — Schwytz.

D'après la loi en vigueur, l'enseignement religieux est obligatoire.

Le projet de revision élaboré en octobre 1876 par le Conseil supérieur porte article 3 :

« L'enseignement religieux est obligatoire et est donné de concert avec les autorités ecclésiastiques, de telle sorte qu'il ne soit pas porté atteinte aux convictions et aux croyances religieuses des ressortissants à d'autres confessions. » (Art. 27 de la Constitution fédérale.)

D'après la loi actuelle, les aspirants au brevet d'instituteur doivent être catholiques pratiquants; ils doivent avoir un certificat de conduite délivré par un ecclésiastique.

L'instituteur doit assister le clergé au catéchisme et au culte, conduire les enfants à l'église, etc. Les enfants sont tenus d'aller à l'église, etc.

Un projet qui date d'octobre 1876 laisse prévoir la suppression de ces dispositions.

6. — Unterwalden-le-Haut.

L'histoire biblique est, d'après la nouvelle loi, obligatoire; toutefois, d'après le programme, cette branche doit être traitée dans l'enseignement de la lecture, et d'après une décision du Conseil d'État, le livre de lecture même est facultatif, mais comme l'indique le tableau page 154, la plupart des maîtres sont ecclésiastiques.

7. — Unterwalden-le-Bas.

L'enseignement religieux catholique est obligatoire. L'instituteur doit avoir une éducation catholique; il a à conduire les enfants aux messes, processions, etc.; il doit accomplir scrupuleusement ses devoirs comme catholique.

8. — Glaris.

L'enseignement porte des leçons de morale et doit éviter tout caractère confessionnel.

9. — Zug.

D'après la loi de 1850, le but de l'éducation doit être conforme à l'esprit de l'Église catholique.

L'ecclésiastique donne l'enseignement religieux et doit veiller à ce que rien de dangereux pour la religion ne soit enseigné dans l'école.

L'autorité ecclésiastique donne son approbation aux moyens d'enseignement confessionnel.

Les manuels scolaires doivent être de telle nature que l'autorité ecclésiastique ne puisse élever à leur sujet aucune opposition motivée.

Les maîtres doivent être catholiques et, au cas où la religion serait mise en danger par eux, ils peuvent être révoqués.

Les enfants doivent être élevés d'une manière chrétienne.

Les instituteurs sont examinés sur la religion et le catholicisme.

10. — Fribourg.

Depuis la loi de 1874, la religion avec l'histoire sainte est obligatoire. (Art. 21.)

Les instituteurs sont examinés sur cette branche. (Art. 46.)

Des écoles confessionnelles peuvent être créées et avoir le caractère d'écoles publiques (art. 125 et 133).

11. — Soleure.

L'instituteur donne un enseignement religieux basé sur la moralité chrétienne, et cela de manière que les enfants de tous les cultes puissent le suivre.

L'enseignement dogmatique est donné par l'ecclésiastique et est facultatif; les heures où il se donne doivent être fixées à la fin de la matinée ou de l'après-midi scolaire.

12. — Bâle-Ville.

L'enseignement religieux est facultatif.

En 1874, s'agissant de la revision d'un manuel pour l'enseignement biblique, la Commission supérieure a décidé qu'en vertu de la nouvelle Constitution fédérale, elle n'avait plus à s'en occuper.

13. — Bâle-Campagne.

L'Église donne l'enseignement dogmatique, l'instituteur un enseignement religieux non confessionnel.

Le premier n'est pas obligatoire.

14. — Schaffouse.

Une ordonnance du Conseil supérieur du 11 mars 1870 prescrit la manière dont l'enseignement doit être donné dans l'école.

Sous l'empire de la loi actuelle tout l'enseignement avait, avant 1874, une tendance confessionnelle accusée. Le projet de revision de cette loi (art. 6) prévoit que sur la demande des parents ou tuteurs, l'enfant peut être dispensé de l'enseignement religieux.

15. — Appenzell (Rhodes Extérieures).

L'instituteur doit être examiné sur le catéchisme et l'histoire biblique. Son enseignement doit être spécifiquement chrétien.

16. — Appenzell (Rhodes Intérieures).

La loi nouvelle (8 avril 1875) prescrit encore, article 18, que pour être instituteur il faut être catholique romain.

Le but de l'enseignement est de former l'enfant en vue de ses destinées éternelles.

17. — Saint-Gall.

D'après l'article 7 de la Constitution cantonale de 1861, les écoles doivent être séparées par confession.

Le Conseil d'État a décidé le 29 novembre 1874, que cette disposition n'était plus en vigueur en présence des articles 27 et 49 de la nouvelle Constitution fédérale, mais que, cependant, on attendrait les cas opportuns pour opérer la réunion des écoles précédemment séparées.

Le rapport officiel de 1875 signale les difficultés que rencontre l'application du principe que l'instituteur doit dorénavant être choisi sans égard à sa confession.

18. — Grisons.

Les écoles peuvent être confessionnelles et l'instituteur est examiné sur la religion.

D'après le projet de revision de 1874, l'enseignement religieux doit être dégagé de tout esprit confessionnel et dogmatique (art. 19), et les écoles confessionnelles ne peuvent être tolérées qu'à la condition qu'elles répondent aux prescriptions en vigueur dans les écoles publiques (art. 40).

19. — Argovie.

Les instituteurs sont examinés sur la religion.

Le règlement du 20 juillet 1868 (art. 8) exige que le candidat à un poste ait un certificat de mœurs délivré par un ecclésiastique.

Le rapport de gestion pour 1874 (page 6) parle de l'élaboration d'un manuel d'enseignement biblique acceptable pour les deux confessions chrétiennes.

20. — Thurgovie.

L'enseignement religieux consiste dans des récits bibliques, dans des exercices de mémoire, poésies religieuses à apprendre par cœur, etc., le tout sans esprit confessionnel. Une demi-journée par semaine (le mercredi après-midi) est laissée libre pour l'enseignement confessionnel.

21. — Tessin.

L'enseignement religieux est donné d'après le catéchisme catholique aux termes du programme du 13 novembre 1867.

22. — Vaud.

L'enseignement religieux est donné par l'instituteur qui doit appartenir à l'Église nationale.

Cet enseignement est placé sous la surveillance du pasteur de la paroisse.

L'article 19 de la loi de 1865 porte :

« Il ne sera enseigné aucune doctrine religieuse autre que celle de l'Église nationale et celle de l'Église romaine pour ce qui concerne les écoles du culte catholique. »

L'article 20 permet de dispenser les élèves sur la demande expresse des parents.

23. — Valais.

Les aspirants instituteurs sont examinés sur la religion catholique.

L'enseignement religieux (cathéchisme diocésain et histoire sainte) est donné par l'instituteur sous la surveillance de l'Église. Le rapport de gestion pour 1874 renferme un exposé de la manière de voir du gouvernement en ce qui concerne l'exécution des articles 27 et 49 de la Constitution fédérale.

Il en résulte :

1° Que lorsque tous les enfants sont catholiques, ils suivent l'enseignement religieux à moins que les parents ne demandent dispense.

2° Que lorsque l'école renferme des enfants appartenant à une confession dissidente, l'enseignement religieux n'est pas donné en leur présence.

3° Que dans tous les cas, cet enseignement doit avoir lieu au commencement ou à la fin de la journée scolaire.

24. — Neuchâtel.

L'enseignement religieux est complètement distinct du programme de l'école, dans lequel il ne figure pas.

Les parents ont à pourvoir à cet enseignement; les locaux scolaires sont ouverts à tous les cultes en dehors des heures de l'école.

25. — Genève.

L'enseignement religieux est facultatif, il est donné par les ministres des cultes.

L'article 27 de la Constitution fédérale n'est pas seul à faire règle pour les écoles publiques; il faut y ajouter les articles suivants :

Art. 33. — La législation fédérale a le droit de pourvoir à ce que les personnes qui se vouent aux professions libérales puissent obtenir des actes de capacité valables dans toute la confédération.

Art. 34. — La confédération est autorisée à établir une détermination uniforme sur l'emploi des enfants dans les fabriques.

Art. 49. — La liberté de conscience et de croyance est inviolable.

Nul ne peut être contraint de faire partie d'une association religieuse, de suivre un enseignement religieux, d'accomplir un acte religieux, ni encourir des peines, de quelque nature qu'elles soient, pour cause d'opinion religieuse. La personne qui exerce l'autorité paternelle ou tutélaire a le droit de disposer, conformément aux principes ci-dessus, de l'éducation religieuse des enfants jusqu'à l'âge de seize ans révolus.

Art. 51. — L'ordre des Jésuites et les sociétés qui lui sont affiliées ne peuvent être reçus dans aucune partie de la Suisse, et toute action dans l'église et dans l'école est interdite à leurs membres.

Cette interdiction peut s'étendre aussi, par voie d'arrêté fédéral, à d'autres ordres religieux dont l'action est dangereuse pour l'État ou trouble la paix entre les confessions.

CHAPITRE II

DES ÉCOLES

§ 1er. — **Écoles enfantines.** — Nombre des écoles dans chaque canton; — méthode suivie; — âge d'admission; — écolage; — traitement du personnel.

§ 2. — **Écoles primaires.** — Création, entretien; — organisation.

§ 3. — **Statistiques au 31 mars 1882.** — Nombre d'écoles primaires et de classes, etc.; — nombre des élèves; — absences; — nombre d'élèves par classe; — nombre de semaines d'école par année.

§ 4. — **Programme des matières.** — Plans d'études (Zurich et Berne).

§ 5. — **Direction et administration.**

§ 6. — **Écoles complémentaires.**

§ 7. — **Écoles secondaires.** — Création et entretien des écoles; — commissions de surveillance; — organisation; — programme; plan d'études.

§ 8. — **Cours d'adultes** ou cours du soir.

§ 9. — **Écoles privées.**

§ 10. — **Cours spéciaux.** — Couture et économie domestique; — dessin; — chant; — gymnastique.

§ 1er. — DES ÉCOLES

ÉCOLES ENFANTINES. — ÉCOLES PRIMAIRES. — STATISTIQUES. — ÉCOLES COMPLÉMENTAIRES. — ÉCOLES SECONDAIRES. — COURS D'ADULTES. — ÉCOLES PRIVÉES. — COURS SPÉCIAUX.

Ecoles enfantines.

Le but des écoles enfantines est de faciliter et de compléter l'éducation de la famille, de préparer les enfants à l'enseignement primaire au moyen d'exercices corporels et intellectuels, tout en travaillant à développer leur esprit et leurs aptitudes.

NOMBRE DES ÉCOLES ENFANTINES DANS CHAQUE CANTON. — MÉTHODE APPLIQUÉE. — AGE D'ADMISSION. — ÉCOLAGE. — TRAITEMENT DU PERSONNEL.

1. — Zurich.

Quarante-sept écoles enfantines ; le nombre de semaines par année varie entre trente-trois et quarante-cinq, de quatre à neuf heures en été et de trois à six heures en hiver.

Les enfants sont admis de deux à six ans.

Nombre de garçons (1) : 1,309.

— filles : 1,442.

L'écolage est depuis 20 centimes jusqu'à 1 franc dans le canton. Un certain nombre d'élèves sont exempts de la totalité ou d'une partie de l'écolage.

Toutes les institutrices sont laïques, sauf dans la commune de Oberstamheim (district d'Andelfingen), et presque toutes ces institutrices ont fait des études spéciales.

Le chiffre du traitement varie beaucoup ; ainsi, pendant que, dans bien des communes, le traitement n'excède pas 300 francs, il monte, soit à Zurich, soit dans les faubourgs de cette ville, jusqu'à 900 francs, 1,000 francs et même 1,600 francs.

---

(1) Pour tous les cantons, ces chiffres ont été arrêtés au 31 mars 1882.

La méthode Frœbel est principalement employée.

2. — Berne.

Écoles enfantines, vingt-neuf; emploi surtout de la méthode Frœbel, puis les jeux et le travail manuel; trente-six à quarante-cinq semaines; de deux à six heures en été et de quatre à six heures en hiver. (Dans les districts de franches montagnes il y a jusqu'à douze heures d'occupation en hiver et en été.) Dans une école enfantine de Berne, il n'y a au contraire que deux à trois heures d'occupation. L'âge d'admission est de trois à six ans.

Garçons, 598; filles, 663. Écolage depuis 20 centimes jusqu'à 3 francs. Exceptions partielles ou totales.

Les institutrices, à part trois, sont laïques.

La commune la moins rétribuée, Gerzense (district de Seltigen), donne 240 francs. Berne va jusqu'à 1,400 francs (la moyenne du traitement dans cette ville est de 800 francs).

3. — Lucerne.

Quatre écoles, méthode Frœbel; de quarante-deux à quarante-six semaines, plutôt quarante-deux; l'école dure de quatre à cinq heures, hiver comme été. L'âge d'admission est de trois à six ans.

88 garçons et 85 filles fréquentent ces écoles.

L'écolage est en moyenne de 3 francs; 40 élèves sont exempts de cet écolage, 54 d'une partie.

Il y a trois institutrices laïques, une ecclésiastique. Les trois institutrices laïques touchent 1,100 francs chacune, la congréganiste 600 francs.

Nota. — Il n'existe d'écoles enfantines que dans Lucerne même; aucun district n'en possède.

4. — Uri.

Il n'y a point d'écoles enfantines dans ce canton.

5. — Schwytz.

École enfantine, une; les occupations consistent en jeux;

trente semaines par année, une à deux heures par jour; admission de quatre à sept ans, garçons 5, filles 2, écolage de 1 fr. 50 c., pas d'exempt. L'institutrice est laïque et touche 65 francs par an.

6. — Unterwalden-le-Haut.

Pas d'école enfantine dans ce canton.

7. — Unterwalden-le-Bas.

Une seule école à Stans; les occupations consistent en jeux divers; cinquante-deux semaines, deux heures par jour, hiver et été; les enfants sont admis de quatre à six ans; 7 garçons, 19 filles.

Il n'y a pas d'élèves exempts de l'écolage qui est de 50 centimes L'institutrice laïque touche 100 francs par an.

8. — Glaris.

Treize écoles enfantines, dont six à Glaris même. Méthode Frœbel et jeux. De cinquante à cinquante-deux semaines; à Glaris de dix à onze heures par jour en été et de sept heures en moyenne en hiver. Dans les autres communes, les enfants sont admis de trois à six ans, dans la commune de Netstall jusqu'à neuf ans.

On compte 211 garçons et 264 filles.

L'écolage est de 50 centimes dans la ville, de 70 centimes à 1 franc dans les communes. Des exceptions partielles sont accordées à Netstall seulement.

Toutes les maîtresses sont laïques, leur traitement dans la ville est de 500, 750 et 800 francs; dans les communes il varie beaucoup.

9. — Zug.

Il n'y a pas d'écoles enfantines dans ce canton.

10. — Fribourg.

Huit écoles enfantines; rien que les jeux. De quarante à

quarante-quatre semaines, cinq heures en moyenne été et hiver. Les enfants sont admis de deux à sept ans; dans une commune, de quatre à huit ans, à Estavayer; dans une autre, à Roman, de cinq à neuf ans; et dans une commune du district de Glane, de quatre à treize ans. Garçons 432, filles 431.

Il n'y a d'écolage que dans le district de Glane où l'on paie dans une commune 10 centimes ; et dans l'autre 1 fr. 20 c.; quelques exemptions.

Quatre maîtresses laïques et trois congréganistes, dont le traitement varie de 400 à 700 francs. Il est à remarquer qu'à Fribourg même il n'excède pas 500 francs.

11. — Soleure.

Cinq écoles enfantines; en grande partie la méthode Frœbel; de quarante-deux à quarante-quatre semaines, de quatre à six heures par jour. Admission de quatre à sept ans. 109 garçons, 93 filles. Écolage de 50 centimes à 3 francs; 58 élèves sont exempts de la totalité de l'écolage, 2 d'une partie.

Les institutrices sont laïques dans la ville de Soleure; le traitement est de 465 francs; dans le district de Oltein, il atteint le chiffre de 1,000 francs.

12. — Bâle-Ville.

Ce canton compte trente-trois écoles; certaines parties de la méthode Frœbel sont employées. De quarante à quarante-quatre semaines, de quatre à six heures été et hiver. Admission de deux à six ans. Garçons 700, filles 842; écolage 2 francs en général; dans certaines écoles, il varie entre 20 centimes et 2 francs. On compte 114 exemptions complètes et 1,057 partielles.

Sauf deux, à Saint-Jakob, toutes les institutrices sont laïques; leur traitement varie entre 450 et 1,000 francs.

13. — Bâle-Campagne.

Onze écoles enfantines; de quarante à cinquante-deux semaines, de cinq à six heures l'été, de trois à six heures l'hiver. Les enfants sont admis de deux à six ans. On compte 418 garçons, 434 filles; on paie par mois de 80 centimes à 1 fr. 20 c. Il y a

102 enfants exempts de la totalité de l'écolage, 67 d'une partie seulement.

On emploie surtout les jeux et une partie de la méthode Frœbel.

Le traitement des institutrices, qui toutes sont laïques, varie entre 200 et 936 francs; dans la commune de Fallensdorf, l'institutrice est logée et touche 520 francs.

14. — Schaffouse.

Trente et une écoles enfantines. Les jeux sont surtout en usage; de vingt-six à quarante-sept semaines. Le nombre d'heures par jour est très-varié, comme celui des semaines, du reste; à Buchberg, une heure par jour; dans d'autres communes, il va jusqu'à dix heures en hiver et en été jusqu'à sept heures.

On admet les enfants de deux à six ans; à Buchberg, ils ne sont admis que de six à onze ans.

Garçons 785, filles 860; l'écolage est de 20 centimes, 1 fr. 20 c., et même 1 fr. 50 c. à Schaffouse.

69 enfants sont exempts de la totalité de l'écolage, 23 d'une partie.

Toutes les institutrices sont laïques. Le chiffre du traitement varie entre 180 et 750 francs.

15. — Appenzell (Rhodes extérieures).

Méthode Frœbel en partie; quinze écoles enfantines; quarante-six à cinquante semaines; de trois à six heures par jour en hiver et en été; admission de deux à six ans; garçons 284, filles 265.

Le traitement des institutrices, qui toutes sont laïques, varie de 95 à 800 francs.

L'écolage est de 80 centimes à 1 franc.

Il y a 90 exemptions entières, 121 partielles.

16. — Appenzell (Rhodes intérieures).

Deux écoles; méthode Frœbel en partie; quarante-huit semaines en hiver et en été quatre heures par jour.

Admission de deux à six ans, 33 garçons, 23 filles. Écolage 60 centimes; 10 élèves sont exempts du tout.

Deux maitresses laïques ; l'une touche un traitement de 416 francs, l'autre de 260 francs.

17. — Saint-Gall.

Vingt-trois écoles enfantines ; en partie la méthode Frœbel ; de quarante à cinquante semaines ; de quatre à six heures, hiver et été. Les enfants sont admis de deux à six ans, ils se répartissent comme suit : filles 456, garçons 404. Par mois l'écolage varie de 50 centimes à 3 francs. Il y a 88 exemptions partielles et 87 entières. Il n'y a que trois maîtresses congréganistes. Le traitement entre 340 et 1,000 francs n'excède pas 900 francs à Saint-Gall.

18. — Grisons.

Dix écoles, méthode Frœbel et les jeux. De quarante et une à quarante-six semaines, de trois heures à six heures été et hiver. L'admission est de quatre à sept ans, garçons 201, filles 208. L'écolage est de 60 centimes à 2 fr. 50 c. On compte 104 exemptions complètes.

19. — Argovie.

Ce canton ne possède pas d'écoles enfantines.

20. — Thurgovie.

Dix écoles, méthode Frœbel. Quarante à quarante-huit semaines, quatre à huit heures par jour en hiver, quatre à six heures en été, admission de deux à six ans ; garçons 205, filles 202. On paie depuis 20 centimes jusqu'à 2 francs par mois. Quarante-huit élèves sont délivrés de la totalité de cet écolage, soixante-trois d'une partie.

Le traitement des institutrices, qui toutes sont laïques, varie entre 250 et 850 francs.

21. — Tessin.

Douze écoles enfantines. La méthode Frœbel n'est employée qu'à Lugano ; dans toutes les autres communes, ce sont les jeux et le travail manuel. A Mendrisio, on enseigne aux enfants les matières d'écoles primaires; une partie du temps est donnée aux jeux.

De trente-neuf à cinquante semaines, le nombre d'heures varie beaucoup; deux, trois et jusqu'à dix heures en été, de trois à huit heures en hiver.

L'admission part de deux jusqu'à sept ans.

On compte 354 garçons et 449 filles.

Écolage depuis 1 franc jusqu'à 3 francs; 607 élèves sont exempts complètement.

Les institutrices sont laïques, leur traitement va de 260 à 700 francs.

22. — Vaud.

Quatre-vingt-onze écoles; on n'emploie pas la méthode Frœbel. Les jeux variés alternent avec le travail manuel; dans quelques écoles, les notions des matières de l'enseignement primaire sont données. Semaines, depuis vingt et une jusqu'à cinquante-deux.

Le nombre d'heures varie de quatre à sept en été et de cinq à six en hiver.

L'âge d'admission est de deux à neuf ans en général; dans la commune de Pont, de quatre à treize ans. On compte 1,485 garçons et 1,508 filles.

L'écolage est depuis 10 centimes par mois jusqu'à 1 fr. 80 c.; dans la commune de Nyon, il varie entre 2 et 8 francs; dans plusieurs communes, il n'y a pas d'écolage.

Les institutrices sont laïques; le traitement est entre 180 et 1,200 francs.

23. — Valais.

Ce canton ne compte pas d'écoles enfantines.

24. — Neuchâtel.

Vingt-cinq écoles; les jeux surtout et un peu de travail manuel. Le nombre des semaines données à l'école varie entre trente et un et quarante-huit; en été, de quatre à six heures heures; en hiver, de quatre à cinq heures en moyenne.

L'âge d'admission est de trois à sept ans; dans quelques communes jusqu'à huit, neuf et dix ans; au Locle, par exemple.

Garçons 1,165, filles 1,097. Maîtresses laïques, sauf une. Traitement entre 110 et 1,350 francs.

25. — Genève.

Cinquante-huit écoles enfantines; les jeux et une partie de la méthode Frœbel.

Semaines, quarante-six en général; nombre d'heures : en été de quatre à six, en hiver également.

Admission de deux à sept ans. Garçons 1,488, filles 1,369. Institutrices toutes laïques.

Le traitement varie beaucoup; il s'élève jusqu'à 1,200 francs et ne descend point au-dessous de 600 francs.

Les écoles enfantines ou jardins d'enfants sont bien plus nombreux dans la Suisse occidentale que dans la Suisse orientale; un canton (Genève) a rendu cette institution obligatoire. Plusieurs cantons n'ont pas d'écoles enfantines; dans d'autres, les occupations ne sont pas dirigées d'après une méthode bien arrêtée; de sorte que ces établissements se rapprochent beaucoup des crèches. Les cantons occidentaux ont créé dans l'école enfantine un degré préparatoire à l'école primaire et y font enseigner les premiers éléments de l'instruction. Jusqu'à un certain degré, cette institution se confond avec les classes inférieures des écoles primaires, car nous voyons que dans les écoles semi-enfantines du canton de Vaud, la même institutrice est chargée d'occuper et d'instruire à la fois les enfants de trois à douze ans.

Tandis que dans la Suisse allemande, on peut voir la tendance de recruter, pour les villes, le personnel enseignant des écoles enfantines parmi les institutrices formées dans ce but, nous voyons que dans la Suisse romande, ces écoles sont en général confiées à la maîtresse d'ouvrage, de telle sorte que la direction de l'école enfantine est entre les mains de la maîtresse d'ouvrage.

Les inconvénients résultant de cette combinaison sont atténués par la circonstance que beaucoup d'institutrices, faute d'emploi dans les écoles primaires, se voient obligées de chercher ailleurs un cercle d'activité, et qu'elles le trouvent surtout dans les écoles enfantines.

Dans la Suisse occidentale, il y a quelques établissements ayant pour but de former des institutrices pour les jardins d'enfants (Zurich, Saint-Gall), et qui en donnent chaque année dans les villes où le besoin s'en fait sentir.

---

§ 2. — ÉCOLES PRIMAIRES

CRÉATION ET ENTRETIEN. — ORGANISATION. — STATISTIQUES AU 31 MARS 1882. — NOMBRE D'ÉCOLES PRIMAIRES ET DE CLASSES. — NOMBRE DES ÉLÈVES, ABSENCES, NOMBRE D'ÉLÈVES PAR CLASSE. — NOMBRE DE SEMAINES D'ÉCOLE PAR ANNÉE. — PROGRAMME DES MATIÈRES. — PLANS D'ÉTUDES (ZURICH BERNE). — DIRECTION ET ADMINISTRATION.

Création et entretien. — La construction des écoles primaires, leur entretien, le traitement et le logement des instituteurs, le mobilier scolaire, le chauffage, etc., sont généralement à la charge des communes.

Celles-ci peuvent au besoin se réunir pour fonder et entretenir une école.

Les communes sont généralement tenues d'avoir un fonds d'école alimenté par des dons, des legs, les contributions communales et amendes pour absences non motivées (1).

Les fonds de la caisse d'une école ne peuvent avoir une affectation étrangère à l'enseignement. La gestion en appartient soit aux autorités locales, soit aux autorités du district.

Bien souvent le canton entre pour une certaine part dans les frais de construction d'école, dans le traitement et l'augmentation des instituteurs, dans le chiffre de leur retraite; quelquefois aussi pour le mobilier scolaire, les bibliothèques, etc.

---

(1) Le canton de Bâle-Campagne est divisé en deux parties au point de vue des confessions : l'Église réformée fournit une partie des fonds de la caisse d'école dans la partie protestante; l'Église catholique agit de la même façon pour la partie catholique.

Les fournitures de papeterie et livres sont à la charge des parents; si l'enfant est indigent, elles lui sont données par la commune.

Organisation. — En Suisse, chaque canton règle l'organisation de ses écoles primaires; il s'ensuit donc que cette organisation varie dans la plupart des cantons.

Pour Zurich, Bâle, Vaud, Valais, Genève, j'ai pu traiter assez largement tout ce qui se rapporte à l'enseignement primaire; pour les autres cantons, au contraire, il ne m'a été possible que d'indiquer les principales lignes.

1. — Zurich.

Les écoles primaires de la ville de Zurich même se divisent en deux cours :

1° Les classes élémentaires qui comprennent trois années pour les élèves de six à neuf ans. Dans les écoles de jeunes filles, ce sont les seules classes qui soient dirigées par des régentes (1).

En Suisse, on entend par première classe la première année que passe l'enfant à l'école, c'est-à-dire que, contrairement à ce qui a lieu dans nos écoles primaires, la première classe est composée des enfants les plus jeunes.

2° Les classes réales, correspondant à notre cours moyen et à la première année de notre cours supérieur, qui sont de trois années pour les élèves de neuf à douze ans.

Admission des élèves. — Dans chaque ville du canton, les écoles sont ouvertes à tous les enfants qui ont atteint l'âge fixé par les règlements (voir obligation de l'enseignement); mais seuls peuvent fréquenter l'école d'une ville autre que celle qu'ils habitent, les enfants ou pupilles des membres des Commissions scolaires et des instituteurs des écoles primaires ou supérieures; l'exception est formelle.

Lorsque les enfants doivent changer d'école ou recevoir une instruction privée, le secrétaire de la Commission scolaire doit en être prévenu et en aviser la Commission scolaire.

---

(1) Institutrices.

Le secrétaire doit délivrer aux enfants infirmes ou non susceptibles de développement intellectuel, un certificat qui doit être présenté à la Commission scolaire au commencement de chaque année.

Répartition des élèves dans les écoles de la ville. — L'admission régulière et la répartition des élèves se fait au commencement de l'année scolaire par les membres de la section de la Commission scolaire (1); dans le courant de l'année, par le secrétaire.

Pour les classes élémentaires seulement, les parents peuvent généralement choisir l'école la plus rapprochée.

Pour les autres classes parallèles, la répartition se fait de manière à ce que dans chaque école tous les âges soient représentés à peu près proportionnellement.

Passage des élèves dans une autre classe. — Les membres de la section de la Commission scolaire ont à statuer à la fin de chaque année sur les propositions qui leur sont faites par les instituteurs relativement au passage de leurs élèves dans une classe supérieure.

La règle porte bien, à la fin de l'année scolaire, le passage de l'enfant dans une classe supérieure, mais ce passage n'est pas définitif car, si, cela est reconnu nécessaire, l'enfant rétrograde, certains élèves doublent l'année. Cependant, pour éviter un trop grand nombre de ces non-promotions, il est recommandé à l'instituteur de s'occuper particulièrement de ceux qui sont trop faibles.

Les parents sont avisés par lettre des promotions ou non-promotions de leurs enfants.

Fin des études. — La Commission scolaire arrête la liste des enfants qui doivent, à la fin de l'année, quitter définitivement l'école primaire.

Les sorties qui se produisent dans le courant de l'année sont portées par l'instituteur à la connaissance du secrétaire de la Commission scolaire.

L'enfant qui cesse d'habiter la ville ne peut continuer à fré-

---

(1) Dans chaque ville, la Commission scolaire se divise en plusieurs sections qui se partagent la surveillance des écoles.

quenter une école de cette ville. Exceptionnellement, sur le désir exprimé par les élèves et lorsque la distance le permet, ils peuvent continuer à fréquenter l'école de la ville :

1° Lorsqu'ils sont dans leur sixième année d'école primaire;

2° Lorsqu'ils fournissent la preuve qu'ils reviendront bientôt habiter la ville.

L'instituteur délivre un certificat aux élèves qui abandonnent l'école.

Durée des classes. — Dans le cours réal (moyen) la classe dure :

En été, de 7 heures à 11 heures, le matin.
— de 2 heures à 4 heures, le soir.
En hiver, de 8 heures à midi, le matin.
— de 2 heures à 4 heures, le soir.
Dans les classes élémentaires, la classe dure :
Été et hiver : De 8 heures à 11 heures, le matin.
— De 2 heures à 4 heures, le soir.

Nota. — Pour le cours élémentaire, première année, la classe se termine deux fois par semaine à 10 heures au lieu de 11 heures.

Discipline. — L'ordre et la discipline doivent régner dans l'école.

Le règlement porte les instructions suivantes :

A son arrivée, l'enfant doit se rendre directement à sa classe; il lui est expressément défendu d'entrer dans une salle étrangère à la sienne.

Aucun élève ne doit s'absenter de sa classe sans l'autorisation du maître.

Tout enfant est responsable pécuniairement des dégâts qu'il occasionnera, tant au point de vue du matériel scolaire que du mobilier.

Tous les élèves doivent arriver à l'école propres et dans une tenue convenable.

Les jouets apportés à l'école sont confisqués.

L'entrée, la sortie, doivent se faire silencieusement.

Il est à noter que la surveillance de la Commission scolaire et de l'instituteur ne se borne pas seulement au temps passé à l'école, mais qu'elle s'étend en dehors de l'école, sur la voie publique même. En un mot, l'enfant est tenu à se justifier des fautes commises en dehors de la famille.

Moyens de discipline :

1° Pensums.

2° Retenue sous les yeux du maître.

3° Note envoyée à la famille ;

4° Note envoyée au président de la section de la Commission scolaire.

5° Éloignement de l'élève de sa classe jusqu'après explication avec les parents.

Le renvoi de l'école primaire ne peut avoir lieu.

Afin que les familles soient au courant de la conduite et des progrès de leurs enfants, chaque élève reçoit un carnet annuel sur lequel l'instituteur donne trimestriellement les notes suivantes qu'il signe :

Nombre d'absences :

1° Avec punition ;
2° Avec amende.

Application.
Devoirs.
Conduite.
Ouvrages de couture.

Ces livrets doivent revenir dans un délai de trois jours, visés par les parents ou les tuteurs.

Examens annuels. — A la fin de l'année a lieu pour les élèves des écoles primaires un examen public. (Cet examen se passe généralement dans une des salles de l'école même.)

Le jour est arrêté par la commission scolaire locale, de concert avec la commission scolaire du district ; cette date est affichée.

Des listes imprimées donnent par ordre alphabétique pour chaque sexe le nom des écoliers qui, tous, doivent passer cet examen.

La commission délègue au moins un membre pour chaque classe à examiner.

Avant l'examen, l'instituteur a donné à l'inspecteur du district un aperçu des matières enseignées dans le courant de l'année.

La marche de l'examen pour ce qui a trait à la surveillance et au jugement est réglée par l'ordonnance cantonale.

A la fin de l'examen, les inspecteurs du district et les membres de la commission scolaire se réunissent, confèrent entre eux. Les instituteurs peuvent au gré de la commission assister aux délibérations.

Rapports annuels. — La commission scolaire doit remettre un rapport annuel au conseil du district.

La commune remet chaque année au conseil général un historique sur l'état des écoles publiques : les instituteurs doivent fournir les pièces *ad hoc*.

2. — Berne.

Les écoles primaires se divisent en trois séries d'enseignement suivant l'âge et le degré d'instruction des élèves.

En général, la première série d'enseignement embrasse la première année scolaire jusqu'à la troisième ; la deuxième série la quatrième année scolaire jusqu'à la sixième ; la troisième série, la septième année scolaire jusqu'à la neuvième.

3. — Lucerne.

L'école primaire comprend sept classes subdivisées ;

En premier degré, cours d'été, dix-huit semaines ; du deuxième au quatrième degré, cours de toute l'année, quarante semaines ; du cinquième au septième, cours d'hiver, vingt-deux semaines.

Les communes sont autorisées à faire poursuivre l'école d'été et de ne faire fréquenter l'école que pendant six années entières, au lieu de sept, et de faire commencer l'année en octobre.

Il y a trois catégories d'écoles :

1° Écoles communes ou générales ; les enfants restent toujours sous la direction du même maître.

2° Écoles successives ; l'instruction est donnée successivement par plusieurs maîtres.

3° Écoles parallèles ; les enfants d'une commune sont divisés par sexe et d'après leur éloignement de l'école. La séparation par sexes ne peut avoir lieu que lorsque trois instituteurs sont nécessaires.

4. — Uri.

L'école primaire dure six années avec un minimum de trente semaines. Lorsque les circonstances le permettent, l'année doit comprendre quarante semaines d'école, tenue matin et soir.

5. — Schwytz.

L'école primaire doit être fréquentée pendant sept années (hiver et été).

Pendant les quatre premières années, les classes n'ont lieu qu'une demi-journée.

Les divers degrés peuvent ainsi alterner par exception, ils peuvent même être réunis.

6. — Unterwalden-le-Haut.

L'école primaire comprend six classes ; elles commencent en mai.

Les écoles de demi-journée ne sont permises que sur une autorisation spéciale du conseil d'administration.

7. — Unterwalden-le-Bas.

L'école primaire comprend six années de quarante-deux semaines.

Dans des circonstances particulières, ou par des raisons locales, le conseil d'administration peut autoriser des écoles de demi-jour.

8. — Glaris.

L'école de chaque jour, ou école élémentaire, comprend sept années.

9. — Zug.

L'école primaire comprend six années. S'il n'y a qu'un seul maître, et si le nombre des élèves dépasse soixante, les élèves sont répartis suivant leur degré d'instruction dans une classe supérieure ou inférieure, ou bien la séparation se fait par sexes et une institutrice est chargée de la classe des jeunes filles.

Il arrive encore qu'à une certaine distance, on construit une nouvelle école.

Les écoles où il existe deux maîtres ou deux maîtresses se divisent en école inférieure et en école supérieure qui comprennent chacune trois années.

10. — Fribourg.

Les écoles primaires durent toute l'année. Dans les campagnes, les écoles de demi-journée peuvent être autorisées.

11. — Soleure.

L'école obligatoire dure huit années.

12. — Bâle-Ville.

L'école primaire doit être fréquentée par les filles pendant quatre années.

Les enfants qui n'habitent pas le canton peuvent être admis s'ils possèdent un bon certificat, à la condition que ce recrutement n'augmente pas le nombre des élèves au point d'exiger le dédoublement d'une classe.

L'année commence à la deuxième quinzaine d'avril.

Il y a autant d'instituteurs ou d'institutrices que d'années de classe.

L'école est ouverte le matin à 8 heures moins un quart, l'après-midi à 2 heures moins un quart.

Le règlement prescrit que les enfants ne doivent pas stationner avant l'heure de la rentrée devant l'école.

Ils doivent avoir reçu tous les soins de propreté avant leur arrivée, venir à l'heure exacte et se rendre dans leur classe immédiatement. Les enfants malpropres reçoivent des soins à l'école ou sont renvoyés dans leur famille. L'école compte sous ce rapport sur le concours des parents.

La classe commence à 8 heures 5 minutes et se termine à 2 heures 5 minutes; elle est ouverte par la prière ou par un chant.

Après chaque heure de travail, il y a un repos de dix minutes; pendant ce temps, la classe doit être aérée; ce n'est qu'un repos et non une récréation.

La rentrée et la sortie dans les classes doivent se faire en ordre.

Aucun enfant ne doit sortir de sa classe sans l'autorisation de l'instituteur.

La sortie de la classe doit être faite avec discipline.

Les objets doivent être emportés par les élèves, sauf une permission spéciale de l'instituteur.

L'élève doit écouter les leçons avec attention, répondre en allemand, et ne pas causer pendant les classes (les moyens de discipline sont ceux appliqués dans le canton de Zurich).

En dehors des heures de classe, l'instituteur reprend les élèves qui se sont signalés par leur mauvaise conduite.

Dans les cas graves, l'inspecteur de l'école doit être prévenu.

Dans la ville même de Bâle, les garçons et les filles doivent avoir des classes distinctes; dans les communes, ce sont des écoles mixtes. Mais lorsque les classes sont trop nombreuses, le conseil des écoles déclare la séparation par sexes.

Chaque école primaire comprend quatre classes d'une année chacune.

La répartition des élèves dans les différentes écoles se fait par les soins de l'inspecteur d'après les instructions du département de l'instruction publique.

Les élèves des écoles primaires ne doivent pas entrer dans une classe supérieure à celle qui correspond à leur âge.

Les élèves qui changent de domicile dans le courant de . année peuvent, sur le désir de leurs parents, avec l'autorisation et par les soins de l'inspecteur de l'école, entrer dans une école plus rapprochée de leur nouveau domicile.

Les élèves qui ne doivent pas entrer dans la première classe (c'est-à-dire dans la dernière classe) doivent fournir un certificat de l'école qu'ils ont fréquentée auparavant.

Les parents qui désirent retirer leur enfant de l'école doivent en écrire le motif à l'inspecteur. Les changements d'une classe inférieure dans une classe supérieure n'ont lieu qu'à la fin de l'année.

Les élèves qui, dans la quatrième classe, n'ont pas acquis les connaissances nécessaires doivent redoubler.

Les élèves qui ne sont pas capables de suivre dans la classe correspondante à leur âge restent d'après l'avis de l'inspecteur dans la même classe, pendant le premier semestre de l'année suivante.

13. — Bâle-Campagne.

L'école primaire comprend six années. Les élèves qui ont atteint l'âge de douze ans et qui ont passé une année dans la classe supérieure peuvent être autorisés par l'inspection des écoles à quitter l'école. Ceux qui n'ont pas satisfait à cette deuxième condition sont obligés de fréquenter l'école une année de plus.

14. — Schaffouse.

La fréquentation de l'école primaire doit durer huit années entières ou six années complètes plus trois années pendant une partie de l'année seulement.

Le conseil d'administration peut autoriser des écoles de demi-journée avec un nombre égal d'heures de travail hiver et été. Ces écoles de demi-journée doivent avoir lieu six fois la semaine. Les écoles publiques sont mixtes ; exceptionnellement, la séparation par sexe peut avoir lieu.

Les matières obligatoires seules peuvent être enseignées ; elles sont déterminées par le conseil d'administration.

15. — Appenzell (Rhodes extérieures).

Les élèves doivent fréquenter l'école primaire pendant sept années. Les écoles sont divisées en écoles de chaque jour et écoles de répétition.

16. — Appenzell (Rhodes intérieures).

L'école primaire a une durée de six années.

Les classes de toute l'année ne sont fréquentées qu'une fois par jour.

L'école de six mois doit être fréquentée deux fois par jour.

17. — Saint-Gall.

Les enfants qui, à l'âge de treize ans, n'ont pas acquis les notions indispensables, peuvent être obligés de fréquenter encore une année l'école de tous les jours.

L'école primaire comprend sept années. Les écoles de tous les jours se divisent en :

1° Écoles générales; toutes les classes sont réunies sous un seul maître;

2° Écoles successives; une seule classe ou peu de classes pour un maître.

Lorsque l'école est partagée en deux classes :

La classe supérieure comprend quatre années;

La classe inférieure comprend trois années.

Lorsque l'école est partagée en trois classes:

La classe inférieure est de deux années;

La classe moyenne est de trois années;

La classe supérieure est de deux années.

D'autre part, on distingue :

1° Les écoles semestrielles qui ont lieu l'hiver ou l'été.

Pendant l'autre partie de l'année, dix-huit semaines, il existe une école de répétition tenue deux demi-journées par semaine. Elle commence quatre semaines après l'école de chaque jour et se termine quatre semaines avant l'ouverture de cette école.

2° Les écoles qui durent trois quarts de l'année.

3° Les écoles annuelles, dont la fréquentation n'est pas uniforme : ainsi, dans la même école, certaines classes suivent les cours toute l'année, d'autres ne les suivent qu'un semestre toute la journée ou toute l'année pendant une demi-journée; puis on voit des écoles de demi-journée dans lesquelles une partie des classes fréquente l'école le matin, l'autre l'après-midi. Enfin, il existe encore des écoles annuelles divisées, dans lesquelles une partie des classes fréquente l'école pendant un semestre, l'autre partie pendant le deuxième.

Le nombre de semaines de classes pour ces diverses écoles est de :

Quarante-deux semaines pour les écoles annuelles.
Trente-neuf — — trois quarts d'année.
Vingt-six — — semestrielles.

18. — Grisons.

D'après l'âge et le degré d'instruction, les élèves sont partagés en :

Écoles supérieures.
— moyennes.
— inférieures qui se divisent en écoles d'hiver.
— d'été.
— de toute l'année.

La division des élèves se fait par les soins de l'instituteur, sous l'autorité de l'inspecteur.

Réglementairement, la fréquentation des écoles n'est obligatoire que l'hiver, c'est-à-dire pendant vingt-quatre semaines. Les écoles qui, pour une raison spéciale, ont obtenu du conseil d'administration l'autorisation de réduire ce nombre à vingt-deux, doivent commencer dès la troisième semaine d'octobre.

19. — Argovie.

L'école primaire comprend huit années.

20. — Thurgovie.

L'école primaire de tous les jours comprend six années (hiver et été).

Quarante semaines au minimum, quarante-deux au maximum. L'été neuf demi-journées par semaine, l'hiver dix et demie de trois heures chacune. Ce temps doit être limité pour les élèves de première année à deux heures.

Dans les classes de plus de quatre-vingts élèves, ce temps peut être également réduit à deux heures pour les élèves de deuxième année. Il en est de même pour les écoles où toutes les années sont réunies, mais pour ces dernières pendant l'hiver seulement.

Les élèves sont alors répartis ainsi :

Classes 1, 2, 3 : 1re division.
— 4, 5, 6 : 2e —
— 7, 8, 9 : 3e —

Deux divisions seulement doivent être simultanément dans les classes et recevoir l'enseignement.

21. — Tessin.

Les élèves qui, après le temps obligatoire, huit années, n'ont pas acquis les connaissances indispensables, sont retenus à l'école. Le temps normal est de neuf à dix mois par an.

Avec l'autorisation du département de l'instruction publique, il est possible de réduire ce temps à six mois au minimum. Chaque semaine, il y a une demi-journée de vacance lorsqu'il n'y a pas eu de jour férié dans la semaine.

Chaque école primaire se partage en deux classes de chacune deux sections; dans la règle, chaque section doit comprendre deux années.

L'école commence le 15 octobre, au plus tard le 4 novembre. Elle ne se termine qu'après la fin des examens.

La Commission scolaire, d'accord avec l'inspecteur, peut donner l'autorisation de quitter l'école avant l'âge déterminé, lorsque les parents ont besoin de leurs enfants et qu'ils possèdent les connaissances voulues, ou lorsque l'enfant doit entrer à l'école secondaire.

22. — Vaud.

Les écoles publiques sont tenues toute l'année, sauf pendant les vacances, sans préjudice des exceptions reconnues nécessaires et déterminées par le règlement.

Dans tous les hameaux éloignés de plus d'une demi-lieue de la commune d'où il se trouve vingt enfants en âge de fréquenter l'école, il doit être établi une école primaire tenue au moins de la Saint-Martin à Pâques.

Lorsqu'une école réunit plus de soixante écoliers, elle doit être dédoublée par l'établissement de deux écoles distinctes, tenues l'une et l'autre pendant toute l'année.

Lorsque le nombre d'écoliers ne dépasse pas quatre-vingt-dix, il peut, avec l'autorisation du département, être suppléé à ce dédoublement par l'établissement d'une école d'hiver pour l'instruction des plus jeunes enfants des deux sexes.

Le dédoublement a lieu en général par âge plutôt que par sexe.

23. — Valais.

Les écoles primaires sont divisées suivant leur importance en trois degrés.

Le premier degré, ou degré inférieur, comprend les petites écoles de la montagne confiées à la direction d'un seul maître dont la durée ne peut pas facilement dépasser le minimum prescrit par la loi.

Le deuxième degré, ou degré moyen. Écoles d'une durée de plus de six mois, un seul maître, et celles qui, bien que réparties entre plusieurs instituteurs, ne dépassent pas le minimum de durée obligatoire.

Le troisième degré, ou degré supérieur, comprend toutes les écoles dont la durée dépasse six mois qui sont placées sous la direction de plusieurs maîtres.

C'est le Conseil d'État qui arrête à quel degré doit appartenir chaque école.

Les élèves sont divisés pour l'enseignement en :

Classes;

Sections;

Volées.

Il y a autant de volées que d'années d'école.

La section est composée de plusieurs volées.

La classe comprend l'ensemble des élèves confiés à un même maître, sans égard au nombre de sections ou des volées dont elle se compose.

24. — Neuchâtel.

Les écoles se partagent en :

Écoles permanentes;

Écoles temporaires.

Lorsque la moyenne des élèves de sept à seize ans dépasse quarante, l'école doit avoir lieu toute l'année.

Les écoles temporaires doivent durer au moins cinq mois.

Les écoles pour les six premières années sont partagées en trois sections de deux années chacune.

25. — Genève.

L'enseignement primaire comprend six années.

Le nom de premier degré est donné à la classe composée des plus jeunes élèves.

L'école primaire comprend six degrés réunis ou séparés, suivant les besoins de la localité.

Sous ce rapport, les écoles du canton se divisent en trois types distincts.

1° Dans la ville de Genève et les communes suburbaines (Plainpalais, Carouge, Eaux-Vives), chaque degré forme une classe dans une salle spéciale, placée sous la direction d'un maître ou d'une maîtresse (les sexes sont séparés).

Le premier et le deuxième degré de garçons comprenant des enfants de six, huit à neuf ans, sont toujours dirigés par des maîtresses; elles reçoivent pour cela une allocation de 15 francs par mois, en sus de leur traitement.

Une expérience de plusieurs années a démontré les excellents résultats de ce système; dans les deux premières années d'école, l'enfant a encore besoin des soins affectueux d'une femme pour le plier graduellement à la discipline scolaire et lui faire aimer l'étude.

2° Dans les écoles rurales, les sexes sont réunis dans tous les degrés. Lorsque l'école compte plus de soixante élèves elle forme deux divisions.

La division supérieure comprend les quatrième, cinquième et sixième degrés, et c'est un régent qui la dirige.

La division inférieure, premier, deuxième et troisième degrés est placée sous la direction d'une régente qui enseigne les travaux à l'aiguille à toutes les jeunes filles de l'école.

Quelques écoles rurales ayant un nombre considérable d'élèves forment trois et même quatre divisions dirigées chacune par un maître ou une maîtresse.

3° Lorsque l'école compte moins de soixante élèves, les six

degrés sont réunis sous la direction d'un régent, et les travaux à l'aiguille sont enseignés par une maîtresse spéciale.

Dans quelques communes, le premier degré (de six à sept ans) est réuni à l'école enfantine ; l'école primaire compte alors cinq degrés.

Deux fois par an, à la fin de chaque semestre scolaire, il est procédé par les inspecteurs, ainsi que par l'inspectrice de couture, à des examens dans toutes les écoles publiques du canton.

Ces examens font l'objet d'un rapport de l'inspecteur. Celui-ci doit contenir une appréciation de la marche de la classe, des conseils et des directions aux maîtres.

Il est déposé au département de l'instruction publique, après avoir été transcrit par le maître dans un registre (dit d'observations), qui se trouve dans chaque classe, et renferme les circulaires, recommandations, etc., adressées dans le courant de l'année par le département de l'instruction publique et les inspecteurs.

Les concours ont lieu dans toutes les écoles primaires les mêmes jours et comprennent ordinairement trois séances. Les questions posées sont les mêmes partout.

Des prix sont distribués aux élèves à la suite de ces concours.

Les distributions des prix qui suivent les concours sont présidées par une commission du département, qui donne lecture d'un rapport général préparé par les inspecteurs sur la marche de l'instruction primaire dans tout le canton, et d'un rapport spécial sur l'école de la localité.

Cette cérémonie, ordinairement suivie de jeux et de réjouissances pour les enfants, tend de plus en plus à prendre le caractère d'une véritable fête communale.

Punitions. — Toute punition corporelle est formellement interdite dans les écoles de Genève ; les réprimandes, les retenues après les classes, les pensums sont seuls autorisés, encore ces derniers doivent-ils être réduits au strict nécessaire et constituer un travail profitable à l'enfant.

---

§ 3. — Ecoles, classes, etc.

Nos	CANTONS	ÉCOLES						CLASSES			
		Nombre.	Avec un maître.	Avec plusieurs maîtres				Mixtes.	Garçons	Filles.	TOTAL.
				2	3	4	5, etc.				
1	Zurich	370	262	68	20	8	12	583	22	25	630
2	Berne	814	281	220	104	33	24	1.065	67	72	1.204
3	Lucerne	166	101	43	17	2	3	244	26	27	297
4	Uri	24	11	6	5	1	1	28	12	9	49
5	Schwytz	32	24	12	8	3	5	60	28	30	118
6	Unterwalden-le-Haut	14	6	5	2	4	2	11	13	14	38
7	Unterwalden-le-Bas	17	9	3	2	2	1	22	6	8	36
8	Glaris	31	11	11	2	1	6	86	»	»	86
9	Zug	21	9	3	4	1	5	25	20	20	65
10	Fribourg	239	172	69	13	8	6	217	89	95	401
11	Soleure	127	67	49	5	3	3	203	8	9	220
12	Bâle-Ville	11	1	»	4	1	8	8	41	41	90
13	Bâle-Campagne	71	36	24	4	3	4	130	1	1	132
14	Schaffouse	37	10	11	4	7	3	96	13	14	123
15	Appenzel (Rhodes extérieures)	71	31	15	4	1	»	98	1	»	99
16	— (Rhodes intérieures)	15	10	4	»	»	1	16	4	4	24
17	Saint-Gall	285	189	59	24	8	5	415	28	27	470
18	Grisons	288	186	68	21	9	4	425	14	12	451
19	Argovie	258	133	103	23	15	12	501	24	29	554
20	Thurgovie	182	128	44	4	2	4	560	»	»	280
21	Tessin	308	183	96	11	8	5	206	137	136	479
22	Vaud	476	301	127	22	14	12	618	86	94	798
23	Valais	280	161	87	14	9	9	166	131	155	452
24	Neuchâtel	123	58	26	15	13	11	208	82	79	369
25	Genève	56	22	20	4	1	9	72	61	64	197
	SUISSE	4.386	2.426	1.261	332	179	187	6.462	935	965	8.362

Nombre des élèves.

Nos	CANTONS	ORIGINE				LANGUE			
		TOTAL	0/0 DU TOTAL			0/0 DU TOTAL			
			Canton.	Autres cantons	Étrangers.	Allemand.	Français.	Italien.	Roman.
1	Zurich	48.701	85.2	9.9	4.9	99.72	0.15	0.10	0.03
2	Berne	96.138	95.2	3.6	1.2	85.63	14.31	0.04	»
3	Lucerne	18.000	93.3	5.6	1.1	99.88	0.06	0.06	»
4	Uri	3.109	95.8	3.0	1.2	99.00	0.07	0.93	»
5	Schwytz	6.789	94.0	5.0	1.0	99.79	0.09	0.02	»
6	Unterwalden-le-Haut	2.288	98.2	1.6	0.2	99.82	0.09	0.09	»
7	Unterwalden-le-Bas	1.625	93.9	5.3	0.8	99.84	»	0.06	»
8	Glaris	5.718	85.6	12.5	1.9	99.83	0.04	0.04	0.07
9	Zug	2.380	70.1	26.0	3.0	99.53	0.12	0.20	0.15
10	Fribourg	19.363	88.6	10.4	1.0	27.95	72.00	0.05	»
11	Soleure	12.420	81.1	17.2	1.7	99.22	0.77	0.01	»
12	Bâle-Ville	4..99	31.5	39.9	28.6	99.98	0.02	»	»
13	Bâle-Campagne	9.606	76.8	18.3	4.9	99.87	0.13	0.02	»
14	Schaffouse	6.693	88.9	5.3	5.8	99.91	0.06	0.01	»
15	Appenzell (Rhodes extérieures)	8.426	83.0	15.8	1.2	99.99	»	»	»
16	Appenzell (Rhodes intérieures)	1.918	96.7	2.3	1.0	100.00	»	»	»
17	Saint-Gall	30.935	83.4	13.8	2.8	99.87	0.03	0.09	0.01
18	Grisons	14.170	91.0	4.8	4.2	44.83	0.04	14.23	40.90
19	Aarau	30.462	92.6	4.8	1.6	99.89	0.09	0.02	»
20	Thurgovie	14.170	83.3	12.7	4.1	99.92	0.03	0.05	»
21	Tessin	17.546	95.5	0.2	4.4	0.48	0.03	99.47	0.02
22	Vaud	34.368	85.9	11.8	2.3	2.08	97.75	0.17	»
23	Valais	20.812	98.4	0.8	0.8	28.06	71.85	0.01	»
24	Neuchâtel	15.510	53.6	39.4	7.0	11.64	87.98	0.38	»
25	Genève	7.838	44.9	19.0	36.4	3.14	96.13	0.73	»
	SUISSE	434.080	87.1	9.4	3.5	71.70	22.38	4.58	1.34

NOMBRE MAXIMUM D'ÉLÈVES POUR UNE CLASSE

1. — Zurich.

Cent par salle et par maître ; école d'ouvrage, trente.

2. — Berne.

Soixante-dix pour une classe non dédoublée; quatre-vingts pour une classe dédoublée.

3. — Lucerne.

École générale, soixante-dix ; école d'hiver dédoublée, quatre-vingts ; école d'été en trois divisions : cinquante.

4. — Uri.

Soixante-dix par maître (des exceptions sont admises).

5. — Schwytz.

Écoles d'ouvrages, quarante.

6. — Unterwalden-le-Haut.

7. — Unterwalden-le-Bas.

8. — Glaris.

Soixante-dix par maître (cinquante dans les écoles de demi-journée); trente pour une maîtresse d'ouvrage.

9. — Zug.

Soixante (sans élèves de l'école de répétition).

10. — Fribourg.

Soixante-dix.

11. — Soleure.

École primaire, quatre-vingts ; école d'ouvrage, quarante.

12. — Bâle-Ville.

Soixante.

13. — Bâle-Campagne.

Lorsque l'école compte plus de cent vingt élèves, elle est dédoublée en deux classes superposées avec chacune un maître. Pour quarante écolières, une maîtresse d'ouvrage; s'il y en a trente en plus, une sous-maîtresse, et de même une sous-maîtresse pour tout nombre de vingt en plus.

14. — Schaffouse.

Soixante pour les écoles d'une classe; quatre-vingts par classe pour celles de deux classes et plus.

15. — Appenzell (Rhodes extérieures).

16. — Appenzell (Rhodes intérieures).

17. — Saint-Gall.

18. — Grisons.

Quatre-vingts, si une école est dédoublée par sexe; soixante, pour une institutrice; école d'ouvrage, trente.

19. — Argovie.

Quatre-vingts pour une école communale; soixante pour une école de fabrique; trente pour une école d'ouvrage.

20. — Thurgovie.

École d'hiver, dans la règle, quatre-vingts; école d'ouvrage, vingt-cinq; école de perfectionnement pour jeunes gens, trente (pour le dessin, vingt).

21. — Tessin.

Soixante.

22. — Vaud.

Soixante.

23. — Valais.

Dès qu'une école a plus de cinquante élèves, il doit être créé une classe de filles. Pour les écoles dédoublées, par sexe, soixante.

24. — Neuchâtel.

Cinquante.

25. — Genève.

Soixante, dans la règle.

NOMBRE DE SEMAINES D'ÉCOLE PAR ANNÉE

1. — Zurich.

Quarante-quatre semaines ; huit semaines de vacances.

2. — Berne.

Minimum, trente-deux semaines, soit : école d'été, minimum, douze semaines ; école d'hiver, minimum, vingt semaines.

3. — Lucerne.

Cours d'été, quatre-vingt-dix jours ; cours d'hiver, cent jours ; cours annuel, deux cents jours.

4. — Uri.

Trente semaines.

5. — Schwytz.

D'après la loi, quarante-quatre à quarante-six semaines, mais dans la pratique, moins.

6. — Unterwalden-le-Haut.

Quarante-deux semaines.

7. — Unterwalden-le-Bas.

École d'hiver, du 2 novembre à fin avril. Où il n'y a pas d'école d'été, on doit donner des heures de répétition. On peut disposer de l'école d'été.

8. — Glaris.

Quarante-six semaines; six semaines de vacances.

9. — Zug.

École primaire, quarante-deux semaines. École de répétition, huit mois.

10. — Fribourg.

Quarante-deux semaines, dix semaines de vacances. A la campagne, on peut donner jusqu'à douze semaines de vacances, mais il doit y avoir, après deux à trois semaines de vacances de nouveau une semaine d'école au moins.

11. — Soleure.

Vacances de l'école primaire : du 15 avril au 1er mai, et du 15 septembre au 20 octobre (pour les cinq dernières années, du 15 septembre au 1er novembre). Les écoles de perfectionnement sont seulement tenues de novembre en mars.

12. — Bâle-Ville.

Quarante-quatre semaines; huit semaines de vacances.

13. — Bâle-Campagne.

Quarante-six semaines ; six semaines de vacances.

14. — Schaffouse.

Quarante-quatre semaines ; huit semaines de vacances. L'école de perfectionnement dure de la première semaine de novembre jusqu'à la Chandeleur, soit trois mois. L'école d'ouvrage a la même durée que l'école d'hiver.

15. — Appenzell (Rhodes extérieures).

Quarante-neuf semaines, soit trois semaines de vacances, et pour les catholiques, leurs jours fériés.

16. — Appenzell (Rhodes intérieures).

Ici, quarante-deux semaines, là huit mois, là six mois, temps durant lequel des vacances sont encore prévues par l'ordonnance scolaire.

17. — Saint-Gall.

Écoles tenues toute l'année. Quarante-deux semaines, soit dix semaines de vacances. École de trois trimestres, trente-neuf semaines. École semestrielle, vingt-six semaines.

18. — Grisons.

Vingt-quatre semaines.

19. — Argovie.

Quarante-deux semaines, soit dix semaines de vacances. École de fabrique, quarante-huit semaines, soit quatre semaines de vacances.

20. — Thurgovie.

Quarante à quarante-deux semaines. L'école d'hiver doit durer au moins vingt semaines.

21. — Tessin.

Les vacances sont de six à dix semaines pour l'école élémentaire. Les écoles du soir doivent avoir en hiver une durée de quatre mois. Les écoles des jours fériés doivent être tenues pendant dix mois.

22. — Vaud.

Quarante-deux semaines, soit dix semaines de vacances.

23. — Valais.

Depuis le 2 novembre au moins six mois. École de répétition; minimum du 1er décembre au 1er avril.

24. — Neuchâtel.

Quarante-quatre à quarante-six semaines, soit six à huit de vacances pour les écoles tenues toute l'année. Les écoles temporaires doivent avoir une durée d'au moins cinq mois.

25. — Genève.

Quarante-quatre à quarante-six semaines.

---

§ 4. — PROGRAMMES

Remarques générales.

Le programme des matières de l'enseignement primaire varie peu dans les différents cantons ; il est à peu près le même pour les filles que pour les garçons. Pour celles-là, la géométrie n'est pas toujours obligatoire, pas plus que l'enseignement de la gymnastique.

Dans certains cantons, toutes les matières portées au programme ne sont pas enseignées dès les premières classes. Pour ces classes également, le nombre d'heures de travail n'est pas aussi grand.

Je crois bon de donner comme spécimens, les plans d'études de la ville de Zurich et les programmes de la ville de Berne.

1. — Zurich.

Le Conseil d'instruction détermine les matières obligatoires.

L'instruction primaire comprend :

Instruction morale et religieuse.
Langue allemande.
Arithmétique.
Géométrie.
Histoire naturelle.
Histoire nationale.
Chant.
Calligraphie.
Gymnastique.
Couture (pour les filles).

Le nombre d'heures d'école par semaine est :

1re classe.	18 à 20 heures.
2e et 3e classes	21 à 24 heures.
4e, 5e et 6e classes.	24 à 27 heures.

1re CLASSE ÉLÉMENTAIRE. — ÉCOLE DU SCHANZENGRABEN.

Heures	LUNDI	MARDI	MERCREDI	JEUDI	VENDREDI	SAMEDI
7	»	»	»	»	»	»
8	Religion.	Langue allemande.	Langue allemande.	Religion.	Langue allemande.	Langue allemande.
9	Calcul.	Calcul.	Calcul.	Calcul.	Calcul.	Calcul.
10	Couture, 1/2 heure.	»	Gymnastique.	Couture, 1/2 heure.	»	Gymnastique (1).
11	»	»	»	»	»	»
1	»	»	»	»	»	»
2	Langue allemande.	Langue allemande.	»	Langue allemande.	Couture.	»
3	Langue allemande.	Langue allemande.	»	Langue allemande.	Couture.	»
4	»	»	»	»	»	»
5	»	»	»	»	»	»

(1) En plein air. Par le mauvais temps les élèves s'en vont à 10 heures.

2e CLASSE ÉLÉMENTAIRE.

Heures	LUNDI	MARDI	MERCREDI	JEUDI	VENDREDI	SAMEDI
7	»	»	»	»	»	»
8	Religion.	Langue allemande.	Langue allemande.	Religion.	Langue allemande.	Langue allemande.
9	Calcul.	Calcul.	Calcul.	Calcul.	Calcul.	Calcul.
10	Gymnastique.	Couture, 1/2 heure.	Dessin.	Langue allemande.	Écriture.	Couture, 1/2 heure.
11	»	»	»	»	»	»
1	»	»	»	»	»	»
2	Langue allemande.	Écriture.	»	Couture.	Gymnastique.	»
3	Langue allemande. Chant.	Langue allemande.	»	Couture.	Langue allemande. Chant.	»
4	»	»	»	»	»	»
5	»	»	»	»	»	»

3e CLASSE ÉLÉMENTAIRE. — ÉCOLE DU SCHANZENGRABEN.

Heures	LUNDI	MARDI	MERCREDI	JEUDI	VENDREDI	SAMEDI
7	»	»	»	»	»	»
8	Religion.	Langue allemande.	Langue allemande.	Religion.	Langue allemande.	Langue allemande.
9	Calcul.	Calcul.	Calcul.	Calcul.	Calcul.	Calcul.
10	Langue allemande.	Gymnastique.	Couture, 1/2 heure.	Gymnastique.	Couture, 1/2 heure.	Langue allemande.
11	»	»	Couture, 1/2 heure.	»	Couture, 1/2 heure.	Dessin.
1	»	»	»	»	»	»
2	Couture.	Écriture.	»	Langue allemande.	Écriture.	»
3	Couture.	Langue allemande.	»	Chant.	Langue allemande.	»
4	»	»	»	»	»	»
5	»	»	»	»	»	»

I

Ire CLASSE RÉALE. — ÉCOLE DU SCHANZENGRABEN.

Heures	LUNDI	MARDI	MERCREDI	JEUDI	VENDREDI	SAMEDI
7	Religion.	Histoire.	Calcul.	Religion.	Géographie.	Calcul.
8	Langue. Exercices.	Langue. Exercices.	Géographie.	Grammaire.	Langue. Exercices.	Gymnastique.
9	Calcul.	Couture.	Couture.	Gymnastique.	Calcul.	Histoire naturelle.
10	Écriture.	Couture.	Couture.	Écriture.	Chant.	Grammaire.
11	»	»	»	»	»	»
1	»			»	»	»
2	Géométrie.	Dessin.	»	Dessin.	Couture.	»
3	Histoire naturelle.	Chant.	»	Histoire.	Couture.	»
4	»	»	»	»	»	»
5	»	»	»	»	»	»

2e CLASSE RÉALE. — ÉCOLE DU SCHANZENGRABEN.

Heures	LUNDI	MARDI	MERCREDI	JEUDI	VENDREDI	SAMEDI
7	Religion.	Grammaire.	Exercices de langue allemande.	Grammaire.	Exercices de langue allemande.	Religion.
8	Calcul.	Gymnastique.	Exercices de langue allemande.	Calcul.	Calcul.	Géographie.
9	Couture.	Calcul.	Géométrie.	Histoire.	Couture.	Gymnastique.
10	Couture.	Écriture	Géographie.	Écriture.	Couture.	Chant.
11	»	»	»	»	»	»
1	»	»	»	»	»	»
2	Dessin.	Histoire.	»	Couture.	Dessin.	»
3	Histoire naturelle.	Chant.	»	Couture.	Histoire naturelle.	»
4	»	»	»	»	»	»
5	»	»	»	»	»	»

3e CLASSE RÉALE. — ÉCOLE DU SCHANZENGRABEN.

Heures	LUNDI	MARDI	MERCREDI	JEUDI	VENDREDI	SAMEDI
7	Religion.	Histoire.	Géographie.	Religion.	Histoire.	Géographie.
8	Grammaire.	Exercices de langue allemande.	Exercices de langue allemande.	Grammaire.	Exercices de langue allemande.	Calcul.
9	Calcul.	Géométrie.	Calcul.	Couture.	Calcul.	Couture.
10	Chant.	Dessin.	Écriture.	Couture.	Écriture.	Couture.
11	»	»	»	»	»	»
1	»	»	»	»	»	»
2	Couture.	Histoire naturelle.	»	Dessin.	Histoire naturelle.	»
3	Couture.	Gymnastique.		Chant.	Gymnastique.	»
4	»	»	»	»	»	»
5	»	»	»	»	»	»

2. — Berne.

Le programme comprend :

La religion chrétienne, savoir : la religion réformée dans les écoles réformées, et la religion catholique romaine dans les écoles catholiques.

La langue maternelle de vive voix et par écrit, de manière que l'enfant apprenne à s'en servir correctement et couramment.

L'arithmétique et le calcul des dimensions.

Les éléments de la tenue des livres.

Le chant.

La géographie et l'histoire suisse en particulier (développement des institutions constitutionnelles).

Les notions les plus essentielles de l'histoire naturelle.

Enfin, pour les garçons, les exercices corporels; pour les filles, les travaux à l'aiguille.

N. B. — On recommande instamment l'introduction de la gymnastique pour les jeunes filles.

Programmes.

Le cours d'été des écoles primaires publiques dure de douze à vingt semaines; le cours d'hiver dure vingt semaines au moins.

Le nombre des heures de leçons est de trois à quatre par jour en été, et de quatre à cinq en hiver pour le premier degré.

Plan obligatoire contenant le minimum des connaissances que doivent acquérir les élèves.

I. — Enseignement religieux.

PREMIÈRE, DEUXIÈME, TROISIÈME ET QUATRIÈME ANNÉE.

Éveil du sentiment moral et religieux ; développement des principes fondamentaux les plus simples de la morale et de la religion ; exposé des premiers devoirs des enfants envers leur prochain et envers Dieu.

Pour atteindre ce but on traitera un certain nombre de récits bibliques, simples, et se rapportant à la vie des enfants. L'instituteur les exposera librement, intuitivement, avec la chaleur nécessaire à tout bon enseignement, et les inculquera dans l'esprit des élèves à l'aide d'entretiens, de questions et de nombreuses répétitions faites d'abord fragment par fragment. La pensée fondamentale de chaque récit, appropriée à la sphère d'idées et d'expériences de l'enfant, sera résumée sous forme de maximes bibliques et de versets courts et faciles à comprendre ; elle sera ensuite confiée à la mémoire.

A. Ancien testament : Histoire de la création; vocation d'Abraham; Abraham et Loth; Rébecca; Jacob; retour de Jacob et sa réconciliation avec Ésaü; histoire de Joseph; jeunesse de Moïse; Samuel; jeunesse de David; David et Goliath; Saül et David.

B. Nouveau Testament : Naissance de Jésus; Jésus à douze ans dans le Temple; baptême de Jésus; vocation des premiers disciples; le fils de la veuve de Naïns; la tempête apaisée; Jaïre; le centenier de Capharnaüm; paraboles de l'enfant prodigue, du mauvais riche et du pauvre Lazare, du serviteur inflexible, du bon Samaritain; Jésus appelle à lui les petits enfants; l'obole de la veuve; crucifiement, résurrection et ascension de Jésus-Christ.

La naissance, le crucifiement, l'ascension et la résurrection du Christ seront traités à l'époque des fêtes qui rappellent ces événements.

CINQUIÈME ET SIXIÈME ANNÉE.

Tableaux extraits de l'ancien et du nouveau testament, et groupés en deux cours.

A. Ancien Testament : Éliézer, Isaac, Jacob et sa famille vont s'établir en Égypte; vocation de Moïse; sortie d'Égypte; législation de Moïse; les émissaires envoyés en Palestine; Ruth; Saül devient roi; David et Jonathas; Absalon; Salomon; partage du royaume.

B. Nouveau Testament : Jean-Baptiste; la jeunesse de Jésus, son ministère; choix de nouveaux disciples; paraboles du semeur, du pharisien et du publicain; paraboles enseignant le pardon et l'humilité ; la mère et les frères de Jésus ; Jésus à Béthanie ; Jésus chez le pharisien ; Zachée ; entrée de Jésus à Jérusalem ; Jésus au jardin de Gethsémané ; condamnation de Jésus ; crucifiement et mort de Jésus ; communautés chrétiennes à Jérusalem ; Étienne.

A ces récits on relira des maximes bibliques et des cantiques que l'on fera étudier par cœur après les avoir convenablement expliqués.

SEPTIÈME, HUITIÈME ET NEUVIÈME ANNÉE.

Vie et doctrines de Jésus ; œuvre des apôtres.

A ce degré, on aura soin de montrer comment les leçons étudiées doivent être appliquées, non seulement dans le cercle d'activité de l'enfant, mais aussi dans d'autres sphères et, peu à peu, dans toutes les circonstances de la vie humaine.

On fera en outre étudier par cœur, après les avoir expliqués, des passages, des maximes et des cantiques se rattachant intimement aux matières étudiées, et l'on fera répéter les maximes et les cantiques déjà étudiés.

Remarque. — Dès que les élèves seront familiarisés avec les éléments les plus essentiels de la géographie, on se servira de la carte pour expliquer les événements historiques.

II. — Enseignement de la langue.

DEGRÉ INFÉRIEUR.

A. Enseignement intuitif.

PREMIÈRE ANNÉE.

A. Étude intuitive de plus en plus détaillée d'objets pris à l'école, dans la maison et aux alentours, et entretiens sur ces objets, qui doivent être mis eux-mêmes sous les yeux des élèves ou remplacés par de bonnes images ; recherche d'objets analogues avec indication de leurs propriétés les plus sensibles. On exercera les élèves à énoncer correctement les noms des objets et des propriétés perçues ainsi que de petites propositions, et, vers la fin de l'année, à mettre par écrit des groupes de mots et de propositions.

B. Narrations simples, destinées à animer et à compléter l'enseignement intuitif descriptif, ainsi qu'à développer l'imagination, le cœur et la faculté d'élocution.

DEUXIÈME ANNÉE.

A. Étude intuitive toujours plus détaillée d'objets, entretiens sur ces objets, recherche d'objets analogues, comme dans la première année; exercices oraux et écrits sur les noms des objets et de leurs propriétés, combinaison de ces mots de manière à former des propositions correctes et à obtenir successivement toutes les formes fondamentales de la proposition.

B. Narrations simples, dans le but de compléter et de développer l'enseignement intuitif descriptif, d'étendre et de fortifier chez les enfants la faculté d'élocution.

TROISIÈME ET QUATRIÈME ANNÉE.

A. Étude intuitive toujours plus détaillée d'objets et entretiens sur ces objets, de manière à obtenir que les élèves en fassent des descriptions simples; exercices destinés à faire connaître et employer les formes fondamentales de la phrase de deux propositions, et à développer par la pratique et sans explications grammaticales, le sentiment de la langue chez les enfants.

B. Écriture et Lecture.

PREMIÈRE ANNÉE.

I. Exercices Préliminaires.

A. Exercices tendant à développer l'ouïe et les organes de la parole, afin de rendre les élèves aptes soit à répéter fidèlement et à décomposer en ses éléments un mot prononcé devant eux, soit à reconstituer sûrement et rapidement le mot, à l'aide de ses éléments.

B. Exercices tendant à développer l'œil et la main, afin de mettre les élèves en état soit de percevoir exactement, à l'aide d'objets réels, les principaux éléments de caractères graphiques, soit de les reproduire fidèlement et de les relier l'un à l'autre.

2. *Écriture et Lecture.*

A. Perception, lecture et écriture des minuscules graphiques à l'aide de mots très simples. Cette étude se fera dans l'ordre indiqué par le mode de formation de chacune de ces lettres. Emploi des minuscules dans des mots et de petites propositions.

B. Perception, lecture et écriture des majuscules graphiques, leur emploi dans des mots et des propositions.

DEUXIÈME ANNÉE.

A. Étude des caractères typographiques.

1. Perception, lecture et copie des minuscules typographiques à l'aide de mots et de propositions.

2. Perception, lecture et copie des majuscules typographiques à l'aide de mots et de propositions.

B. Écriture et lecture au service de l'enseignement intuitif.

1. Écriture et lecture des mots et des groupes de mots que les élèves apprennent à connaître dans l'enseignement intuitif, jusqu'à ce qu'ils puissent être écrits correctement de mémoire.

2. Écriture et lecture de propositions formées à l'aide de ces mots, pour fixer dans l'intelligence des enfants les formes fondamentales de la proposition simple qui ont été employées dans les exercices oraux.

3. Lecture de narrations simples, exposées d'abord par l'instituteur et élucidées à l'aide de questions et de réponses jusqu'à ce que les élèves sachent les exposer à leur tour correctement et fidèlement.

TROISIÈME ET QUATRIÈME ANNÉE.

A. Lecture par le maître, puis par les élèves, de morceaux de lecture.

1. Lecture de descriptions faciles d'objets semblables ou analogues à ceux qui ont été traités oralement dans les leçons d'intuition.

2. Lecture de narrations et de poésies faciles, tantôt avant,

tantôt après l'explication, jusqu'à ce que les élèves sachent les lire correctement, sûrement et conformément au sens.

B. Mise par écrit d'un certain nombre de morceaux du livre de lecture traités oralement. Les principaux exercices qui rentrent dans cette catégorie sont : mise par écrit d'un morceau étudié par cœur, reproduction libre d'un morceau lu et expliqué. Ce dernier exercice appartient spécialement à la quatrième année.

C. Lecture et mise par écrit de phrases dont le fond est puisé dans le domaine de l'enseignement intuitif, et qui doivent servir de modèles pour familiariser les élèves avec les formes fondamentales de la phrase de deux propositions qu'on aura employées dans les exercices oraux d'intuition.

Remarque. — Dans tous les exercices écrits, il faut veiller avec soin, dès le début, à une bonne tenue du corps et de la plume, à ce que les travaux soient proprement et nettement exécutés, à ce que les mots soient bien orthographiés et les accents exactement mis, et enfin à ce que la ponctuation soit correcte. Pour familiariser les élèves avec une bonne orthographe, on peut, dès la troisième année, les exercer à épeler.

Degré supérieur.

DIVISION INFÉRIEURE.

A. Exercices de langue.

Les morceaux choisis du livre de lecture sont le centre de tous les exercices de langue. Ils doivent être choisis de manière que, par le fond, ils contribuent au développement de toutes les facultés spirituelles des enfants et que, par la forme, ils familiarisent les élèves avec le langage usité en prose et en vers. Chaque année, on fera étudier par cœur et réciter un certain nombre de morceaux spécialement appropriés à ce genre d'exercices. Toutefois, on restreindra les poésies à un petit nombre de sujets faciles, choisis dans le genre lyrique et dans le genre épique (narratif).

Il faudra s'appliquer à faire comprendre à fond et dans tous les sens les morceaux du livre de lecture, de manière que les élèves s'en approprient les pensées, et que celles-ci puissent servir à faire faire des exercices nombreux et variés d'élocution orale et écrite.

A. Lecture. — A ce degré le maître doit veiller scrupuleusement à ce que la prononciation soit correcte et à ce que la lecture devienne pure, nette et distincte, ainsi qu'intelligente, c'est-à-dire conforme au sens.

B. Exercices oraux. — On développera chez les enfants la faculté de s'exprimer de vive voix, d'une part en exigeant invariablement des réponses exprimées dans des phrases complètes et correctes, d'autre part en habituant les élèves à reproduire oralement un morceau lu et compris, dans un compte rendu aussi complet et aussi logique que possible.

C. Exercices écrits. — Ces exercices roulent spécialement sur des narrations et des descriptions. Ils comprennent :

La mise par écrit d'un morceau étudié par cœur ou dicté. Ces travaux ont pour but d'exercer les élèves à orthographier et à ponctuer convenablement, et doivent être corrigés à l'aide du livre.

Le compte rendu. — C'est le principal exercice de style de ce degré. Il consiste à exercer les élèves à la reproduction libre d'un morceau en se basant toutefois, quant à la forme et quant au fond, sur le sujet donné. On exercera aussi les élèves à opérer des transformations faciles qui consistent en permutations grammaticales (changement de nombre, de personnes et de temps), ou en résumés dans lesquels ils concentreront les pensées essentielles du morceau donné.

B. Exercices grammaticaux.

Un manuel spécial servira de guide dans cet enseignement.

QUATRIÈME ANNÉE.

Étude de la proposition simple.

A. Distinction du sujet, du verbe et, avec le verbe être, de l'attribut de la proposition.

B. Étude des noms, des articles, des adjectifs, des pronoms personnels et du verbe avec les inflexions les plus employées dans la proposition simple (genres, nombres, personnes et temps simples de l'indicatif des verbes de la première conjugaison ; conjugaison par propositions).

C. Analyse de morceaux en insistant sur les principes grammaticaux qui seront graduellement répétés.

CINQUIÈME ANNÉE.

Étude de la proposition formée d'un sujet, d'un verbe (avec le verbe être, d'un attribut) et de compléments.

A. Distinction des compléments (directs, indirects, circonstanciels).

B. Étude plus complète des pronoms et des verbes. Étude de la préposition et de l'adverbe.

Étude des auxiliaires. Conjugaison par propositions des verbes réguliers avec l'auxiliaire avoir aux temps de l'indicatif et de l'impératif. Règle générale de l'accord du verbe avec le sujet.

C. Analyse de morceaux pour faire ressortir les principes grammaticaux.

SIXIÈME ANNÉE.

Étude de la phrase de deux propositions.

A. Distinction des propositions principales et des subordonnées sans les classer rigoureusement.

B. Étude de la conjonction et de l'interjection. Conjugaison par propositions de toutes les formes des verbes réguliers. Règles générales de l'accord du principe.

C. Analyse de morceaux pour familiariser l'élève avec les principes étudiés.

Remarque. — A ce degré, les dictées seront en général des dictées orthographiques.

DIVISION SUPÉRIEURE.

A. *Exercices de langue.*

Les morceaux choisis du livre de lecture servent, dans la division supérieure, de point de départ à tous les exercices de langue. Par le fond, ils doivent contribuer au développement de toutes les facultés spirituelles des enfants ; par la forme, ils doivent faire connaître intuitivement aux élèves les différents genres d'écrits en prose et en vers. On fera étudier par cœur et réciter un certain nombre de morceaux convenablement choisis. En outre, on étudiera un nombre de poésies plus considérable que dans la division inférieure, et on les choisira de manière que tous les genres soient représentés.

L'instituteur devra spécialement veiller à faire comprendre à fond et dans tous les sens les morceaux du livre de lecture, afin d'exciter autant que possible, et à divers points de vue, l'activité spirituelle des élèves et d'enrichir leur intelligence, afin aussi de pouvoir utiliser le contenu de ces morceaux dans des exercices nombreux et variés d'élocution orale et écrite, et de mettre les enfants en état d'exprimer par eux-mêmes leurs propres pensées.

A. Lecture. — Comme dans le degré précédent, on veillera attentivement à ce que les élèves prononcent correctement et lisent avec intelligence ; on exigera, en outre, qu'ils s'habituent à lire avec expression.

B. Exercices oraux. — Continuation des exercices oraux d'élocution, consistant en réponses correctes exprimées à l'aide de phrases et de termes que les élèves s'habitueront de plus en plus à choisir eux-mêmes, ainsi que dans la reproduction logiquement coordonnée de morceaux de lecture sous forme de narrations ou de rapports (comptes rendus).

C. Exercices écrits, comprenant à ce degré les narrations, les descriptions et les lettres. Ces exercices se groupent en deux catégories : le compte rendu et les exercices de rédaction.

Dans la première catégorie, il faut ranger : le compte rendu proprement dit, qui est la reproduction libre, non seulement d'un morceau de lecture préalablement élucidé, mais aussi de divers sujets empruntés en particulier aux branches réales ; les exercices de transformation, comprenant tantôt le résumé des sujets qui ont été traités et servant à développer le jugement des élèves, tantôt des amplifications (cet exercice doit être plus rare que le précédent) de morceaux de lecture servant à développer l'imagination.

Dans la deuxième catégorie, on placera les exercices d'imitation et ceux de composition proprement dits.

Les exercices d'imitation ont pour point de départ des

morceaux de lecture servant de modèles. Ils roulent généralement sur les descriptions, quelquefois sur des narrations, et ont particulièrement pour but d'apprendre aux élèves à rédiger, plier et adresser une lettre.

A mesure que les élèves font des progrès, ils passent aux exercices de composition proprement dits, dans lesquels ils s'appliquent à développer par eux-mêmes, sur un plan conçu dans un entretien entre le maître et eux, des sujets qui ne se rattachent pas directement aux morceaux du livre de lecture. Peu à peu ces entretiens préliminaires diminueront d'importance et on les supprimera tout à fait pour les compositions faciles.

Remarque. — Pour amener les élèves à bien lire, le maître lira préalablement chaque morceau. Les travaux écrits doivent être propres, régulièrement faits et soigneusement corrigés.

B. Exercices grammaticaux.

Un manuel spécial servira de guide dans cet enseignement.

SEPTIÈME ANNÉE.

Étude des formes diverses de la phrase de deux propositions. Éléments de la ponctuation.

A. Récapitulation des études grammaticales pour inculquer les principes grammaticaux.

B. Syntaxe du nom, de l'article, de l'adjectif et accord des verbes. Conjugaison des verbes irréguliers les plus usités.

Vocabulaire, homonymes.

C. Analyse des morceaux dans lesquels on fera ressortir les règles de grammaire étudiées.

HUITIÈME ET NEUVIÈME ANNÉE.

Étude plus complète des formes essentielles de la phrase.

Étude de la ponctuation.

A. Syntaxe des pronoms, des verbes, des participes et des parties les plus importantes des mots invariables. Application des principes de lexicologie, de conjugaison et de syntaxe à des exercices d'orthographe et de composition.

B. Vocabulaire, famille de mots, homonymes.

C. Revue de tout le cours de langue sous forme analytique.

III. — Enseignement de l'arithmétique et du calcul des dimensions.

PREMIÈRE ANNÉE.

Addition et soustraction des nombres fondamentaux depuis 1 jusqu'à 20. Problèmes pratiques.

DEUXIÈME ANNÉE.

Les quatre règles sur les nombres compris entre 1 et 50. Problèmes pratiques.

TROISIÈME ANNÉE.

Les quatre règles sur les nombres compris entre 1 et 100. Problèmes pratiques.

QUATRIÈME ANNÉE.

Extension du cycle des nombres jusqu'à 10,000. Les quatre règles. Problèmes pratiques.

CINQUIÈME ANNÉE.

Les quatre règles sur les nombres abstraits et concrets compris entre 1 et 100,000. Problèmes pratiques.

SIXIÈME ANNÉE.

Les quatre règles sur des nombres complexes; extension du cycle numérique jusqu'aux millions; loi de la formation décimale des nombres (numération). Notions relatives aux monnaies, aux poids et mesures, solutions et réductions. Problèmes pratiques.

SEPTIÈME, HUITIÈME ET NEUVIÈME ANNÉE.

Calcul intuitif avec des fractions de même dénominateur. Les fractions décimales; problèmes pratiques. Connaissance exacte du système métrique. Notions les plus importantes sur les fractions ordinaires; problèmes pratiques. Calcul des proportions avec application spéciale aux calculs d'intérêts et aux différentes espèces de problèmes qui se présentent dans la vie civile.

Calcul des dimensions.

A. Ligne droite. Mesures de longueur. Mesure de lignes droites. Angles.

B. Carré, rectangle, triangle. Trapèze et polygone. Cercle.

C. Prisme et cylindre.

IV. — Enseignement des branches réales.

1. Histoire.

On traitera, si possible d'après le livre de lecture, les tableaux historiques suivants :

1° Berthold V. — 2° Rodolphe de Habsbourg. — 3° Guillaume Tell. — 4° Expulsion des baillis. — 5° Bataille de Morgarten. — 6° Rodolphe d'Erlach. — 7° Arnold de Winkelried. — 8° Guerre de Bourgogne. — 9° Ulrich Zwingli. — 10° Chute de l'ancienne Confédération. — 11° Pestalozzi. — 12° Charles Neuhaus. — 13° Le général Dufour.

2. Géographie.

A. Cinquième année. Étude du lieu natal et des environs. Initiation à la connaissance de la carte.

B. Sixième et septième année. Le canton de Berne.

C. Huitième et neuvième année. La Suisse.

En outre, huit ou douze tableaux géographiques contenus dans le livre de lecture.

3. Histoire naturelle.

CINQUIÈME ET SIXIÈME ANNÉE.

Chaque année, on fera neuf descriptions d'animaux, de plantes et de minéraux qu'on aura d'abord étudiés intuitivement.

On recommande :

1er cours.	*2e cours.*
1° Le cerisier;	1° Le poirier;
2° Le pois;	2° La pomme de terre;
3° La dent de lion;	3° Le froment;
4° Le hêtre;	4° Le sapin;
5° Le chien;	5° Le bœuf;
6° La poule;	6° Le pinson;
7° La truite;	7° Le hanneton;
8° L'abeille;	8° Le sel gemme;
9° Le fer.	9° La houille.

SEPTIÈME, HUITIÈME ET NEUVIÈME ANNÉE.

1er Cours.

1° Les leviers; le baromètre; 3° le thermomètre.

2e Cours.

Notions les plus importantes de l'hygiène rattachées à l'étude du corps humain.

V. — *Enseignement du chant.*

PREMIÈRE, DEUXIÈME, TROISIÈME ET QUATRIÈME ANNÉE.

Perception graduelle des six premiers tons de la gamme. Étude de petits chants dans la limite des tons connus. Exercices dans la mesure à deux, à trois et à quatre temps. Vers la fin de la troisième année, premiers exercices à l'aide des signes musicaux; à la suite de ces exercices, on en arrivera au livre de chant destiné aux écoles primaires.

QUATRIÈME ET CINQUIÈME ANNÉE.

Perception graduelle de tous les tons de la gamme qui sera chantée, tantôt moins, tantôt plus rapidement, tantôt forte, tantôt piano. On fera exécuter les chants du livre obligatoire.

SIXIÈME, SEPTIÈME, HUITIÈME ET NEUVIÈME ANNÉE.

Développement de l'échelle diatonique jusqu'au FA de l'octave supérieure. Exercices de rythme et de mélodie les plus importants. Clefs et armure. Application à des chants convenablement choisis.

REMARQUE. — Dans le manuel de chant destiné aux élèves du deuxième et du troisième degré, il sera désigné douze chants qui devront être étudiés soigneusement par cœur dans toutes les écoles. A partir du deuxième degré, on enseignera, si possible, le plain-chant et les cantiques.

VI. — Enseignement de l'écriture.

Premier degré.

Dans le cours de la première année, les exercices d'écriture sont compris dans les exercices d'écriture-lecture; dans la deuxième et la troisième année, on leur consacrera des heures spéciales.

Les exercices préparatoires tendant à développer l'œil et la main et qui ont lieu la première année dans l'enseignement de la langue, devront être continués au commencement de chaque leçon d'écriture et consisteront surtout dans l'étude des éléments des lettres.

Ensuite, on étudiera les minuscules et les majuscules de l'écriture française courante dans l'ordre indiqué par le mode de formation de chacune d'elles. On les fera étudier d'abord isolément, puis combinées avec d'autres lettres dans des mots et des phrases dont le sens aura été perçu.

A ce degré, le but essentiel de l'enseignement de l'écriture est de faire connaître et reproduire exactement les lettres. Dans ce but, l'instituteur montrera d'abord à la planche noire comment se forment les différentes lettres et les fera reproduire ensuite en grands caractères par les élèves.

On fera usage de l'ardoise jusqu'à la fin de la deuxième année scolaire; à partir de la troisième année, on se servira de papier.

Deuxième degré.

Continuation des exercices préliminaires afin d'exercer le bras, la main et les doigts à former plus librement de nouveaux traits. Ces exercices se répéteront aussi fréquemment que possible.

Dans les exercices d'écriture, on étudiera les minuscules et les majuscules de l'écriture française ainsi que les chiffres arabes.

Les explications théoriques ont pour but de faire connaître aux élèves ce qu'il est nécessaire de savoir pour bien écrire, ainsi : la manière de former et de combiner les lettres, les proportions des lettres, de même que la distance qui doit exister entre les pleins et les déliés.

On veillera spécialement à la régularité de l'écriture; dans ce but l'on se servira des lignes auxiliaires nécessaires, et les élèves devront écrire en mesure.

Troisième degré.

SEPTIÈME ANNÉE.

Continuation des exercices précédents de manière à obtenir une belle écriture courante.

HUITIÈME ET NEUVIÈME ANNÉE.

Notions et exercices sur la rédaction des actes les plus nécessaires et les plus simples, ainsi que sur la manière de dresser les comptes et de tenir les livres, en se bornant également à ce qui est nécessaire et facile.

VII. — Enseignement du dessin.

Premier degré.

Dans la première année, les exercices de dessin sont combinés avec les exercices d'écriture-lecture ; dans la deuxième et la troisième année, on fera des exercices spéciaux de dessin qui comprendront : dessin des lignes droites et manière de les diviser; dessin d'angles, de triangles et de polygones, de mosaïques faciles et d'ustensiles faciles à reproduire. Ces dessins seront faits sur l'ardoise de la manière la plus simple, d'abord avec l'aide du réseau de points, puis sans ce secours.

Deuxième et troisième degré.

A. Répétition sur le papier des exercices précédents en veillant à la netteté et à la propreté ; figures géométriques fondamentales auxquelles donne naissance la ligne droite (lignes, angles, triangles, quadrilatères, carrés, polygones, rosettes à lignes droites ou figures étoilées, plan vertical géométrique d'objets simples pris dans la nature).

B. Principales figures formées par la ligne courbe (arcs de cercle dans des mosaïques ; le cercle, polygones et rosettes inscrits dans le cercle ; lignes courbes à main levée, spirales et volutes).

C. Formes prises dans la nature (tiges et feuilles simples ; ornements pleins et non ombrés).

D. Dessin d'après modèles et selon la perspective d'objets et d'instruments de métiers faciles à reproduire.

Remarque.— Dans le deuxième et le troisième degré, tous les dessins doivent se faire sur le papier. On espacera de plus en plus les points du réseau ; à partir de la cinquième année, on ne l'emploiera plus. Dans le dessin à main libre, les modèles seront, autant que possible, exécutés par le maître sur le tableau noir, et les élèves devront les copier. Si le temps manque, l'instituteur devra substituer à son dessin de grands modèles appliqués au mur ou à la planche noire.

Comme on a pu le remarquer, les programmes de l'enseignement primaire sont, comme les nôtres, très chargés.

L'administration paraît du reste en avoir pris souci, car, dans certains cantons, les instituteurs ont reçu à cet égard des conseils dont l'esprit peut se résumer ainsi :

« On se récrie souvent contre le grand nombre de matières de l'enseignement ; c'est se plaindre de la richesse de nos facultés et de l'immense variété des faits que le monde offre à notre attention. Chaque branche des études élémentaires répond à quelqu'une de nos sphères d'activité, chacune trouve ses applications dans les besoins de la vie ordinaire ; aussi n'en saurait-on omettre aucune sans restreindre d'une manière fâcheuse le développement naturel de l'enfant. Le danger n'est pas dans le nombre des branches d'enseignement, mais dans le nombre d'idées et de faits que pour chacune d'elles on voudrait confier à la mémoire de l'enfant, ains que dans l'interversion de l'ordre naturel suivant lequel il doit les apprendre.

»Qu'on enseigne donc peu à la fois, mais chaque chose à fond, et qu'on ne quitte point un sujet avant qu'il soit bien acquis aux élèves.

» Qu'on se garde surtout de faire connaître aux enfants plus de choses qu'ils n'en peuvent retenir. Rien de plus pernicieux que l'habitude d'apprendre mal ou d'apprendre pour oublier ; pour en garantir les élèves, le maître doit borner son enseignement aux notions que ceux-ci peuvent et doivent s'approprier pour toujours. »

(*Extrait du plan d'études du canton de Vaud.*)

---

§ 5. — DIRECTION ET ADMINISTRATION

1. — Zurich.

Au point de vue de la direction et de l'administration des écoles primaires, ce canton est divisé en sections (schulkreis).

Chaque section comprend une Commission composée de :

Un président et de quatre membres au moins, élus pour trois années dans une réunion des habitants de la circonscription.

La circonscription nomme le président ; la Commission scolaire, le vice-président et le secrétaire.

Les instituteurs prennent part à l'élection de ces derniers (vice-président et secrétaire) avec voix délibérative.

Le secrétaire peut être pris en dehors de la Commission scolaire ; son mandat est également de trois ans.

La Commission ainsi composée et élue exerce une action directe sur les écoles. Elle se rend compte de la situation par l'examen du *Journal de l'École*, lequel renferme les observations que sont tenus d'y inscrire ses membres dans leur inspection individuelle.

Tous les ans elle adresse au Conseil du district les notes sur les établissements scolaires (il y a un questionnaire imprimé). tous les trois ans un rapport général.

Le secrétaire administre les finances de chaque école et rend chaque année ses comptes à la Commission scolaire; il peut être rétribué.

Chaque district a une « Commission scolaire de district » formée de neuf à treize membres; trois sont élus par le Comité des instituteurs, les autres par les habitants du district: la durée de leur mandat est triennale.

Les fonctions des Commissions scolaires du district ne sont pas rétribuées. Un jeton (valeur trois francs) est donné pour chaque inspection.

L'inspection d'un bâtiment scolaire est payée 6 francs.

Chaque membre est tenu de visiter l'école de sa circonscription au moins deux fois par an, de noter ses remarques et observations sur le livre des visites à l'école.

Suivant un formulaire imprimé, la Commission du district adresse tous les ans son rapport au directeur de l'enseignement, tous les trois ans un rapport d'ensemble sur les écoles de sa circonscription.

A la tête de l'instruction publique du canton est placé un membre du Conseil d'État auquel la direction du département de l'instruction publique est confiée, le directeur de l'enseignement; il lui est adjoint un Conseil d'instruction comprenant six membres dont quatre pris dans le Conseil cantonal, deux nommés dans le synode; ces deux nominations doivent être approuvées par le Conseil cantonal.

La nomination est faite pour trois ans; les membres peuvent être réélus.

Le directeur de l'enseignement est de droit le Président du Conseil de l'instruction.

Le Conseil d'instruction a la surveillance de toutes les écoles du canton. (Un crédit annuel de 3,000 francs est affecté aux inspections extraordinaires.) Il est chargé des enquêtes sur les instituteurs dont la révocation est demandée, de leur remplacement et sur ceux dont l'incapacité leur est signalée.

2. — Berne.

La haute surveillance et direction de l'instruction populaire dans le canton de Berne appartient à la direction de l'éducation.

Sont subordonnés à la direction de l'éducation pour l'exécution de ses ordres en matière d'instruction primaire, les inspecteurs d'écoles et les Commissions d'écoles comme organes principaux ; les préfets, les communes, les Conseils communaux, les ministres du culte (pasteurs ou curés), comme organes auxiliaires.

Inspecteurs d'écoles.

Les inspecteurs d'écoles qui servent d'intermédiaires entre la direction et l'éducation, d'une part, et les écoles et établissements, d'autre part, sont chargés de la surveillance et direction pédagogique des écoles primaires publiques, ainsi que de la surveillance des écoles privées. Les inspecteurs sont tenus d'inspecter régulièrement toutes les écoles de leur arrondissement ; ils doivent en outre les visiter aussi souvent que possible.

L'inspection se fait de la manière suivante :

En règle générale, chaque école est inspectée en détail une fois par an.

L'inspection a notamment pour objet :

1° le local, le mobilier de l'école, les tables et les bancs, les moyens d'enseignement, l'ordre et la propreté, la fréquentation des classes, l'activité des commissions d'écoles, l'étendue, la graduation et la méthode de l'enseignement, l'usage des moyens d'enseignement obligatoires, la division des classes, les promotions, la discipline et l'esprit de l'école.

Le président de la Commission d'école est invité à chaque inspection, et il invite à son tour les membres de la Commission à y assister. A la fin de l'inspection, l'inspecteur en communique le résultat aux membres présents de la Commission d'école aussi bien qu'au régent et aux élèves ; il joint à cette communication les avertissements et les ordres nécessaires.

Ils ont le droit de prendre connaissance des comptes d'école des communes.

Ils dirigent l'examen des élèves qui désirent quitter l'école primaire avant l'expiration de la neuvième année scolaire.

Cet examen sera fixé chaque année par la direction de l'éducation, de telle sorte qu'il puisse y en avoir un dans chaque district avant la fin de l'année scolaire.

L'examen sera public; il sera tenu par l'inspecteur d'écoles de l'arrondissement qui s'adjoindra à cet effet des hommes spéciaux. Après l'examen, l'inspecteur transmettra son rapport et sa proposition à la direction de l'éducation.

Les élèves ne seront dispensés de la fréquentation de l'école que lorsqu'il aura été constaté par l'examen qu'ils possèdent les connaissances qui s'acquièrent dans les écoles primaires;

2° D'examiner à la fin de chaque semestre les registres des écoles, et de les renvoyer ensuite aux Commissions d'école accompagnés des observations et des ordres nécessaires;

3° De convoquer et diriger, lorsqu'ils le jugent utile, des conférences publiques avec les régents et les autorités scolaires locales, afin de discuter des questions qui intéressent l'instruction scolaire;

4° D'adresser à la direction de l'éducation, à la fin de chaque année civile et avant le mois de janvier de l'année suivante, un rapport sur l'état général de l'enseignement dans leur arrondissement, en se conformant à une instruction qui visera à la plus grande uniformité possible;

5° De tenir les livres suivants :

Un journal où ils consigneront le résultat des inspections; un contrôle général de toutes les écoles de l'arrondissement, indiquant les années de service des régents et des institutrices qui les desservent; un registre de correspondance renfermant la substance de toutes les missives officielles qu'ils reçoivent ou qu'ils expédient.

Commissions d'écoles.

Les membres de la Commission d'école primaire sont élus pour le terme de six ans par la commune municipale, ou par la commune scolaire dans les localités où il en existe une, à moins toutefois que le droit de les nommer n'ait été conféré au Conseil communal, suivant ce qui est réglé à cet égard par le règlement d'organisation de la commune municipale ou de la commune scolaire. Les membres sortent par tiers tous les deux ans, mais ils sont immédiatement rééligibles.

Les régents sont appelés avec voix consultative à toutes les délibérations qui ne les concernent pas personnellement. Ils sont spécialement tenus d'assister à toutes les censures concernant la fréquentation de l'école, munis des registres d'école établis pour la période dont il s'agit, afin de faire, au besoin, un rapport verbal.

La Commission d'école nomme son président, son vice-président et son secrétaire, et règle la forme de ses délibérations, à moins qu'elle ne soit déjà déterminée par le règlement communal.

Elle se réunit aussi souvent que les affaires l'exigent. Il est tenu un registre de ses délibérations.

La Commission a pour tâche de surveiller et diriger les écoles de son arrondissement. Elle veille avec soin à l'observation des lois scolaires, ainsi que des ordonnances et arrêtés des autorités compétentes, et fait tout ce qui dépend d'elle pour écarter les obstacles qui s'opposent à leur exécution.

Elle remet à l'inspecteur d'école tous les rapports qu'il lui demande sur les affaires scolaires du ressort de la Commission.

Elle ne communique avec l'autorité supérieure que par l'intermédiaire de l'inspecteur d'école.

Elle prend des mesures pour que, pendant l'hiver, l'école reçoive au moins une fois par mois la visite d'un ou plusieurs de ces membres. Pendant l'été les visites doivent être aussi fréquentes que possible. Les membres qui visitent l'école inscrivent leur nom ainsi que la date de la visite au registre de l'école.

La Commission d'école doit spécialement :

1° Veiller à ce que les enfants de son arrondissement qui sont susceptibles d'instruction et qui accomplissent leur sixième année avant le 1er avril de l'année courante, soient inscrits sur la liste des enfants astreints à sa fréquentation, avant l'ouverture du semestre d'été de la même année.

Les parents ou leurs représentants qui, à cette occasion, cherchent à soustraire à la fréquentation de l'école les enfants qui ont atteint l'âge qui la rend obligatoire, doivent être traduits devant le juge pour être punis selon la rigueur des lois.

2° Décider, sur l'avis d'un médecin, si les enfants sont susceptibles d'instruction.

3° Autoriser les enfants à fréquenter l'école d'un arrondissement scolaire autre que celui de leur domicile et aviser la Commission d'école compétente de cette autorisation.

4° Veiller à la fréquentation de l'école, vérifier et compter une fois par mois les absences et examiner les motifs d'excuse des absents.

5° Punir, conformément aux lois sur la matière, les absences faites sans excuse légitime, en avertissant par écrit les parents ou leurs représentants, ou en les dénonçant à l'autorité compétente.

6° Fixer le commencement de chaque trimestre scolaire, ainsi que le nombre des heures de classe de chaque semaine, et les répartir sur les différents jours de la semaine.

7° Approuver le plan d'études et l'ordre journalier conformément aux prescriptions légales et réglementaires.

8° Fixer l'époque des vacances.

9° Accorder aux régents les congés dont la durée n'excède pas quatorze jours, et pourvoir dans ces sortes de cas à leur remplacement ou en donnant avis à l'inspecteur d'écoles.

10° Fixer l'époque de l'examen public de fin d'année et décider, immédiatement après, des promotions d'une classe inférieure dans une classe supérieure. (Cet examen et cette promotion n'auront toutefois jamais lieu avant la clôture de l'école d'hiver.)

11° Examiner les plaintes portées contre les régents et y statuer, ou les renvoyer à l'autorité supérieure selon la nature du cas.

12° Délivrer aux régents, sur leur demande, des certificats sur la manière dont ils se sont acquittés de leurs fonctions.

13° Veiller à ce que les bonnes mœurs, la discipline, l'ordre et l'amour du travail règnent dans les écoles, à ce que les régents fidèles à leur devoir soient encouragés et protégés, et à ce que ceux qui le négligent soient astreints à s'en acquitter plus consciencieusement.

14° Procurer à l'école un local convenable et des moyens d'enseignement suffisants pour que la marche de l'enseignement ne soit pas entravée, et veiller à ce que le bâtiment d'école soit bien entretenu.

15° Surveiller la confection de l'inventaire du mobilier de l'école que le régent est obligé de dresser en vertu de la loi.

16° Veiller à ce que le traitement des régents, et notamment les prestations en nature (article 25 de la loi), leur soient remis régulièrement et en plein, comme aussi à ce que les objets nécessaires à l'entretien de la propreté et au chauffage des salles d'écoles soient fournis à temps.

17° Veiller à la conservation et à l'accroissement du fonds de l'école, et à ce que la tenue de la comptabilité soit conforme au budget communal, à moins que la commune et le conseil communal ne se chargent de ce soin.

18° Recevoir les demandes en démission des régents, transmettre à la direction de l'éducation, par l'intermédiaire de l'inspecteur, les projets de mise au concours des écoles, recevoir et examiner les papiers des aspirants, assister à leur examen ou, si l'on n'exige pas qu'ils en subissent un, transmettre la liste des aspirants ainsi que les pièces à l'appui à l'inspecteur d'écoles, et prendre connaissance de son avis sur les candidats à présenter au choix de la commune.

Lorsque la place de régent n'est pas pourvue définitivement, la Commission d'école avise aux mesures nécessaires.

Elle veille notamment à ce que la place vacante soit pourvue avant l'expiration des fonctions du régent. Toute mutation de régent doit être immédiatement portée à la connaissance de l'inspecteur.

La commission d'école assiste aux inspections et aux examens annuels. Basée sur le plan d'études obligatoire, elle indique pour chaque branche au régent chargé de diriger l'examen, le sujet sur lequel il doit interroger, ou bien elle charge de ce soin une personne compétente. Le résultat de l'examen est toujours consigné au protocole de la commission d'école.

A la fin de chaque année scolaire, la commission d'école ordonne les promotions qui ont lieu à la suite d'un examen individuel dirigé par les membres de la commission et par les régents. Cet examen se base sur le plan d'études obligatoire. Le premier jour du semestre d'été, les élèves promus se rendent dans la nouvelle classe. Il est interdit aux régents d'ordonner des promotions de leur propre autorité.

Préfets.

Le préfet, en sa qualité de premier fonctionnaire administratif du district, doit vouer une sollicitude spéciale aux établissements destinés à l'éducation et à l'instruction de la jeunesse, et faire tout ce qui dépend de lui pour les rendre prospères. Au besoin, il assiste de fait et de conseils la direction de l'éducation et l'inspecteur d'écoles.

Il ne doit jamais prendre aucune mesure ou décision en matière scolaire à l'insu, sans la participation ou même contre le gré des autorités scolaires établies par la loi. S'il remarque des abus qu'il croit possible ou nécessaire de faire disparaître, il doit en informer la direction de l'éducation.

Il est spécialement chargé :

1° De surveiller les autorités communales et la manière dont elles s'acquittent de leurs obligations en matière scolaire, et de rappeler les commissions d'école négligentes à leur devoir;

2° D'astreindre, au besoin, les communes à apporter des améliorations matérielles à leurs écoles;

3° De vérifier régulièrement les comptes des fonds d'école primaire, et de veiller à ce que les revenus destinés à former et accroître les fonds d'école, notamment les droits d'entrée, soient dûment perçus et réellement affectés à leur destination;

4° De faire droit aux réclamations des régents qui se plaignent de négligence dans le paiement de leur traitement.

Communes municipales et communes scolaires.

L'administration des écoles primaires publiques rentre en général dans les attributions des communes municipales. Dans les localités où il existe des communes scolaires particulières embrassant soit une ou plusieurs sections de commune, soit plusieurs communes municipales, l'administration des affaires scolaires est du ressort de la commune scolaire. Ces communes scolaires sont tenues de soumettre leurs règlements d'administration à la sanction du conseil exécutif.

Les communes municipales ou communes scolaires procèdent à la nomination des régents, en se basant sur l'avis de mise au concours, sur la proposition de la commission d'école et sur le préavis de l'inspecteur; la nomination faite, elles la portent sans retard à la connaissance de la direction de l'éducation par l'organe de l'inspecteur.

Elles désignent les membres de la commission d'école, à moins que la nomination de ces membres ne soit attribuée au conseil communal.

Avant le commencement de chaque année civile, elles dressent un budget des dépenses de leurs écoles primaires, vérifient les comptes d'école annuels et les soumettent avec leur préavis au préfet.

Conseil municipal et conseil de la commune scolaire.

Le conseil municipal ou le conseil de la commune scolaire doit travailler de toutes ses forces à la prospérité des écoles de la commune.

La commune scolaire a le droit de conférer à la commission d'école les fonctions du conseil communal qui se rapportent à l'instruction scolaire.

Le conseil municipal doit spécialement :

1° Veiller à ce qu'il soit rendu régulièrement compte du fonds de l'école primaire à teneur de la loi et des ordonnances sur la matière.

2° Procéder conformément à la loi, à la nomination des maîtresses des écoles de travail.

3° Faire dresser, pour l'usage des commissions d'école et des régents, des listes exactes des enfants de la commune parvenus à l'âge qui oblige à la fréquentation de l'école.

Pasteurs et curés.

Les rapports du pasteur ou curé avec les écoles et les régents doivent être empreints d'une bienveillante sollicitude, se manifestant par des faits et des conseils.

Il visite assidûment les écoles de sa paroisse, et assiste, si possible, aux examens ; il seconde les régents dans le maintien de la fréquentation de l'école, de la discipline, des bonnes mœurs, de l'ordre parmi les enfants, et en général dans l'accomplissement de leurs devoirs ; il signale au besoin les abus qu'il remarque à la commission d'école.

Avant l'ouverture du semestre d'été, il annonce en chaire que les enfants qui ont atteint l'âge fixé par la loi doivent être admis dans les écoles, et invite les parents à les y conduire au jour fixé, en apportant leur certificat de vaccination, et l'extrait baptistaire de ceux qui ont été baptisés dans une autre paroisse ou, dans le cas où cet extrait ne pourrait être produit, un acte de naissance.

Il veille en général à ce que l'on se conforme dans sa paroisse aux lois scolaires et aux ordonnances qui s'y rapportent, et signale aux inspecteurs d'écoles les désordres et les abus qu'il viendrait à découvrir.

Lorsque des autorités scolaires supérieures s'adressent à lui pour obtenir des renseignements concernant les écoles de la paroisse, il est tenu d'office de leur donner les explications demandées.

3. — Lucerne.

Dans chaque commune, le conseil prend dans son sein un membre chargé d'administrer les fonds et la caisse de l'école et de lui en présenter chaque année la situation.

Il y a quatre-vingt-douze commissions chargées de la surveillance des écoles dans le canton de Lucerne ; un membre des commissions scolaires fait partie de ces commissions.

La Commission scolaire compose elle-même son bureau. Un instituteur de la circonscription peut prendre part à l'élection des membres du bureau.

La Commission scolaire a la direction immédiate des écoles et des instituteurs ; chaque école est inspectée par l'un de ces membres, au moins deux fois par semestre.

A une époque déterminée, le Conseil d'État élit pour chacun des dix-neuf districts du canton, un inspecteur du district pour une période de quatre années. Cette nomination se fait sur la proposition du Conseil d'instruction.

Ces inspecteurs doivent visiter une école au moins deux fois par an ; ils préparent les plans d'études, les programmes de l'enseignement, veillent à ce que les instituteurs et les autorités scolaires qui relèvent d'eux accomplissent leurs devoirs, au choix du local, à la division des classes, etc. Ils président les conférences et adressent, chaque année, un rapport à l'inspecteur du canton.

Suivant l'importance du district, il leur est alloué une indemnité variant de 150 à 400 francs.

L'inspecteur du canton, choisi par le Conseil d'État pour une période de quatre années avec 3,500 francs d'appointements, a la surveillance de toutes les écoles publiques ; il tient au point de vue de l'enseignement le deuxième rang dans le canton.

Il donne aux instituteurs les instructions nécessaires, modifie les plans d'écoles, les programmes des écoles publiques et privées (primaires), propose de nouvelles méthodes, inspecte chaque école une fois tous les deux ans, réunit les inspecteurs du district en conférence, adresse chaque année au Conseil d'instruction un rapport, et peut faire partie lui-même de ce Conseil.

L'administration des écoles publiques de tout le canton appartient au Conseil d'instruction composé de trois membres. Il relève lui-même du Conseil d'État.

Le grand Conseil d'État choisit le président du Conseil d'instruction publique parmi les membres du Conseil d'État.

Le Conseil d'instruction, de concert avec le Conseil et du grand Conseil d'État, juge en dernier ressort. Il adresse au Conseil d'État un rapport tous les deux ans.

4. — Uri.

Dans chaque commune, il y a un Conseil d'école, de trois à cinq membres, qui reçoit les instructions du Conseil d'instruction publique. Il dirige et guide les instituteurs dans l'accomplissement de leur mandat. Les écoles sont inspectées par ses membres au moins quatre fois par an.

L'inspection et l'administration des écoles publiques appartiennent encore à un ou plusieurs inspecteurs, nommés par le Conseil d'instruction, qui doivent visiter toutes les écoles une fois par an, surveiller l'application des règlements, les commissions scolaires, les instituteurs et élèves, et adresser un rapport annuel au Conseil d'instruction.

Le Conseil d'instruction est à la tête des écoles publiques du canton; il veille à l'exécution des règlements, donne les instructions nécessaires, les méthodes et livres pour les écoles primaires, délivre les brevets aux instituteurs et institutrices des écoles publiques, administre les fonds scolaires du canton, règle le traitement des instituteurs, impose sa médiation entre les instituteurs et les commissions scolaires; examine les rapports des inspecteurs.

Les ordonnances et arrêtés des autorités communales sont préalablement soumis à son examen.

5. — Schwytz.

La surveillance immédiate est exercée par une commission

composée de trois membres au moins, élus par le conseil de la commune pour deux années et dirigée par un président.

Les instituteurs ne peuvent faire partie de cette commission, mais ils peuvent cependant être appelés quelquefois dans son sein avec voix délibérative.

Le Conseil scolaire surveille les écoles primaires de la commune et s'assure que les instituteurs exercent leurs devoirs. Il intervient dans les différends entre les parents et les instituteurs, contrôle les absences et peut donner jusqu'à une amende de 10 francs.

Le Conseil des écoles détermine les vacances, arrête de concert avec les instituteurs les programmes, pourvoit aux besoins scolaires, fournitures des enfants nécessiteux, et approuve les comptes de l'administrateur de la caisse des écoles.

L'école doit être inspectée par eux une fois par an.

Le Conseil d'administration élit un ou plusieurs inspecteurs pour quatre années. Les inspecteurs forment avec le chef de l'instruction publique. l'inspectorat qui a la haute surveillance sur les écoles primaires et secondaires du canton.

Les inspecteurs président les conférences.

Leurs honoraires sont déterminés par le Conseil d'État.

Ils doivent inspecter chacune des écoles de leur circonscription deux fois par an et adresser un rapport annuel au département de l'instruction.

L'instruction publique du canton est dirigée par un conseil d'instruction composé d'un président et de quatre membres élus pour quatre années par le Conseil du canton de Schwytz. Il adresse un rapport annuel au Conseil d'État.

Les inspecteurs scolaires ont voix délibérative pour la nomination des membres du Conseil d'instruction.

Le Conseil d'État publie les ordonnances sur l'instruction publique; il a le pouvoir suprême.

6. — Unterwalden-le-Haut.

Dans chaque commune le Conseil choisit pour quatre années un conseil scolaire de trois à cinq membres. Ce conseil a à sa tête un président.

Chaque école est inspectée au moins une fois par mois par l'un de ses membres.

Ils se réunissent réglementairement chaque mois et donnent à la fin de chaque semestre un rapport au Conseil communal.

Le Conseil communal ou les habitants de la commune choisissent pour quatre années un ou plusieurs administrateurs chargés de gérer les fonds de l'école et de lui en rendre compte.

L'inspecteur des écoles du canton est rétribué. Il doit visiter toutes les écoles du canton au moins une fois par an et adresser son rapport au Conseil de l'instruction.

Le Conseil du canton élit le conseil d'instruction qui est composé de cinq membres, y compris le président, et est élu pour quatre années. Il se réunit une fois par trimestre.

Un rapport annuel est envoyé au Conseil du canton.

7. — Unterwalden-le-Bas.

Chaque commune élit pour trois années un conseil scolaire de trois à cinq membres, dont l'un est le président, qui tiennent réunion tous les mois. Chaque membre inspecte les écoles au moins une fois par mois.

L'inspecteur du canton inspecte chaque école du canton deux fois au moin par an.

A cet effet, il lui est alloué un traitement annuel de 250 francs.

Le Conseil d'instruction est composé d'un membre du Conseil d'État et de six autres membres choisis par le Conseil cantonal.

8. — Glaris.

L'administration des écoles appartient à la commune et à la Commission scolaire de la commune.

La Commission scolaire se réunit au moins une fois par an Elle nomme les conseils scolaires et les instituteurs.

Les conseils scolaires se composent d'un président, de l'administrateur des fonds de l'école et de trois membres au moins.

Le Conseil scolaire du canton a la haute surveillance et l'exerce par l'intermédiaire des inspecteurs.

Le canton rétribue un inspecteur cantonal, nommé par le Conseil cantonal pour trois années.

Cet inspecteur a la surveillance de tout l'enseignement primaire public et privé.

Les écoles primaires doivent être inspectées par lui deux fois au moins par an.

Il ne doit exercer aucune autre carrière, ne peut faire partie du Conseil scolaire cantonal, mais dans les sessions de celui-ci auxquelles il lui est permis de prendre part, il a voix délibérative. Il lui remet annuellement un rapport.

Le Conseil scolaire cantonal se compose de sept membres, y compris le président. Ils sont élus par le Conseil cantonal et peuvent comprendre des membres de ce conseil. Le président est élu pour trois années.

9. — Zug.

Dans chaque section scolaire, il y a une commission scolaire composée de cinq membres au moins élus par les habitants pour trois années.

Elle a la surveillance et la direction des écoles publiques.

Chaque école doit être inspectée par l'un de ces membres au moins deux fois par semestre; un rapport annuel doit être adressé au Conseil d'instruction.

La direction de toutes les écoles du canton appartient au Conseil d'instruction composé de sept membres. Ils tiennent séance tous les trimestres.

Un conseil scolaire local composé de deux à huit membres a la surveillance directe sur les écoles.

Le Conseil scolaire soumet au Conseil communal les règlements et arrêtés, de concert avec l'inspecteur, l'époque des vacances.

Le canton est partagé en sept sections; à la tête de chacune est placée un inspecteur.

Ces inspecteurs sont rétribués par le Conseil d'État, suivant les propositions de la direction de l'enseignement. Ils inspectent chaque école de leur circonscription, deux fois au moins par an et font un rapport à la direction de l'enseignement.

10. — Fribourg.

Un conseil scolaire du district inspecte toutes les écoles une fois par an, propose les nouvelles nominations d'instituteurs et adresse un rapport à la direction de l'enseignement.

Ils doivent assister une fois par an aux réunions des inspecteurs du district.

Une commission pour les études, composée de douze membres, est nommée par le Conseil d'État pour quatre années; elle étudie les méthodes et les livres. Elle peut être partagée en sections :

Française, quatre membres ;
Allemande, deux membres ;
Sciences, deux membres;
Sections du district de Morat, quatre membres.

Cette section du district de Morat, sous la présidence d'un membre nommé par la direction de l'enseignement, a la direction des écoles protestantes dans les autres parties du canton, et fonctionne comme commission supérieure de toutes les écoles protestantes.

11. — Soleure.

La surveillance directe sur les écoles primaires appartient aux commissions scolaires des communes qui se composent de trois à neuf membres choisis par la commune.

Dans chaque district, le Conseil d'État nomme un ou plusieurs inspecteurs scolaires pour une période de deux années.

Ils reçoivent des indemnités pour frais de déplacement.

Les commissions scolaires de la commune sont sous la direction des commissions de districts. Elles transmettent au département de l'instruction dans un rapport annuel ceux des inspecteurs.

L'autorité supérieure appartient au Conseil d'État ; ensuite vient le département de l'instruction publique qui prépare et lui soumet les instructions, règlements, etc.

Le département de l'instruction publique convoque les professeurs d'écoles normales, inspecteurs du district, à une conférence annuelle dans laquelle on rend compte de la marche de l'enseignement primaire et des améliorations qui peuvent y être apportées.

Le Conseil d'État et le personnel enseignant choisissent un membre dans chaque commission de district pour assister à ce synode, auquel prend également part le directeur de l'enseignement.

12. — Bâle-Ville.

La surveillance directe des écoles primaires de la ville appartient à deux inspecteurs :

L'un, pour les écoles de filles ;

L'autre, pour les écoles de garçons.

Ils sont présentés par le Conseil d'instruction nommés par le Conseil d'État pour une période de six années.

Pour les écoles de la banlieue, existent des commissions scolaires élues pour trois années. Les inspecteurs et les commissions scolaires donnent leur avis sur la nomination des instituteurs ; leurs rapports annuels sont adressés au Conseil d'instruction.

Les fonds des écoles de la ville même sont administrés par une commission composée de cinq membres élus par le Conseil d'instruction pour une période de six années.

Dans les campagnes, les commissions scolaires sont chargées de cette gestion.

La surveillance sur toutes les écoles publiques et privées appartient au département de l'instruction publique.

Le directeur du département est nommé parmi les membres du Conseil d'instruction, par le Conseil d'État, pour une période de trois années.

13. — Bâle-Campagne.

Chaque commune élit une commission scolaire de trois à cinq membres pour une période de trois années.

Celle-ci se réunit tous les deux mois, a la surveillance des écoles enfantines et fait un rapport annuel à la commune et à l'inspecteur.

Le caissier des écoles présente ses comptes à la Commission scolaire.

L'inspecteur, nommé et rétribué par le Conseil, ne peut s'occuper d'aucune autre profession et doit visiter chaque école au moins deux fois par an ; il dirige les examens annuels des élèves, surveille les commissions scolaires et adresse un rapport annuel au directeur de l'enseignement.

Le directeur, membre du Conseil d'État, a la direction supérieure de toute l'instruction publique et présente annuellement un rapport au Conseil d'État.

14. — Schaffouse.

La surveillance directe des écoles appartient aux autorités scolaires de la commune. Au nombre de cinq à sept, les membres de cette commission sont élus par la commune et adressent un rapport à l'inspecteur des écoles.

Le Conseil d'instruction élit pour les trois circonscriptions scolaires du canton, et pour quatre années, des inspecteurs qui visitent chaque école deux fois par an, font subir les examens aux candidats à l'enseignement et font un rapport annuel.

La haute surveillance de l'instruction publique appartient au Conseil d'instruction. Celui-ci est formé du directeur de l'enseignement et de six membres du grand Conseil.

15. — Appenzell (Rhodes extérieures).

La direction locale des écoles appartient aux conseils des communes qui choisissent parmi leurs membres une commission spéciale pour les écoles.

Les commissions présentent au Conseil d'État une liste d'inspecteurs que celui-ci arrête et modifie.

Ces inspecteurs doivent visiter toutes les écoles dans une période de deux années. Ils reçoivent tous les semestres un rapport des commissions scolaires locales.

Ils sont tenus d'assister à la conférence générale de tous les instituteurs qui a lieu une fois par an.

La Commission cantonale composée de cinq membres, élus par le Conseil cantonal, a la haute surveillance de l'instruction. Elle présente au Conseil d'État un rapport annuel.

16. — Appenzell (Rhodes intérieures).

Dans chaque circonscription scolaire la surveillance est exercée par un conseil scolaire de cinq à neuf membres élus par les autorités locales. Chaque école doit être inspectée par l'un d'eux au moins une fois par mois.

La Commission scolaire du canton comprend six membres élus par le grand Conseil et un président.

Ce président et un membre désigné de cette dernière commission sont les inspecteurs du canton. Ils inspectent chaque école au moins une fois l'an et adressent un rapport au grand Conseil.

La haute surveillance appartient à la Commission scolaire du canton et au grand Conseil.

17. — Saint-Gall.

La surveillance directe est exercée par un conseil scolaire communal, élu par la commune pour trois années, composé de trois membres au moins.

Le curé peut faire partie de cette commission; l'instituteur de la commune même en est exclu. Il peut cependant être appelé et interrogé aux réunions de ce conseil.

Viennent ensuite les conseils de district nommés par le Conseil d'instruction et composés de trois membres au moins. Ils sont tenus d'inspecter les écoles deux fois au moins par an et assistent aux conférences du district. A la fin de l'année un rapport doit être envoyé par chacun d'eux au Conseil d'instruction.

L'allocation quotidienne est fixée à 5 francs en dehors des frais de tournées qui s'élèvent pour le président à 220 francs par an.

Le Conseil supérieur est composé de six membres catholiques et de cinq membres évangéliques y compris le président. Ces membres sont nommés par le Conseil d'État.

La direction supérieure de l'instruction publique appartient au Conseil d'État.

18. — Grisons.

Le Conseil scolaire de la commune est élu par les habitants de la commune et se compose de trois membres au moins.

Le canton est divisé en circonscriptions scolaires, à la tête de chacune desquelles le Conseil d'instruction nomme un inspecteur, qui adresse un rapport annuel à ce conseil.

Le Conseil supérieur d'instruction publique est composé de trois membres évangéliques et deux catholiques nommés pour trois années par le grand Conseil d'État. Le Conseil supérieur peut également faire partie des conseils d'instruction supérieure.

Il adresse au petit Conseil d'État un rapport annuel chargé de le transmettre au grand Conseil d'État.

19. — Argovie.

La Commission scolaire de la commune, composée de cinq à neuf membres dont la plus grande partie est élue par la commune, l'autre par le Conseil scolaire du district, a la surveillance directe des écoles.

Viennent ensuite les conseils de district nommés par le Conseil d'instruction.

Un ou trois membres de ces conseils de district sont nommés inspecteurs par le Conseil supérieur d'instruction. Ils doivent visiter chaque école au moins une fois par semestre.

L'autorité supérieure appartient au Conseil d'instruction présidé par un Conseil d'État, et se compose de six membres nommés par le Conseil d'État.

20. — Thurgovie.

La surveillance s'exerce :

1° Par les commissions locales scolaires nommées par les habitants.

Elles se composent de cinq à neuf membres.

2° Par des inspecteurs choisis par le Conseil d'État pour trois années.

L'autorité supérieure appartient au département de l'instruction publique.

21. — Tessin.

Le Conseil communal nomme une Commission scolaire (délégation scolaire). Les membres élus pour trois années peuvent faire partie du Conseil communal.

Les instituteurs peuvent être appelés aux réunions, ils ont voix délibérative.

Le contrôle de l'État appartient à vingt-deux inspecteurs élus par le Conseil d'État. Ils sont rétribués et doivent habiter la circonscription qu'ils sont chargés d'inspecter et à un inspecteur cantonal. Ils visitent les écoles deux fois par an au commencement et au milieu de l'année, et font un rapport sur leur tournée au directeur de l'instruction. Ils réunissent au moins tous les deux ans les instituteurs de leur circonscription.

Eux-mêmes se réunissent une fois par an, à l'appel de l'inspecteur cantonal, sous la présidence du directeur de l'enseignement.

L'inspecteur du canton qui a une rétribution annuelle de 2,500 francs, relève directement du département de l'instruction publique.

La haute surveillance de l'instruction publique appartient au Conseil d'État par l'intermédiaire du département de l'instruction publique.

Ce département est formé de six membres nommés par le Conseil d'État.

22. — Vaud.

Une commission locale de trois à cinq membres élue par la commune a la surveillance immédiate des écoles.

Elle adresse par l'intermédiaire des inspecteurs un rapport au département de l'instruction.

Plusieurs communes peuvent n'avoir qu'une seule commission scolaire; la majorité des membres de cette commission doit appartenir à l'Église nationale. Avec l'autorisation du département de l'instruction publique, une commission peut avoir deux ou plusieurs commissions scolaires.

La surveillance générale appartient au Conseil communal qui donne son avis sur les demandes de constructions d'école, divisions de classe, nomination et suspension des instituteurs.

Le canton est ensuite divisé en trois circonscriptions, à la tête de chacune desquelles le Conseil d'État place un inspecteur.

Ces inspecteurs doivent appartenir à l'Église nationale.

Ils visitent chaque école de leur circonscription une fois par an, et font un rapport annuel au département de l'instruction.

L'autorité supérieure appartient au département de l'instruction et au Conseil d'État. Le Conseil d'État arrête les programmes des matières obligatoires d'enseignement. Le département en dresse le programme détaillé.

23. — Valais.

Chaque commune est administrée au point de vue de l'instruction par une commission composée de trois à cinq membres. Celui-ci exerce une surveillance immédiate sur les écoles. Chaque école doit être visitée une fois par mois au moins. L'école est ouverte en tout temps à l'ecclésiastique qui fait partie de droit de cette commission.

Le Conseil d'État a partagé ce canton en plusieurs circonscriptions scolaires, à la tête de chacune d'elles est placé un inspecteur qui doit visiter chaque école deux fois au moins par an. Les inspecteurs primaires sont nommés par le Conseil d'État sur la proposition du département de l'instruction publique auquel ils sont tenus de faire un rapport annuel.

La haute surveillance appartient au Conseil d'État qui l'exerce par l'intermédiaire du département de l'instruction. Ce département est dirigé par un président.

Le département de l'instruction est formé de quatre membres élus pour quatre ans par le Conseil d'État.

24. — Neuchâtel.

La Commission scolaire locale est composée de cinq membres au moins élus par la commune pour trois années.

Cette commission, dont les instituteurs ne peuvent faire partie, nomme les instituteurs, exerce la surveillance sur les écoles et adresse un rapport annuel à la direction de l'enseignement.

Les commissions scolaires composées d'un grand nombre de membres peuvent se subdiviser en commissions spéciales.

Lorsqu'une école appartient à plusieurs communes, la Commission se compose de délégués de ces communes. Les membres de cette commission doivent visiter les écoles une fois par mois ou par semaine, suivant le cas.

Le Conseil d'État nomme deux inspecteurs pour trois années.

Un traitement annuel de 3,500 francs, avec frais de déplacement, leur est alloué.

Ils visitent chaque école de leur circonscription deux fois au moins par an, et font un rapport général à la direction de l'enseignement.

Vient ensuite une commission centrale consultative nommée par le Conseil d'État, composée de membres des six districts. La moitié de cette commission doit être formée d'instituteurs de tous les grades.

Le personnel enseignant des écoles primaires est représenté par six membres (un par district).

Le président de la Commission et le directeur de l'enseignement.

L'autorité supérieure appartient au Conseil d'État qui l'exerce par l'intermédiaire de la direction de l'enseignement.

25. — Genève.

La surveillance immédiate des écoles appartient au Conseil communal.

Les visites dans les écoies sont faites par des inspecteurs rétribués qui relèvent directement du département de l'instruction.

L'autorité supérieure échoit au Conseil d'État, puis au département de l'instruction.

Les membres du grand Conseil d'État peuvent inspecter les écoles.

Le Conseil d'État nomme les instituteurs.

---

§ 6. — ÉCOLES COMPLÉMENTAIRES

L'école complémentaire, appelée dans certains cantons école de répétition, est destinée aux élèves qui, ayant achevé leur instruction primaire, se trouvent empêchés de poursuivre plus avant leurs études.

L'enseignement fait suite ainsi au degré supérieur des écoles primaires et a pour but de fournir, sur les branches essentielles, un complément d'instruction.

Quelques cantons seulement possèdent une école complémentaire ou de répétition. La fréquentation n'en est pas obligatoire dans tous les cantons.

L'enseignement est donné le plus souvent par les instituteurs primaires, il ne dure qu'une ou deux demi-journées par semaine.

Zurich.

Deux matinées de quatre heures chacune. Les cours sont faits par les instituteurs primaires.

Lucerne.

Ces écoles n'existent que pour les garçons.

Uri.

Les cours de répétition doivent être suivis deux heures au moins par semaine ; il peut être accordé des dispenses.

Schwytz.

École de répétition facultative.

Unterwalden-le-Haut.

Le nombre d'heures de classe par année est de cent vingt.

Glaris.

Les écoles de répétition doivent avoir lieu deux matinées ou une journée entière par semaine.

Zug.

Les écoles de répétition durent huit mois de l'année de trois heures par semaine.

Soleure.

L'école complémentaire est obligatoire depuis novembre à fin mars, deux matinées par semaine de quatre heures chacune.

Bâle-Campagne.

L'école de répétition dure six heures par semaine.

Appenzell (Rhodes intérieures).

Les écoles de répétition ont lieu une demi-journée par semaine.

Appenzell (Rhodes extérieures).

École de répétition : durée six heures par semaine.

Saint-Gall.

L'école dure six heures par semaine.

Thurgovie.

Les écoles complémentaires ont lieu en été une matinée par semaine.

Canton de Zurich.

ÉCOLES COMPLÉMENTAIRES. — TABLEAU DES CLASSES EN 1882-1883.

DISTRICTS	GARÇONS				FILLES				TOTAL			
	COURS			TOTAL	COURS			TOTAL	COURS			TOTAL
	1	2	3		1	2	3		1	2	3	
Zurich	234	228	190	652	425	415	364	1.204	659	643	554	1.856
Affoltern	74	63	69	206	115	87	95	297	183	150	164	503
Horgen	108	102	120	230	179	168	171	518	287	270	[illegible]	848
Meilen	100	88	85	273	137	131	128	396	237	219	[illegible]	669
Hinweil	167	171	197	535	257	225	236	718	424	396	433	1.253
Uster	90	97	123	310	140	126	162	428	230	223	285	738
Pfaffikon	121	109	112	342	140	146	163	449	261	255	275	791
Winthorthur.	174	168	177	519	251	220	240	711	425	388	417	1.230
Andelfingen	85	81	74	240	106	132	103	341	191	213	177	581
Bülach	111	137	124	372	171	191	185	547	282	328	309	919
Dielsdorf	79	82	73	234	137	99	121	357	216	181	194	591
1882-1883	1.343	1.326	1.344	4.013	2.058	1.940	1.968	5.966	3.401	3.266	3.312	9.979

§ 6. — ÉCOLES SECONDAIRES

CRÉATION ET ENTRETIEN DES ÉCOLES. — COMMISSION DE SURVEILLANCE. — ORGANISATION. — PROGRAMME. — PLAN D'ÉTUDES. — STATISTIQUE.

Par école secondaire, il ne faut pas entendre enseignement secondaire.

Ces écoles, en développant l'instruction acquise dans les écoles primaires, ont pour but de donner les connaissances nécessaires pour exercer avec intelligence une profession industrielle ou de préparer l'entrée dans les écoles moyennes, normales, supérieures, etc. Elles correspondent donc à peu de choses près à nos écoles supérieures.

On pourra s'en rendre compte par le programme des études que je donne, après avoir fait connaître pour chaque canton :

Les règles qui établissent la création d'une école;

Les ressources et les subventions qui assurent son existence;

Parlé des commissions de surveillance dont elle relève et de la formation de ces commissions, en un mot de tout ce qui touche à l'organisation de ces écoles.

La fréquentation de ces établissements est en général facultative; cependant à Bâle-Ville, où la durée de l'école primaire n'est que de quatre années, l'école secondaire est obligatoire.

Elles sont aussi désignées sous les noms :

D'écoles réales, dans les cantons de Schaffouse, Appenzell, Saint-Gall, Grisons;

D'écoles de districts, dans les cantons de Soleure, Bâle-Campagne, Argovie.

1. — Zurich.

Le Conseil d'État, dont relèvent les écoles secondaires, a pour leur fonctionnement divisé le canton en plusieurs sections (sekundar schulkreis).

Lorsque le recrutement de quinze élèves est assuré, la commune doit choisir un local, ouvrir une école, et, si les finances le lui permettent, en faire construire une. En dehors du local qui est à sa charge, la commune doit fournir le chauffage, donner logement et jardin à l'instituteur.

L'école est gratuite; l'État entre pour une certaine part dans le traitement des instituteurs, dans la location du local ou la création de la maison et vient en aide aux enfants nécessiteux qui fréquentent l'école.

Chaque école a des fonds qui lui sont propres. Les dépenses courantes sont prélevées sur la caisse qui est alimentée par une subvention annuelle et s'augmente des amendes pour absences, des intérêts de ses propres fonds, des contributions payées par la commune. A la fin de l'année s'il y a un excédent, il vient grossir la caisse.

Les écoles secondaires existent dans le canton de Zurich depuis 1833.

Elles commencent après la sixième année de l'école primaire et comprennent dans la règle trois classes.

Si les circonstances le réclament, une quatrième classe peut être créée.

Réglementairement, les écoles sont mixtes.

A Wintherthur et à Zurich seulement, il y a une école spéciale pour les demoiselles.

La plus grande partie des professeurs sont des hommes.

Chaque section d'école secondaire (sekundar-schulkreis) a une commission scolaire d'école secondaire composée de sept à onze membres; le Conseil de district en arrête le nombre; leur mandat a une durée de trois années; la Commission nomme son président, vice-président et secrétaire.

Les instituteurs participent à l'élection de la Commission avec voix délibérative.

Cette commission scolaire relève de la Commission du district.

L'école secondaire est ouverte à tout enfant de la section ayant terminé l'école primaire.

Pour entrer directement dans une classe autre que la première, il faut subir un examen.

L'admission n'est définitive qu'au bout de huit jours, après décision de la Commission scolaire.

Les études commencent en mai et durent quarante-quatre semaines.

Les moyens d'enseignement et le programme sont déterminés par le Conseil d'État, le plan d'études par la Commission scolaire des écoles secondaires.

L'enseignement religieux est donné réglementairement par un ecclésiastique ou par l'un des maîtres.

2. — Berne.

Les écoles secondaires peuvent être créées par une association privée ou par une ou plusieurs communes réunies.

Les dépenses sont couvertes par les dons particuliers, par les subventions des communes ou des districts, par l'écolage des élèves, par les intérêts des fonds même de l'école; l'État subventionne annuellement celles dont le Conseil d'État a arrêté la liste.

Pour l'ouverture d'une école secondaire il faut au moins quinze élèves; pour la nomination de deux professeurs, trente élèves. La subvention qu'alloue l'État pour la fondation d'un établissement ou école secondaire n'excède jamais le chiffre de 5,000 francs.

L'écolage n'est jamais supérieur à 60 francs par an.

L'enfant, à son entrée, verse dans la caisse de l'école 5 francs, et à chaque promotion de classe 2 francs.

Les écoles secondaires sont mixtes, excepté à Berne et quelques rares exceptions; elles se divisent :

1° En écoles réales, dans lesquelles l'enseignement des branches réales est seul obligatoire.

2° En progymnases où l'enseignement littéraire est admis à côté de l'enseignement réal.

Des bourses entières sont acquises dans les écoles secondaires aux élèves indigents, qui sortent des écoles primaires et se sont fait remarquer par leurs bonnes dispositions, leur application et leur conduite.

L'admission a lieu dès l'âge de dix ans.

L'école comprend cinq classes ou deux classes qui durent quatre années.

L'entrée a lieu au printemps; la durée des études est de quarante-deux à quarante-quatre semaines; pour les professeurs cette durée ne peut être supérieure à trente-trois heures par semaine.

Le minimum, avec les matières facultatives, est de trente heures. Le maximum trente-quatre heures.

Les membres chargés de la surveillance des écoles secondaires sont désignés par la direction de l'enseignement pour quatre années, et peuvent à cet effet recevoir une indemnité.

Lorsque les professeurs d'une école secondaire sont nombreux, ils forment ensemble un collège de maîtres qui a toujours pour président le proviseur de l'établissement; ils s'occupent des réprimandes, des places d'études, des moyens d'enseignement, des vacances, des admissions, encouragements, distributions de prix et adressent à la Commission scolaire un rappo annuel.

La Commission scolaire est nommée pour six années. Elle s'occupe des fonds de l'école;

Dresse un rapport des examens annuels;

Arrête les vacances, admissions, promotions.

Deux ou trois membres du Conseil d'État sont chargés de nommer et rétribuer les inspecteurs des écoles secondaires, ont la direction des études et les mêmes obligations que les inspecteurs d'écoles primaires.

L'admission des élèves est réglée par un examen qui porte, pour la première classe, sur :

Lecture expliquée;
Grammaire;
Composition;
Problèmes sur les quatre opérations.

Pour chaque promotion de classe il y a un examen.

Les punitions sont des amendes qui peuvent monter jusqu'à 15 francs, et aussi :

Réprimandes du président de la Commission;
Réprimandes de la Commission;
Retenue;
Exclusion de l'école.

3. — Lucerne

Le Conseil d'État arrête, sur la proposition de la direction de l'enseignement, les divisions du canton où doivent être créées des écoles secondaires et nomme une commission locale qui s'occupe de l'entretien du bâtiment, du chauffage, du mobilier et des moyens d'enseignement.

Les communes formant une division ont à leur charge l'habitation du ou des instituteurs, les indemnités, et rentrent chacune dans la proportion des contributions qu'elles perçoivent, pour un quart du traitement des instituteurs.

Le secrétaire de la commune règle les dépenses et en fournit l'état à la fin de chaque année au Conseil des communes.

Lorsqu'il y a plus de cinquante élèves, on crée une deuxième classe; moins de dix entraine la fermeture de l'école.

Les écoles secondaires sont mixtes; il n'existe qu'une école pour les jeunes filles à Lucerne.

Elles comprennent deux années de classe.

Les études commencent en octobre et durent au moins trente-six semaines.

L'école secondaire ne peut admettre que les élèves qui ont terminé leurs classes primaires et exceptionnellement ceux qui, avant leur dernière année, ont devant l'inspecteur subi un examen sur les matières de l'enseignement primaire.

La Commission de surveillance des écoles secondaires comprend trois membres choisis par un comité d'instituteurs.

A Lucerne même, il existe une commission scolaire de sept membres exerçant la surveillance sur les écoles primaires et secondaires. C'est le grand Conseil de la ville qui la nomme.

L'élève ne peut quitter l'école qu'à la fin de l'année scolaire.

4. — Uri.

Il existe une école secondaire de filles à Altorf. L'écolage est de vingt francs par an.

La création d'écoles secondaires dépend des ressources du département de l'instruction publique. Il n'en existe que trois dans le canton d'Uri.

La surveillance est faite par le Conseil de l'instruction publique qui détermine les règlements, les visites des inspecteurs, arrête et revise les programmes.

5. — Schwytz.

Il y a une école secondaire au moins dans chaque district.

Le plan des études est dressé par la Commission d'éducation.

Chaque établissement reçoit de l'État une subvention de 100 francs et le dixième du traitement des instituteurs. Le maximum de l'écolage est de 30 francs.

La durée des études est de trois années ; l'entrée est pour tous et a lieu après examen.

Une amende de 50 centimes par absence est infligée à partir de trois absences (demi-journée).

La semaine est de trente-trois heures de travail.

6. — Unterwalden-le-Haut.

Ce canton ne possède pas d'école secondaire.

7. — Unterwalden-le-Bas.

Les écoles secondaires qui ne sont pas subventionnées par l'État arrêtent elles-mêmes leurs règlements.

Elles doivent remettre chaque année un rapport au Conseil de l'instruction publique.

Celles, au contraire, qui sont subventionnées, doivent faire approuver leurs règlements par le Conseil de l'instruction publique.

Il existe une école secondaire de jeunes filles à Stans. L'écolage est de 10 francs par an.

8. — Glaris.

Une école secondaire n'est subventionnée que si elle compte au moins dix élèves ; un maître ne peut avoir plus de trente-cinq élèves.

S'il y a deux ou plusieurs professeurs, chaque classe ne peut comprendre un nombre d'enfants supérieur à quarante.

Six années d'école primaire et un bon examen sont les conditions d'admission. Les écoles secondaires sont mixtes. L'écolage dans un établissement où il n'y a qu'un maître ne peut excéder trente francs, et s'il y en a plusieurs quarante francs.

Des bourses peuvent être accordées.

Les absences sont punies d'amendes qui sont les mêmes que dans les écoles primaires.

Le nombre d'heures réglementaire d'études par semaine est de vingt-huit et ne peut être supérieur à trente-trois.

9. — Zug.

Toute commune est tenue d'ouvrir une école secondaire si la nécessité s'en fait sentir.

Les deux tiers du traitement des instituteurs et des aides (adjoints) seront à la charge de l'État.

Les autres dépenses et l'acquisition du bâtiment incomberont à la Commission locale des communes.

Les écoles secondaires sont mixtes, excepté à Zug ; elles sont gratuites et comprennent trois ou deux années; elles sont sous la direction d'un maître. La nomination d'un deuxième ou plusieurs professeurs est faite par le Conseil d'État sur la proposition du Conseil de l'instruction publique.

La surveillance est la même que dans les écoles primaires, les règlements disciplinaires également.

L'admission d'un élève n'a lieu qu'après un examen passé devant une commission spéciale assistée d'un membre du Conseil d'État et de la Commission scolaire.

Le temps des études est de trente semaines.

Quatre jours entiers et deux demi-journées.

10. — Fribourg.

Il existe une école secondaire par district.

La commune ou les communes qui désirent établir une école secondaire adressent à la direction de l'instruction publique une demande accompagnée d'un exposé des avantages qu'elles sont à même de faire à cette institution, du local qui doit y être affecté, des ressources dont elles disposent pour assurer l'existence, l'entretien de l'école et de son personnel.

Le Conseil d'État, en même temps qu'il autorise la création d'une école, arrête le chiffre d'un subside destiné au traitement des professeurs.

A défaut de ressources suffisantes de la part de la commune, siège de l'école, ou d'entente avec les communes intéressées, l'État ne pourvoit aux dépenses que pour les écoles secondaires de garçons et la subvention n'excède pas 3,000 francs.

Le chef-lieu d'arrondissement, où est créée une ou plusieurs écoles, fournit le local, le chauffage, un logement avec jardin pour le directeur.

Le reste des charges de l'école se répartit entre les communes externes de l'arrondissement, d'après l'échelle suivante :

1° Les communes situées dans un rayon d'une demi-lieue du siège de l'école :

12 francs par cent habitants.

2° Celles distantes d'une lieue de l'école :

10 francs par cent habitants.

3° Celles qui sont éloignées de plus d'une lieue du chef-lieu et qui sont obligées de mettre leurs enfants en pension, afin d'assurer la fréquentation de l'école secondaire, paient seulement :

5 francs par cent habitants.

Le canton de Fribourg ne possède que deux écoles secondaires de filles; aussi est-il recommandé aux districts d'en créer.

La subvention que l'État peut leur accorder ne dépasse pas 2,000 francs.

Le prix de l'écolage est arrêté par le Comité de l'école, indiqué dans le règlement et ne peut être supérieur à 20 francs.

L'école doit comprendre deux années au moins, au gré du Comité de surveillance, d'accord avec la direction de l'instruction publique.

L'année scolaire commence le 1er octobre et prend fin le 31 juillet.

La surveillance des écoles secondaires est exercée par un Comité de l'école composé de trois membres, du préfet du district, d'un membre choisi par la direction de l'instruction publique et d'un autre nommé par le Conseil communal du siège de l'établissement scolaire ou, à défaut de ce Conseil, par les délégués des communes de l'arrondissement.

Toutefois, la surveillance d'une école secondaire dont la commune, siège de l'école, supporte la plus grande partie des frais d'entretien, peut, sur décision spéciale du Conseil d'État, être confiée à une Commission locale élue par le Conseil communal du chef-lieu, sans préjudice des attributions conférées aux autorités supérieures. Ce Conseil a la surveillance des écoles, veille à l'entretien des locaux, du matériel, perçoit les subsides, arrête le chiffre des contributions des communes intéressées et règle le traitement des professeurs, les dépenses scolaires; son contrôle s'exerce sur les maîtres et les élèves, il assiste aux examens et visite les classes tous les mois.

11. — Soleure.

C'est le Conseil d'État qui juge de l'opportunité de la création d'une école de district, désigne l'endroit où elle doit s'ouvrir et arrête le chiffre des subventions des communes.

La ville où l'établissement s'ouvre doit le local, le mobilier et le chauffage. La gestion des fonds de sa caisse est placée sous le contrôle de la Commission scolaire du district auquel elle doit adresser une situation chaque année.

La Commission du district communique à l'État les remarques et les observations sur l'emploi des revenus, présente un tableau des secours à allouer aux élèves nécessiteux et propose des augmentations pour les instituteurs.

Les quatre cinquièmes de leur traitement sont payés par l'État; il varie entre 1,800 et 2,000 francs.

Il peut être accordé des bourses aux élèves.

L'inspection est faite par une commission scolaire du district, composée de sept à neuf membres et nommée par le Conseil d'État, sous la surveillance duquel elle est placée ainsi que les instituteurs.

Il n'y a que deux écoles secondaires pour les jeunes filles dans le canton. Les autres sont mixtes.

Il faut, pour être admis, avoir douze ans révolus et passer un examen devant un inspecteur.

Chaque absence est punie d'une amende de 50 centimes.

La durée des études est de deux années au moins.

Le plan, les matières des études sont discutés dans les conférences d'instituteurs, arrêtés par les inspecteurs et soumis à l'approbation du Conseil d'État.

12. — Bâle-Ville.

L'école secondaire est obligatoire pour les garçons, pendant quatre années; pour les filles, pendant trois années.

La direction de l'école secondaire de la banlieue est partagée entre les inspecteurs de la ville et les recteurs des écoles secondaires.

Le Conseil d'État nomme les recteurs et les inspecteurs pour six années sur la proposition du Conseil de l'instruction publique.

Il existe deux écoles secondaires de filles à Bâle : l'une contient plus de huit cents élèves, réparties en quatre cours ; l'autre, située dans la partie catholique de la ville, en renferme près de trois cents.

Le personnel enseignant de la première est composé d'instituteurs ; celui de la deuxième d'institutrices.

Une classe ne peut compter plus de quarante-cinq élèves.

Le nombre d'heures d'études par semaine est de vingt-six à trente.

Les élèves qui ne peuvent suivre les cours de français peuvent en être exemptés ; mais, pendant le temps consacré à cette matière, ils participent à une autre.

La gratuité existe ; toutefois les fournitures, et pour les filles l'étoffe nécessaire à la couture, sont à la charge des parents.

Dans chaque école, des examens ont lieu à la fin de chaque année.

Les écoles secondaires de filles et les écoles secondaires de garçons dépendent d'un recteur différent.

L'admission a lieu à dix ans ; elle est possible plus tôt avec l'autorisation du président des inspecteurs, qui également peut permettre d'entrer dans une classe supérieure à celle qui correspond avec l'âge, s'il a reconnu que le postulant peut suivre les cours de ce degré.

Le recteur fait la répartition des élèves dans les écoles secondaires en tenant compte de l'endroit où ils demeurent.

Dans le cours de l'année, si un élève change de domicile, il peut être autorisé par le recteur à entrer dans une école plus proche de son domicile.

Une école n'est point obligée de recevoir ou de garder :

Les élèves qui parlent si peu l'allemand qu'il leur est impossible de suivre les cours ;

Ceux qui sortent d'une autre école pour incapacité, immoralité, indiscipline.

Les enfants qui n'habitent pas le canton ne sont admis dans une école que sur la présentation d'un bon certificat. Cette admission ne peut cependant provoquer le dédoublement d'une classe.

L'année scolaire commence avec la deuxième quinzaine d'avril.

Un élève ne peut quitter l'école, dans le courant de l'année, que sur la demande écrite de ses parents au recteur, et seulement au moment des vacances de :

L'été ;

L'automne;
Noël.
Aucun certificat n'est délivré si l'on abandonne l'école à une autre époque.

Les changements de classe n'ont lieu qu'à la fin de l'année scolaire.

Les classes commencent aux mêmes heures qu'à l'école primaire; le règlement est le même, à peu de chose près, pour ces deux écoles.

13. — Bâle-Campagne.

L'école secondaire n'est pas obligatoire.

On admet les élèves, en été, après examen; les cours comprennent trois années; durée des études, trente heures par semaine.

Les matières facultatives sont: le latin, le grec, l'italien, l'anglais; l'élève ne peut apprendre plus de deux langues.

Le canton ne compte que deux écoles de district de filles. L'une est fréquentée par soixante à soixante-dix élèves; l'écolage est de 18 francs.

L'autre, par une quinzaine, est gratuite.

Le personnel enseignant n'est composé que d'hommes.

La Commission du district, formée de cinq membres élus par le peuple, pour trois années, tient tous les trimestres une assemblée à laquelle les instituteurs peuvent être convoqués, avec voix délibérative.

14. — Schaffouse.

Les écoles sont mixtes, excepté à Schaffouse où il existe une école gratuite de filles.

L'admission à l'école réale a lieu dès l'âge de onze ans, après cinq années d'école élémentaire.

Le Conseil de l'instruction publique peut autoriser l'entrée à douze ans, à la condition que l'enfant ait fait six années d'école élémentaire.

Il n'y a pas d'écolage pour les enfants mêmes du canton; les étrangers au canton paient 30 francs par an.

L'État a à sa charge le traitement des instituteurs.

Une classe ne peut compter plus de trente-cinq élèves.

L'école réale comprend trois années; elle peut durer plus longtemps avec l'autorisation du Conseil de l'instruction publique, à la condition qu'il y ait au moins cinq élèves qui le sollicitent.

A Schaffouse même, il y a séparation des sexes.

La durée des études est de trente à trentre-quatre heures par semaine.

Le règlement, au point de vue de l'inspection et de la surveillance, est le même que dans les écoles élémentaires.

15. — Appenzell (Rhodes extérieures).

Les écoles sont mixtes.

Il en existe une de jeunes filles à Trogen.

Les écoles réales sont élevées aux frais des communes et des particuliers. L'État peut accorder une subvention jusqu'à concurrence de 500 francs; mais il doit être préalablement établi que cette école existe au moins pendant six années;

Que l'étude d'une langue étrangère y sera enseignée;

Que le plan des études sera arrêté par la Commission scolaire nommée par le Conseil d'État;

Que les élèves du canton n'auront aucun écolage à payer.

Il devra, en outre, être adressé un rapport annuel à la Commission scolaire désignée par le Conseil d'État.

Il ne peut être admis d'élèves au-dessous de douze ans.

La commission scolaire de la commune peut désigner une commission spéciale pour la surveillance des écoles réales.

Ces écoles sont également sous la direction des inspecteurs du canton.

16. — Appenzell (Rhodes intérieures).

Ce canton ne possède qu'une seule école réale, à Appenzell même; elle est mixte et compte une vingtaine d'élèves.

17. — Saint-Gall.

Il y a quatre écoles réales de filles; les autres écoles du canton sont mixtes.

Les écoles réales sont créées par les communes ou par des particuliers, avec ou sans le secours de corporations.

Les fonds de ces écoles sont fournis par :

Des subventions de l'Etat;

Dons particuliers;

Legs, etc.

Les dépenses courantes sont payées sur les intérêts des fonds de la caisse et avec les subventions des communes, l'écolage et les amendes pour absences.

L'écolage annuel ne peut excéder 50 francs; il y a des exemptions.

La durée des études est de deux années; l'admission a lieu après six années d'école primaire et un examen, elle n'est provisoire que pendant un mois.

Dans les écoles réales de quatre années, les élèves peuvent être admis après cinq années d'école élémentaire.

L'admission réglementaire a lieu en mai, au début de l'année scolaire qui est de quarante-trois semaines avec trente-cinq heures au minimum par semaine.

La Commission d'école de la commune a la surveillance des écoles réales; les élèves qui sortent de ces écoles, avant l'âge de quinze ans, doivent suivre les cours de l'école complémentaire.

18. — Grisons.

L'État fournit aux communes une subvention de 200 francs pour l'entretien des écoles réales.

Ne peuvent être admis que les élèves qui ont achevé les années obligatoires de l'école primaire.

Ces écoles sont mixtes.

19. — Argovie.

La création des écoles de districts appartient aux communes avec le concours des particuliers et de l'État assuré pour six années et pouvant être renouvelé pour une même période, si l'école subsiste.

La subvention de l'État est chaque année de 2,500 francs à 4,000 francs, et peut, exceptionnellement, être portée à 5,000 francs.

Les fournitures ne sont pas gratuites.

L'écolage peut aller jusqu'à 20 francs par an.

Les élèves qui n'habitent pas la commune où se trouve l'école peuvent être tenus de payer un écolage s'élevant jusqu'à 32 francs.

Le canton compte trois écoles de districts pour les jeunes filles et plusieurs autres écoles mixtes.

Les écoles de districts comptent quatre classes successives; les cours commencent au printemps et durent quarante-deux semaines, avec trente-cinq heures d'études au maximum pour les classes inférieures.

Trente-neuf heures pour les écoles supérieures (y compris les exercices de gymnastique).

Les instituteurs et les adjoints sont placés sous la direction du recteur.

La Commission scolaire du district se compose de cinq à neuf membres choisis par les communes dans le Conseil du district même.

Toutes les écoles de l'État ont à leur tête une commission scolaire. Le canton lui-même est placé sous la surveillance de six inspecteurs nommés par le Conseil d'État pour quatre années; ils relèvent du Conseil de l'instruction publique et doivent tous les deux ans alterner leurs tournées.

Chaque école doit être inspectée par l'un d'eux au moins une fois par an et un rapport doit être fait après chaque inspection.

L'avancement des élèves se fait par les soins de la Commission scolaire sur les propositions des instituteurs.

Réglementairement, la sortie des écoles n'a lieu qu'après l'examen annuel; tout autre départ doit être très sérieusement motivé.

Chacune de ces écoles est tenue de posséder un musée et une bibliothèque.

20. — Thurgovie.

Ce canton est partagé, au point de vue des écoles secondaires, en vingt-trois districts. Dans chaque district, il peut y avoir au moins une école secondaire subventionnée par l'État.

Le recrutement assuré de quinze élèves est indispensable pour la création d'une école, et l'école est fermée de droit si le nombre des enfants est inférieur à dix pendant plusieurs années.

La commune, siège de l'école, a à sa charge le local, le mobilier scolaire, le chauffage, le logement de l'instituteur ou l'indemnité équivalente.

La subvention de l'État est de 1,200 francs, lorsque l'école n'a qu'un instituteur, de 2,000 francs s'il y en a deux.

L'écolage est de 20 francs par an ; il y a des exemptions pour les enfants indigents.

Les écoles du canton sont mixtes ; il en existe deux de jeunes filles.

On exige pour l'admission que l'élève ait six années d'école primaire ; il subit un examen.

L'année scolaire commence au printemps, elle a une durée de quarante-deux semaines, l'étude est de trente-trois heures dans chaque classe par semaine.

Les écoles secondaires, sous la direction d'un seul instituteur, comptent trois années de classe ; s'il y en a deux, ce nombre peut être porté à quatre.

L'inspection est faite par une commission composée de cinq à neuf membres ; deux sont pris dans le Conseil d'État, les autres sont élus par les habitants des districts.

Ils font passer les examens des élèves, contrôlent les absences, etc., etc.

Chaque membre doit visiter les écoles au moins une fois par semestre.

La Commission des écoles secondaires doit adresser à l'inspectorat un rapport annuel.

L'inspectorat se compose de trois membres et de deux remplaçants. Ces inspecteurs, qui ont à diriger les examens de fin d'année, doivent faire au moins une inspection par an dans les écoles qui les concernent.

Lorsque le nombre des absences non motivées des élèves est supérieur à dix, l'enfant est passible d'une amende de 20 centimes par demi-journée d'absence, et même peut être exclu si le nombre de ces absences non motivées est de quatre semaines dans l'année.

Les matières enseignées et le plan d'études sont étudiés dans une conférence d'instituteurs et arrêtés par le Conseil d'État sur un rapport du département de l'instruction publique.

Les langues étrangères ne sont enseignées qu'aux élèves les

plus instruits ; ceux qui en étudient plusieurs peuvent être dispensés des autres matières.

21. — Tessin.

Ce canton possède des écoles distinctes pour les garçons et six écoles de filles, placées sous la surveillance des inspecteurs du district, du Conseil des communes et des Commissions locales.

Lorsque plusieurs communes se réunissent pour la fondation d'une école secondaire, il y a une commission spéciale par commune.

L'écolage ne dépasse pas 7 francs par an.

Les élèves qui sortent de l'école secondaire avant l'âge de quatorze ans, doivent retourner à l'école primaire s'ils n'ont pas satisfait à l'examen que leur a fait subir l'inspecteur du district.

Il doit exister au moins une école secondaire de jeunes filles par district.

22. — Vaud.

Les écoles secondaires sont facultatives ; il n'en existe que trois à

Villeneuve ;

Cossonay ;

Lutry.

Plusieurs communes peuvent se réunir pour des créations nouvelles.

L'école est placée sous la direction d'un instituteur.

Pour être admis à l'école secondaire, il faut :

Être âgé de treize ans ;

Subir un examen satisfaisant sur le programme des matières des écoles primaires.

Chaque année, les élèves subissent devant la Commission un examen public sur toutes les matières qui leur ont été enseignées.

Le rapport sur les examens de fin d'année est adressé au département de l'instruction publique et des cultes.

23. — Valais.

Il n'y a pas d'écoles secondaires pour les filles.

24. — Neuchâtel.

L'enseignement secondaire est gratuit dans les deux premières années; dans les autres classes, l'écolage ne peut excéder 50 francs par an.

Il y a cinq écoles spéciales de filles dans le canton.

Les jeunes filles sont admises à l'âge de douze ans, après avoir justifié de leurs connaissances primaires.

Les écoles primaires comprennent deux années.

Chaque école doit avoir au moins deux instituteurs.

Lorsqu'une classe comprend plus de trente-cinq élèves pendant trois années successives, elle doit être subdivisée.

L'année scolaire commence au printemps et dure toute l'année à part huit ou dix semaines de vacances.

Chaque école a un directeur à sa tête, nommé par le Conseil d'État sur la proposition de la Commission scolaire. Ces Commissions qui ont la surveillance des écoles secondaires, sont composées de différentes communes et relèvent elles-mêmes du Conseil d'État. Elles sont nommées pour trois années et formées, une moitié des représentants de la circonscription, l'autre d'instituteurs secondaires.

25. — Genève.

La ville de Genève possède une école secondaire de jeunes filles, dite aussi école supérieure, dont la création remonte en octobre 1848.

Elle relève uniquement de l'État, a à sa tête un principal auquel incombent la direction et la surveillance générale et qui ne peut être chargé d'aucun enseignement.

L'admission de nouvelles élèves ne peut avoir lieu qu'à des époques déterminées, après un examen dont les conditions sont réglées.

Un jury désigné par le département de l'instruction publique préside à ces examens.

En 1882, le chiffre des élèves était de mille cent quarante.

195 élèves d'autres cantons ;
340 — étrangères ;
605 — du canton de Genève ;

1.140

Les jeunes filles se trouvent réparties dans deux vastes bâtiments élevés à deux des extrémités de la ville.

Dès qu'un auditoire dépasse le chiffre de soixante, il est dédoublé et forme pour la même classe autant de sections parallèles que l'exige le nombre des élèves.

L'école a compté jusqu'à vingt classes ou sections sans compter les deux années de la division supérieure. En première classe et dans la division supérieure seulement, les jeunes filles sont autorisées à ne suivre qu'un ou plusieurs cours à leur choix; dans ce cas elles sont dites élèves externes.

Celles qui suivent tous les cours du programme, et c'est le plus grand nombre, prennent le titre d'élèves régulières.

En dehors de cette école secondaire ou supérieure, le canton de Genève compte treize écoles secondaires rurales.

Dans ces établissements, les études sont dirigées essentiellement dans un sens pratique et en vue de la profession d'agriculteur.

Plusieurs de ces écoles possèdent un petit jardin d'expériences pour la botanique et l'horticulture.

Des maîtres spéciaux s'y rendent à jours fixes pour donner des leçons de lecture expressive et de récitation, d'horticulture et d'agriculture, de chant.

Les élèves n'y reçoivent que trois heures et demie de leçon par jour en hiver et quatre heures en été.

Le matin est conservé aux garçons, l'après-midi aux filles.

Cette disposition permet aux enfants de la campagne de recevoir une solide instruction qui les attache à leur sol et en fait pour leurs familles et leur pays d'utiles auxiliaires.

Cette innovation, fort discutée lors de sa création, a donné d'excellents résultats.

PROGRAMMES

Le programme des écoles secondaires comprend les matières suivantes :

Religion.
Langue maternelle et quelques notions de littérature.
Langues étrangères (français ou allemand, anglais, italien).
Arithmétique et géométrie.
Sciences naturelles et physiques.
Histoire générale et instruction civique.
Géographie.
Dessin d'art.
Calligraphie.
Comptabilité.
Chant.
Gymnastique.
Couture.

et dans quelques cantons seulement l'économie domestique pour les filles; le latin et le grec pour les garçons.

En général, le temps consacré à l'étude des langues étrangères est assez considérable.

Voici un programme détaillé avec le plan d'études de l'école secondaire de Zurich.

PROGRAMME D'ENSEIGNEMENT POUR LES ÉCOLES SECONDAIRES.

I. — Langue française.

Lexicologie ou première partie de la grammaire; les sons et les lettres; étude des mots quant à leurs flexions grammaticales et quant à leur formation par dérivation et composition.

Syntaxe ou deuxième partie de la grammaire; syntaxe de la proposition simple; syntaxe de la proposition composée.

Exercices d'analyse et de ponctuation.

Dictées orthographiques.

II. — Littérature française.

Éléments du style et de la composition; la prose et les vers;

le langage figuré. Les genres littéraires. Étude des classiques (prosateurs et poètes) avec récitation de morceaux choisis.

Exercices de composition et d'élocution.

III. — Langue allemande.

Les sons et les lettres. Les verbes auxiliaires et la conjugaison faible; la déclinaison des substantifs et des adjectifs; les noms de nombres; les adverbes.

La conjugaison forte, les pronoms, les prépositions et les conjonctions. La construction allemande.

Lecture, traduction et récitation de morceaux choisis en prose et en vers. Exercices de conversation.

IV. — Géographie.

Géographie physique et politique de l'Asie, de l'Afrique, de l'Amérique (spécialement des États-Unis) et de l'Océanie.

Géographie de l'Europe et en particulier de la Suisse, au triple point de vue physique (contours. reliefs et cours d'eau), statistique (population, langues et religions, productions, industrie et commerce) et politique (gouvernement, provinces, villes principales).

V. — Histoire.

Histoire élémentaire de l'Orient, de la Grèce et de Rome. Les grandes époques de l'histoire du moyen âge jusqu'à la fin du xve siècle.

Étude plus détaillée de l'histoire moderne, spécialement depuis le aité de Westphalie jusqu'à nos jours. Histoire nationale depuis les premiers temps jusqu'à nos jours.

VI. — Instruction civique.

Les institutions cantonales. Les institutions fédérales précédées d'un coup d'œil sur le développement politique de la Suisse de 1291 à 1874.

Nota. — Pour les jeunes filles, cet enseignement pourra être combiné avec celui de l'histoire.

VII. — Mathématiques.

ARITHMÉTIQUE.

Revue des principales questions d'arithmétique. Exercices pratiques nombreux. Fractions ordinaires. Fractions décimales. Système métrique. Nombres complexes. Rapports et proportions. Règles de trois. Règles de mélange et d'alliage. Partages proportionnels. Progressions arithmétiques. Intérêts simples. Escompte.

Exercices de calcul mental.

GÉOMÉTRIE.

Notions de géométrie plane. Mesure de surfaces planes. Notions élémentaires de géométrie de l'espace. Mesures des surfaces et des volumes.

Nota. — Cet enseignement, pour les jeunes filles, pourra être combiné avec celui de l'arithmétique.

Tenue des livres.

Éléments de comptabilité. — Notes et factures. — Livre de caisse. — Pratique des comptes courants. — Tenue des livres en partie double.

Nota. — Les leçons de tenue des livres pourront servir en même temps d'exercices d'écriture.

Sciences physiques et naturelles.

POUR LES JEUNES FILLES.

Notions élémentaires de physique avec quelques applications pratiques.

Chimie.

POUR LES JEUNES FILLES.

Notions sur les corps simples et leurs principaux composés.

Histoire naturelle.

ZOOLOGIE.

Notions élémentaires sur les principaux organes du corps et leurs fonctions avec applications à l'hygiène. Classification et étude des principaux types de vertébrés et d'invertébrés. Instructions relatives à la formation des collections.

Botanique (en été). — Premières notions d'organographie.— Principes de classification. — Étude des principales familles végétales, des plantes utiles et des plantes vénéneuses. —Excursions botaniques pour déterminations de plantes. — Instructions relatives à la formation des collections.

Dessin.

DESSIN GÉOMÉTRIQUE.

Exécution soignée des principales figures de la géométrie plane. — Carrelages et mosaïques. — Dessin d'outils et d'organes de machines d'après les modèles ou des croquis cotés.— Courbes principales employées dans les arts et les constructions mécaniques. — Construction de quelques solides géométriques à l'aide de leurs développements. — Dessin d'architecture et de machines. — Notions élémentaires de lavis.

Dessin artistique.

Étude d'après le plâtre de motifs simples d'ornements pris dans les différents styles. — Étude de la perspective et de ses applications aux solides géométriques et aux solides variés pris dans la céramique antique et moderne. — Dessin d'après la bosse. — Éléments de la figure d'après la bosse. — Introduction à l'étude des différents styles de l'ornementation.

Musique.

Les notes et les clefs. — La gamme et les temps. — Les mouvements et le rythme. — Notions élémentaires sur l'harmonie. — Exercices de chants à une ou plusieurs voix.

Gymnastique.

Exercices d'ordre. — Exercices libres. — Exercices aux appareils fixes et mobiles.

L'économie domestique sera enseignée au moyen de lectures raisonnées qui pourront être faites pendant les heures consacrées à la couture.

Économie domestique.

L'habitation, le vêtement et les aliments.

Zurich.

ÉCOLE SECONDAIRE DE FILLES. — 1re CLASSE.

Heures	LUNDI	MARDI	MERCREDI	JEUDI	VENDREDI	SAMEDI
7	Allemand.	Sciences naturelles.	Couture.	Géométrie.	Français.	Dessin.
8	Arithmétique.	Écriture.	»	Français.	Allemand.	»
9	Français.	Géographie.	Arithmétique.	Allemand.	Chant.	Arithmétique.
10	Religion.	Français.	Allemand.	Écriture.	Religion.	Allemand.
11	»	»	»	»	»	»
1	»	»	»	»	»	»
2	Couture.	»	Chant.	Sciences naturelles.	Géographie.	»
3	»	»	Français.	Histoire.	Histoire.	»
4	»	»	Gymnastique.	»	Gymnastique.	»
5	»	»	»	»	»	»

Zurich.

ÉCOLE SECONDAIRE DE FILLES. — 2e CLASSE.

Heures	LUNDI	MARDI	MERCREDI	JEUDI	VENDREDI	SAMEDI
7	Religion.	Allemand.	Religion.	Français.	Arithmétique.	Gymnastique.
8	Allemand.	Sciences physiques.	Français.	Géométrie.	Français.	Allemand.
9	Arithmétique.	Couture.	Arithmétique.	Géographie.	Allemand.	Français.
10	Français.	»	Allemand.	Chant.	Histoire.	Écriture.
11	»	»	»	»	»	»
1	»	»	»	»	»	»
2	Écriture.	»	Couture.	Histoire.	Dessin.	»
3	Géographie.	»	»	»	»	»
4	»	»	Gymnastique.	Sciences physiques.	Chant.	»
5	»	»	»	»	»	»

Zurich.

ÉCOLE SECONDAIRE DE FILLES. — 3e CLASSE.

Heures	LUNDI	MARDI	MERCREDI	JEUDI	VENDREDI	SAMEDI
7	Anglais.	Français.	Sciences naturelles.	Anglais.	Gymnastique.	Allemand.
8	Arithmétique.	Religion.	Géométrie.	Religion.	Allemand.	Français.
9	Allemand.	Couture.	Français.	Allemand.	Couture.	Dessin.
10	Histoire.	»	Allemand.	Arithmétique.	»	»
11	»	»	»	»	»	»
1	»	»	»	»	»	»
2	Géographie.	»	Histoire.	Français.	Anglais.	»
3	Français.	»	Gymnastique.	Géographie.	»	»
4	»	»	»	Chant.	Histoire naturelle.	»
5	»	»	»	»	»	»

Zurich.

ÉCOLE SECONDAIRE DE FILLES. — 4e CLASSE.

Heures	LUNDI	MARDI	MERCREDI	JEUDI	VENDREDI	SAMEDI
7	Allemand.	Allemand.	Allemand.	Français.	Histoire.	Conversation française.
8	Français.	Français.	Français.	Sciences physiques.	Arithmétique.	Allemand.
9	Sciences naturelles.	Arithmétique.	Dessin.	Arithmétique.	Allemand.	Français.
10	Anglais.	Histoire.	»	Conversation française.	Anglais.	Chant.
11	»	»	»	»	»	»
1	»	»	»	»	»	»
2	Couture.	»	Anglais.	»	Couture.	»
3	»	»	Chant.	»	»	»
4	»	»	»	»	»	»
5	»	»	»	»	»	»

Tableau des écoles secondaires.

Numéros	Cantons	Nombre des écoles: Total.	Mixtes.	Garçons.	Filles.	Nombre des élèves: Classes 1	2	3	4	5	6	Garçons.	Filles.	Total.
1	Zurich.	90	86	2	2	1.392	1.556	563	22	»	»	2.532	1.501	4.033
2	Berne	61	49	4	8	1.429	1.367	494	336	192	»	1.853	1.975	3.828
3	Lucerne	26	21	3	2	454	164	32	»	»	»	398	252	650
4	Uri	3	1	1	1	19	8	1	»	»	»	8	20	28
5	Schwytz	9	7	»	2	121	57	4	»	»	»	104	78	182
6	Unterwalden-le-H.	»	»	»	»	»	»	»	»	»	»	»	»	»
7	— le-Bas.	2	»	1	1	27	20	»	»	»	»	20	27	47
8	Glaris	7	7	»	»	111	84	46	3	»	»	189	55	244
9	Zug	5	1	2	2	85	49	1	»	»	»	85	50	135
10	Fribourg	8	1	6	1	153	87	36	13	»	»	180	110	290
11	Soleure	15	10	3	2	397	192	31	2	1	»	425	199	622
12	Bâle-Ville	5	1	2	2	796	727	429	173	»	»	954	1.171	2.125
13	Bâle-Campagne	6	»	4	2	162	103	46	»	»	»	233	78	311
14	Schaffouse	9	7	1	1	211	219	103	21	»	»	360	214	574
15	Appenzell Rh. ext.	8	7	»	1	120	95	53	8	10	»	175	101	276
16	— Rh. int.	1	1	»	»	15	7	»	»	»	»	19	3	22
17	Saint-Gall	33	21	8	4	730	497	113	27	»	»	828	535	1.373
18	Grisons	15	11	4	»	221	108	30	2	»	»	221	140	361
19	Argovie	26	15	8	3	594	525	331	136	»	»	1.110	476	1.586
20	Thurgovie	23	20	2	1	282	296	145	2	»	»	511	184	695
21	Tessin	28	1	17	10	365	218	149	»	»	»	443	289	732
22	Vaud	4	2	1	1	64	40	»	»	»	»	56	48	104
23	Valais	8	»	3	»	19	18	20	14	»	»	71	»	71
24	Neuchâtel	13	3	5	5	282	208	51	23	»	»	260	404	664
25	Genève	13	11	»	2	220	215	321	181	114	127	112	1.066	1.178
	Suisse	412	283	77	53	8.885	6.860	2.969	973	317	127	1.155	8.976	20.131

§ 8. — COURS D'ADULTES OU COURS DU SOIR

Ces cours me paraissent être peu en usage, surtout pour les jeunes filles.

Les documents que j'ai sous les yeux ne me fournissent des renseignements précis que pour trois cantons, Zurich, Vaud, Genève.

Zurich.

En dehors du cours du soir où l'on enseigne :

L'écriture ;
L'arithmétique ;
L'allemand ;
Le français ;

il a été créé à Zurich même, en automne 1880, un cours gratuit d'adultes femmes pour la tenue des livres, deux soirées par semaine, et est suivi principalement par les jeunes filles des écoles complémentaires et quelques anciennes élèves de l'école secondaire.

Vaud.

A Lausanne, la société industrielle et commerciale de cette ville a fondé des cours gratuits du soir, ayant lieu cinq mois de l'année et partagés en deux sections (garçons, jeunes filles). Ils commencent à 8 heures du soir et durent une heure ou deux heures. Ces cours sont subventionnés de 500 francs par l'État.

En 1881 on comptait 154 jeunes filles qui les suivaient.

On enseigne :

La tenue des livres;
L'arithmétique ;
Le dessin linéaire ;
Le français (pour les élèves français) ;
L'allemand (pour les élèves allemands).

Genève.

A Genève, les cours du soir ont lieu à l'école complémentaire, spécialement destinée aux jeunes filles.

Les leçons sont données le soir dans la ville de Genève, et au besoin dans les communes suburbaines pendant le semestre d'hiver ; elles sont réparties en trois années d'études.

Les élèves régulières, c'est-à-dire celles qui suivent l'ensemble des cours de chaque année d'études, ont l'enseignement gratuit.

Les autres, qui ne suivent qu'un ou plusieurs cours à leur choix, paient une rétribution fixée par l'État.

L'enseignement porte sur les matières suivantes :

Langue française ;
Lecture ;
Allemand ;
Arithmétique et tenue des livres ;
Histoire (les faits les plus importants) ;
Dessin ;
Notions de sciences ;
Notions d'hygiène et des soins à donner aux malades ;
Économie domestique ;
Notions élémentaires de droit.

Cet enseignement est donné par des maitres spéciaux.

La surveillance de chaque leçon est confiée à une régente ou sous-régente qui reçoit une indemnité.

Le traitement des maitres est proportionnellement le même que celui des professeurs des écoles primaires et secondaires.

---

§ 9. — ÉCOLES PRIVÉES.

L'instruction primaire étant obligatoire pour tous les enfants, qu'ils fréquentent les écoles publiques ou les écoles privées, la Confédération devait prendre les mesures nécessaires pour assurer la fréquentation de ces dernières et pour que l'instruction donnée fût suffisante.

Ne voulant pas tracer une règle uniforme pour les détails d'exécution dans la crainte de gêner les cantons et de rendre leur action moins efficace, elle a laissé à l'autorité civile de

---

(1) En dehors de ces cours, il existe, dans plusieurs cantons, des écoles de perfectionnement.

chacun d'eux le soin d'arrêter les moyens utiles pour que les écoles privées soient fréquentées aussi régulièrement que les écoles publiques, pour que ces écoles fournissent des résultats égaux, régler les inspections, les rapports annuels qui doivent lui être envoyés; arrêter les conditions, etc.

Voici les dispositions prises dans chaque canton à l'égard des enfants qui reçoivent l'instruction dans leur famille ou dans les écoles privées.

1. — Zurich.

Le Conseil d'administration autorise tous les genres d'écoles ou d'institutions privées.

Les parents, dont les enfants ne fréquentent pas l'école publique, sont tenus de faire connaître à la Commission scolaire l'école privée où ceux-ci reçoivent l'instruction obligatoire.

Dans ce canton, les écoles privées ont à peu près la même organisation que les établissements publics et sont placés sous la surveillance des autorités scolaires, de la commune, du district, du canton. Cette surveillance porte sur l'entrée et la sortie des élèves, leur vaccination, les absences, les conditions d'hygiène du local, les plans d'études.

Ces écoles sont tenues de donner à la Commission un état de l'entrée et de la sortie des élèves, la date des examens; de présenter aux membres de la Commission du district, un rapport annuel et leur permettre de contrôler les absences, le règlement de l'établissement.

2. — Berne.

La création de pensions d'institution et d'éducation est autorisée sur avis de l'inspectorat par la direction de l'enseignement.

Les inspecteurs de ce canton examinent les livrets des postulants, étudient les plans d'études proposés, surveillent les écoles privées et doivent faire un rapport annuel sur ces institutions.

3. — Lucerne.

Le Conseil de l'instruction autorise la création d'écoles privées, le Conseil d'État sanctionne.

Les parents sont tenus d'informer l'inspecteur du district de leur intention de mettre leurs enfants dans ces établissements.

Les instituteurs doivent posséder les brevets exigés des régents des établissements publics, donner un enseignement identique.

Les garanties d'hygiène doivent être prises, relativement au local.

Les autorités exercent la surveillance.

Un examen doit avoir lieu à la fin de chaque année et si le Conseil de l'instruction publique estime les résultats obtenus insuffisants, le Conseil d'État peut fermer l'établissement.

4. — Uri.

Les maisons d'éducation privée sont autorisées par le Conseil de l'instruction publique de ce canton.

5. — Schwytz.

Le Conseil de l'instruction publique autorisé l'ouverture d'établissements scolaires privés, et s'il constate que les enfants ne reçoivent pas une instruction suffisante, il peut les obliger à fréquenter une école publique.

Cette autorisation est toujours subordonnée aux conditions suivantes :

Le maître doit être titulaire du brevet d'instituteur et ne pas appartenir à l'enseignement public.

Le programme des matières doit être conforme à ceux des écoles publiques et avoir été approuvé par le Conseil de l'instruction.

6 et 7. — Unterwalden-le-Haut et Unterwalden-le-Bas.

Les écoles privées sont sous la surveillance des autorités scolaires.

8. — Glaris.

Les écoles privées sont placées sous la même surveillance que les écoles publiques.

Si la Commission scolaire conçoit quelques doutes sur les progrès des élèves, elle peut leur faire subir une épreuve, et si l'examen n'est pas satisfaisant, renvoyer les enfants dans les écoles publiques.

Les instituteurs titulaires d'un brevet peuvent seuls enseigner dans ces écoles ; toutefois, le Conseil d'État peut autoriser à le faire également des personnes avantageusement connues dans l'enseignement.

Les absences sont passibles de réprimandes.

9. — Zug.

Pour la création d s écoles privées, ce canton se conforme au paragraphe 2 de l'article 27.

« Les cantons pourvoient à l'instruction primaire qui doit être suffisante et placée exclusivement sous la direction de l'autorité civile. Elle est obligatoire, et dans les écoles publiques, gratuite ».

Lorsqu'une école privée veut donner tout autre enseignement que l'enseignement primaire, elle doit le porter à la connaissance du Conseil de l'instruction publique.

Les maitres doivent donner l'état de leurs brevets.

Le programme de l'enseignement primaire doit être réglementairement le même que celui des établissements publics ; le Conseil d'instruction peut permettre un écart à cette règle.

Les maisons doivent donner toutes les garanties d'hygiène et s'en tenir, pour le maximum d'élèves par classe, au règlement des écoles publiques.

Elles doivent soumettre aux commissions scolaires leurs plans d'études, l'entrée et la sortie des élèves, indiquer l'époque des examens. Elles relèvent des commissions locales et du Conseil de l'instruction publique auquel elles doivent adresser un rapport annuel.

La Commission statue sur la sortie des élèves.

Le Conseil d'instruction peut faire fermer les établissements privés dont les résultats ne sont pas satisfaisants.

10. — Fribourg.

Toute personne peut ouvrir une école libre, sans autorisation spéciale.

La direction de l'enseignement a la haute surveillance sur ces écoles ; elle veille à la fréquentation, s'assure par des épreuves du degré d'instruction que possèdent les enfants; cette instruction doit se rapprocher le plus possible de celle donnée dans les écoles publiques.

Les établissements privés prennent le caractère d'écoles publiques, lorsque leurs statuts ont été approuvés par le Conseil d'État.

Ils doivent soumettre aux membres des Commissions locales le choix et le chiffre du traitement des instituteurs, leurs programmes, leurs moyens disciplinaires.

Les communes intéressées peuvent être au besoin appelées à contribuer à la création et à l'entretien de ces écoles.

11. — Soleure.

Aucun enfant ne peut fréquenter une autre maison que l'école publique sans l'autorisation du Conseil d'État.

12. — Bâle-Ville.

Aussitôt que l'enfant a atteint l'âge obligatoire, les parents qui ne veulent pas l'envoyer dans un établissement public, doivent en aviser le chef du département de l'instruction publique.

La création d'institution d'enseignement privé au moyen de dons de particuliers ou de corporations nécessite l'autorisation du Conseil d'État qui les soumet à un règlement.

Le but, l'organisation, l'administration de ces établissements privés ne doivent pas s'écarter de l'esprit de l'article 51 de la constitution fédérale :

« L'ordre des jésuites et des sociétés qui lui sont affiliées ne peuvent être reçus dans aucune partie de la Suisse, et toute action dans l'église et dans l'école est interdite à leurs membres.

» Cette interdiction peut s'étendre aussi, par voie d'arrêté fédéral, à d'autres ordres religieux dont l'action est dangereuse pour l'État, ou trouble la paix entre les confessions. »

Le local doit répondre à toutes les conditions d'hygiène, les autorités sont chargées de s'en assurer.

Les enfants qui ont l'âge de la fréquentation des écoles doivent être mentionnés et donner des renseignements sur l'instruction qu'ils reçoivent ; ils passent des examens publics.

Les écoles de sourds-muets, aveugles, de faibles d'esprit, sont exemptes de cette formalité.

Tous les établissements privés sont placés sous la surveillance des autorités scolaires et doivent adresser au Conseil de l'instruction un rapport annuel.

Les écoles enfantines privées sont également sous cette surveillance.

13. — Bâle-Campagne.

Les enfants qui reçoivent une instruction privée doivent prendre part aux examens annuels qui ont lieu dans les écoles publiques.

Les commissions scolaires ont la surveillance des écoles enfantines privées; l'inspecteur, sur les institutions privées.

14. — Schaffouse.

Les écoles privées relèvent des autorités scolaires qui ont à s'assurer que, tout enfant ayant l'âge de la fréquentation et n'étant pas inscrit dans un établissement public, reçoit l'instruction dans une institution privée.

15. — Appenzell (Rhodes extérieures).

Dans les écoles privées de ce canton, les heures d'étude par semaine doivent être les mêmes que celles des établissements publics.

L'instituteur possédant un brevet peut seul enseigner.

16. — Appenzell (Rhodes intérieures).

Toute demande de création d'institution privée doit être adressée aux commissions scolaires et donner les statuts à approuver.

17. — Saint-Gall.

Le Conseil de l'instruction examine les programmes d'enseignement, les plans d'études, s'assure des brevets des instituteurs et peut les en dispenser.

L'inspection relève des autorités scolaires.

18. — Grisons.

Les inspecteurs des écoles publiques ont la surveillance des institutions privées.

19. — Argovie.

Une école privée ne peut avoir que des instituteurs brevetés.

Tout enfant doit adresser à la direction de l'enseignement la demande de fréquenter une de ces écoles.

L'Inspectorat renvoie d'office dans un établissement public les élèves dont l'instruction est insuffisante.

20. — Thurgovie.

Les enfants qui reçoivent l'instruction dans une école privée doivent subir les examens annuels des écoles publiques. Si leurs notes sont mauvaises, ils sont placés dans une école publique.

Les institutions privées relèvent des autorités publiques.

Le directeur doit soumettre ses plans et programmes à l'approbation du Conseil d'État, ne prendre que des instituteurs brevetés, informer le département de l'instruction publique de la fondation de l'établissement.

Toute personne, homme ou femme, appartenant à des ordres religieux, ne peut ouvrir d'école privée.

21. — Tessin.

L'enseignement primaire privé doit être équivalent à celui des écoles publiques.

Les instituteurs de ces établissements doivent avoir leurs brevets comme leurs collègues des écoles publiques.

Les institutions privées relèvent du département de l'instruction publique ; elles sont visitées deux fois par an par les inspecteurs du district et doivent relativement à la durée du temps d'école se conformer au règlement des écoles publiques, remettre à la fin de chaque mois la liste des absences et, en août, envoyer un rapport à l'inspecteur du district.

22. — Vaud.

L'enseignement donné dans les institutions privées doit être le même que celui des écoles publiques.

Les élèves de ces établissements peuvent être appelés à des épreuves susceptibles d'examiner leur renvoi dans une école publique.

23. — Valais.

La création d'une institution privée entraine des programmes et plans d'études identiques à ceux des écoles publiques.

24. — Neuchâtel.

Dans ce canton aussi, l'enseignement donné dans les écoles privées doit correspondre à celui des écoles publiques.

Les commissions scolaires surveillent les études et font passer des examens publics.

L'enfant, dont les connaissances laissent à désirer, est renvoyé dans une école publique.

Les écoles confessionnelles ne peuvent être subventionnées ni par l'État ni par les communes, non plus par les municipalités.

25. — Genève.

Dans ce canton, les étrangers peuvent donner l'enseignement privé avec l'autorisation du Conseil d'État.

Les règles de l'enseignement obligatoire public font loi.

L'instruction privée relève du département de l'instruction publique qui s'assure que la loi relative à l'instruction obligatoire est observée.

---

§ 10. — COURS SPÉCIAUX

COUTURE. — DESSIN. — CHANT. — GYMNASTIQUE.

Couture et économie domestique.

L'enseignement de la couture appelé en Suisse « ouvrages du sexe » est donné avec un soin tout particulier.

La surveillance de cet enseignement est en général confiée à une commission locale exclusivement composée de dames, avec une inspectrice de district, quelquefois même une inspectrice de canton; à défaut de cette commission, les autorités scolaires ont droit de contrôle, et souvent aussi ce contrôle s'exerce simultanément.

L'État subventionne beaucoup d'écoles d'ouvrage et entre pour une certaine part dans le traitement des professeurs qui doivent, pour les cantons où il existe des cours spéciaux, avoir suivi ces cours et obtenu un brevet.

Dans bien des cantons, des salles, des écoles même, sont affectées à l'enseignement de la couture. Les bancs et les tables offrent les meilleures conditions possibles pour travailler.

Dans les écoles où la leçon est donnée dans la classe, l'enfant obligée de se tenir toujours droite, grâce à la position horizontale qu'elle peut donner à la table, ne se fatigue point. Cette position horizontale de la table lui permet en effet d'y placer le coffre à ouvrage réglementaire, toujours garni d'un coussin sur lequel elle fixe son ouvrage (table Koller).

Comme on a pu le voir au chapitre de l'obligation (durée de l'école obligatoire), dans quelques cantons, l'élève est tenue de fréquenter l'école d'ouvrage après avoir terminé ses autres études.

Zurich.

Dans chaque circonscription d'école primaire, il y a au moins une école d'ouvrage.

Chaque école doit avoir une salle spéciale de couture.

Les élèves d'une classe reçoivent toutes ensemble la leçon; lorsqu'il y a plus de trente élèves, on adjoint une deuxième maîtresse.

Dans le canton de Zurich, toutes les leçons de couture sont données non par des institutrices, mais par des maîtresses spéciales.

Le temps consacré à cet enseignement ne doit pas dépasser par semaine pour chaque classe deux matinées de trois heures chacune.

La Commission scolaire doit déléguer une personne spéciale chargée de l'inspection de l'enseignement de la couture, tenue d'adresser à la fin de l'année un rapport à la Commission scolaire.

Les maîtresses de couture sont nommées et rétribuées par la Commission scolaire. Elles reçoivent 25 francs au minimum par an pour une heure de travail par semaine.

Il existe des cours périodiques fondés par l'État pour la formation de ces maîtresses. L'administration choisit de préférence celles d'entre elles qui ont suivi ces cours.

Les élèves de l'école réale sont obligées de fréquenter l'école de couture; les élèves de l'école complémentaire et secondaire sont autorisées à suivre les cours.

Exceptionnellement, et sur l'autorisation de la Commission scolaire, peuvent prendre part à ce cours les élèves de la troisième année de classe élémentaire.

A Zurich (ville), l'école de couture commence dès la première année de classe.

L'enseignement comprend : tricot, couture, ouvrages de broderie et coupe des objets confectionnés.

Berne.

Toute école primaire comprenant plusieurs sections a une classe spéciale de couture.

Les maîtresses de couture reçoivent de l'État, lorsqu'elles ont un brevet spécial, 50 à 70 francs par classe; lorsqu'elles n'ont pas de brevet, 30 francs; à ces divers traitements, la commune ajoute au moins 50 francs par classe.

Ceci s'applique également aux écoles secondaires.

Ces travaux sont surveillés par un comité spécial de dames, choisies par le Conseil communal.

Un grand nombre d'institutrices donnent cet enseignement dans le canton de Berne. La nomination de maîtresse de couture se fait en même temps que celle d'institutrice primaire. Ces maîtresses spéciales sont nommées par la Commission scolaire lorsqu'elles ne possèdent pas de brevet, provisoirement, pour un an; dans le cas contraire, pour six années.

Cet enseignement est obligatoire depuis la première année de classe.

Les absences sont punies comme celles de l'école primaire.

L'école d'ouvrage dure en été de douze à vingt semaines.

En hiver vingt semaines, de trois heures chacune. Même programme qu'à Zurich.

Lucerne.

Les classes de couture forment partie intégrante des écoles primaires et secondaires.

Lorsqu'une classe de couture est composée de plus de quarante et même de trente élèves, elle doit être dédoublée.

L'enseignement de la couture doit comprendre trois heures au moins par semaine. La Commission scolaire nomme une Commission de dames chargée de la surveillance de cet enseignement.

Le Conseil d'instruction nomme, sur la proposition des inspecteurs de district, une inspectrice chargée d'un ou plusieurs districts qui doit visiter chaque école au moins une fois par an.

A part quelques exceptions qui existent surtout à Lucerne même, l'enseignement est donné dans le canton par des maîtresses spéciales.

Le traitement annuel des institutrices est de 80 à 140 francs. 3/4 par l'État, 1/4 par la commune.

Uri.

L'enseignement de la couture est obligatoire : 1° pour les élèves des écoles primaires pendant le temps des classes; 2° pour les élèves qui ont quitté ces écoles jusqu'à l'âge de seize ans.

1/2 journée pendant l'hiver.

Les jeunes filles qui fréquentent une école secondaire mixte peuvent suivre les cours de couture dans une école primaire de la circonscription, avec l'autorisation du maître de sa classe et de l'inspecteur du district.

Il existe des écoles libres de couture ouvertes pendant l'été pour les élèves des écoles primaires (trois dernières années).

Les ouvrages de couture consistent en tricot, couture, raccommodage, coupe et couture d'objets à raccommoder, économie domestique.

Les ouvrages d'agrément ne sont permis qu'exceptionnellement.

Schwytz.

L'enseignement de la couture est une matière obligatoire du programme des écoles primaires et secondaires. Chaque circonscription scolaire a au moins une école de couture.

Les autorités scolaires locales pourvoient aux dépenses de cette classe, procurent le mobilier et les instruments nécessaires, ainsi que l'étoffe aux enfants pauvres.

Dans les écoles mixtes, une maîtresse spéciale de couture donne cet enseignement.

La Commission scolaire fait surveiller et dresser un rapport les trimestres sur les écoles de couture.

La nomination des maîtresses spéciales de couture, leurs devoirs et leurs droits sont déterminés par les ordonnances des écoles.

Le Conseil d'instruction organise des cours périodiques pour la préparation des maîtresses spéciales de couture. Pour la fréquentation de ces cours, il faut être âgé de dix-sept ans au moins.

Des brevets sont délivrés à la fin de la session.

Les absences de l'école de couture sont punies comme les absences d'école primaire.

L'enseignement de la couture dure depuis la deuxième jusqu'à la sixième année de classe. Il est donné quatre heures au moins par semaine (l'après-midi, deux heures) et est compris dans les heures d'études.

Des leçons d'économie domestique peuvent être données en même temps que ces travaux à partir de la quatrième année pendant une demi-heure.

(Nourriture, habitation, vêtements).

Unterwalden-le-Bas.

Les écoles de couture sont obligatoires et doivent être créées et entretenues par les communes. L'inspecteur des écoles a également la surveillance de ce travail. Les élèves doivent prendre les leçons de couture à partir de la troisième année de l'école primaire jusqu'à la fin. Les commissions scolaires locales peuvent admettre des élèves plus jeunes.

Cet enseignement comprend en dehors de la couture, les

travaux ordinaires de la maison. Il se donne deux heures au moins par semaine en dehors des heures d'études.

Les mesures doivent être prises pour qu'une maîtresse n'ait pas à diriger un nombre trop considérable d'élèves.

Dans ce canton, la couture est généralement enseignée par les institutrices mêmes.

Glaris.

Une salle de couture est généralement jointe à l'école primaire. La classe de couture doit être subdivisée lorsqu'elle comprend plus de trente élèves.

L'enseignement commence dès la quatrième année de l'école primaire et est obligatoire jusqu'à la sortie de l'école de répétition. Il comprend six heures par semaine; lorsque les classes sont divisées, chacune a au moins trois heures.

Le contrôle est exercé par le personnel de l'inspection des écoles primaires.

Les maîtresses de couture doivent être pourvues d'un brevet spécial; cet examen est fait par le Conseil scolaire du canton. Il n'y a que des maîtresses spéciales dans le canton.

Dans la règle, il doit y avoir une classe de couture par année d'école. Toutes les élèves doivent faire le même travail; les maîtresses doivent préalablement l'expliquer.

Zug.

Chaque école a une classe spéciale pour la couture. Le Conseil scolaire fournit le matériel d'enseignement et l'étoffe aux élèves nécessiteux. Cet enseignement comprend les six classes d'école primaire, et un douzième du temps des études ordinaires doit lui être consacré par semaine.

La surveillance appartient à un comité de dames. Le programme des matières du brevet exigé des maîtresses est dressé par ce comité dont les membres font partie de la Commission d'examen.

Cet enseignement est donné dans le canton en plus grande partie par les institutrices primaires.

Il est recommandé de donner en même temps aux élèves des leçons d'ordre, d'économie et d'hygiène.

Fribourg.

L'enseignement de la couture est obligatoire dans toutes les écoles de filles, ainsi que l'économie domestique dans la mesure du possible.

Dans les écoles dirigées par une institutrice, les leçons sont données par l'institutrice même; dans les écoles mixtes, une maîtresse spéciale en est chargée. Dans les cas extrêmes, il peut être donné par circonscription de six écoles au moins.

Dans ce cas, les communes participent aux dépenses proportionnellement au nombre de leurs habitants.

L'État donne une subvention de 40 francs pour le traitement d'une maîtresse spéciale.

La durée du travail manuel est de trois à six heures par semaine.

Les maîtresses spéciales doivent être pourvues d'un brevet. Elles sont nommées par la direction de l'enseignement sur la proposition des conseils scolaires. Le traitement annuel est de 80 francs au moins.

Les leçons d'économie domestique sont données pendant les heures consacrées à la couture.

Soleure.

L'enseignement de la couture est donné parallèlement à l'enseignement primaire. Dans chaque commune, il doit y avoir une école d'ouvrage. Plus de quarante élèves entraînent une subdivision de classe.

Le temps obligatoire à l'enseignement commence dès la deuxième année de classe avec quatre heures de travail pour les trois premières, et six heures pour les suivantes. Il y a autant de classes d'ouvrage que de classes primaires.

La surveillance est exercée :

1° Par une commission de dames, choisie par les commissions scolaires locales;

2° Par ces mêmes commissions scolaires.

Le Conseil d'État nomme les membres chargés de délivrer des brevets; ceux-ci doivent adresser un rapport au président de la Commission scolaire du district qui le transmet au Conseil d'État.

Les inspecteurs peuvent également visiter les écoles d'ouvrage.

Cet enseignement dans le canton de Soleure n'est confié qu'à des maîtresses spéciales. Des cours pour ces maîtresses ont lieu tous les ans. On ne peut y être admis qu'à partir de dix-sept ans. L'aspirante doit posséder les connaissances indispensables d'instruction primaire.

Ces cours durent trois semaines au moins. Ils ne sont pas gratuits.

Les brevets peuvent être délivrés à la suite de ces cours.

Les maîtresses seules possédant un brevet peuvent être nommées.

Elles sont nommées par la Commission pour six années.

Les autorités scolaires doivent prendre les mesures nécessaires pour que les leçons de couture dans toutes les classes de la commune soient données par la même maîtresse.

Le traitement d'une maîtresse de couture est de 100 francs au minimum.

Bâle-Ville.

Cet enseignement est obligatoire dans les écoles primaires et secondaires depuis la première année de classe.

Le Conseil d'instruction est chargé de faire inspecter ces cours, qui tous sont confiés à des maîtresses spéciales.

Le traitement moyen dans la ville même s'élève à près de 400 francs.

Bâle-Campagne.

Dans chaque commune, il doit y avoir une salle de couture, et pour une seule institutrice il ne doit y avoir plus de quarante élèves.

De quarante à soixante-dix élèves il doit y avoir une adjointe; au delà, il doit y avoir une maîtresse nouvelle ou une adjointe par vingt élèves.

La commune procure le local et une partie du traitement (l'État fournit l'autre partie).

Les élèves ont à se procurer l'étoffe nécessaire; celle-ci est fournie aux élèves nécessiteuses.

Il y a obligation pour les élèves de huit à douze ans.

La surveillance directe est exercée par les autorités scolaires locales qui peuvent déléguer une commission de dames. Le directeur de l'instruction fait également inspecter les écoles d'ouvrage.

Les maîtresses d'ouvrage sont toutes des maîtresses spéciales dans ce canton et nommées après examen par la Commission scolaire de la commune et le curé, ou par les habitants de la commune. Elles reçoivent de l'État, les maîtresses un traitement annuel de 60 francs, les adjointes un traitement annuel de 30 francs. La commune augmente ce traitement d'une certaine somme.

Lorsqu'une élève a manqué la classe d'ouvrage plus du huitième des heures de couture par mois, elle reçoit une admonestation de la Commission scolaire; au delà, elle est punie comme pour les absences d'école primaire.

L'enseignement comprend quatre heures au moins par semaine.

Les ouvrages de luxe ne sont permis qu'exceptionnellement.

Schaffouse.

La couture est matière obligatoire des écoles élémentaires et réales.

Pour les écoles élémentaires, elle est comprise dans les heures d'études. Une maîtresse ne doit pas avoir plus de trente élèves.

Cet enseignement est obligatoire depuis la troisième année d'école jusqu'à la fin de la neuvième ou huitième, et comprend de quatre à huit heures par semaine.

La Commission scolaire locale nomme un comité composé de trois à cinq dames pour l'inspection de ces ouvrages qui donne aussi son avis dans la nomination des maîtresses de couture.

Cet enseignement est confié à des maîtresses spéciales. Elles doivent avoir aussi les connaissances primaires indispensables. L'État pourvoit à des cours pour leur préparation à la fin desquels les examens ont lieu. D'après les notes obtenues, la nomination est provisoire ou définitive. La note une donne droit à une nomination définitive; 2 et 3, nomination provisoire.

La note 3 n'a droit qu'aux deux tiers du traitement.

Les maîtresses sont nommées par les commissions scolaires locales; le traitement réglementaire annuel est de 60 francs au minimum pour une heure par semaine.

Les ouvrages de luxe ne peuvent être autorisés que les dernières années.

Appenzell (Rhodes extérieures).

Les écoles d'ouvrage sont obligatoires, l'État les subventionne.

L'enseignement est gratuit.

Chaque classe ne doit pas comprendre plus de vingt-cinq élèves. Celles-ci fournissent l'étoffe nécessaire.

L'obligation commence dès la quatrième classe de l'école primaire jusqu'à la sortie définitive.

Le temps consacré à l'ouvrage est de trois heures au minimum par semaine.

La division se fait par âge, l'avancement peut avoir lieu aussi par capacité. Un examen annuel a lieu avec exposition des ouvrages.

La Commission scolaire doit déterminer le plan d'études. Elle nomme une commission de dames pour la surveillance. Le contrôle est également exercé par les inspecteurs des écoles.

Les candidates au brevet de maîtresse d'ouvrage doivent être âgées de dix-huit ans au moins. Elles doivent avoir suivi les cours chez une maîtresse d'ouvrage ou avoir fait un an d'apprentissage de cette matière. Une commission d'examen est nommée chaque année.

La Commission scolaire cantonale doit pourvoir à l'installation des cours pour les maîtresses.

Dans ce canton, la couture n'est confiée qu'à des maîtresses spéciales.

Les élèves qui manquent l'école d'ouvrage sont réprimandées après un certain nombre d'absences.

Des leçons d'économie domestique sont données simultanément avec cet enseignement. Les ouvrages de luxe sont défendus.

Appenzell (Rhodes intérieures).

Les circonscriptions scolaires doivent pourvoir à l'installation d'une maîtresse de couture lorsque dans cette circonscription douze jeunes filles sont en âge de fréquenter l'école.

Le local est fourni par la commune.

Ces écoles ont le caractère des écoles publiques. L'enseignement est gratuit; l'étoffe est fournie aux élèves nécessiteuses. L'État donne une subvention annuelle de 100 francs ; lorsqu'il y a dix élèves de plus que le minimum indiqué, la subvention est de 150 francs.

Chaque classe ne doit pas comprendre plus de vingt élèves.

Dans les écoles où l'institutrice même donne la leçon d'ouvrage, cette leçon a lieu pendant une heure après la classe. Les élèves qui ne fréquentent l'école que la matinée reçoivent une leçon de trois heures; le jour de congé, l'après-midi.

Lorsque la couture est enseignée par une maîtresse spéciale, il est donné à une heure déterminée de la journée. La division a lieu par année de classe.

L'avancement peut encore se faire suivant les capacités de l'élève.

A la fin de l'année a lieu un examen public de couture.

Les commissions scolaires locales inspectent les écoles d'ouvrage.

Des leçons d'économie domestique sont données simultanément.

Les ouvrages d'agrément ne sont permis qu'en dehors des heures réglementaires.

Saint-Gall.

A chaque école primaire doit être annexée une salle de couture.

Le Conseil d'instruction peut décider la création d'une salle pour plusieurs communes réunies.

Lorsque le nombre des élèves est supérieur à trente, le dédoublement doit avoir lieu.

Les élèves sont obligées de suivre l'école d'ouvrage depuis la quatrième année de classe jusqu'à la sortie de l'école complémentaire.

Cette école dure au moins une demi-journée par semaine, pendant toute l'année, sauf les vacances réglementaires.

Ces écoles doivent être inspectées, autant que possible, par une commission de dames.

Les maîtresses d'ouvrage peuvent être appelées par le Conseil d'instruction à suivre des cours subventionnés par l'État.

Il n'y a que des maîtresses spéciales dans ce canton. Elles sont nommées par les Commissions scolaires locales après un brevet délivré par une commission composée de dames.

Les matières en sont déterminées par le Conseil scolaire de district et portent sur tous les ouvrages de femme et l'économie domestique.

Une maîtresse peut desservir plusieurs communes. Le traitement annuel est de 60 francs au minimum pour une classe non partagée, et, pour chaque division de classe, 40 francs au minimum.

L'économie domestique doit être enseignée en même temps que les leçons aux élèves les plus avancées.

Grisons.

Il est recommandé de fonder des écoles d'ouvrage dans les communes où il est possible de le faire. Lorsqu'elles existent, leur fréquentation est obligatoire pendant neuf années. Elles sont sous la surveillance des inspecteurs.

Argovie.

Il y a une école d'ouvrage dans toutes les communes du canton.

La commune donne le local.

L'État donne une subvention pour le traitement du personnel qui peut aller jusqu'à la moitié de ce traitement.

Lorsqu'une classe compte trente élèves, il doit y avoir deux maîtresses ; soixante élèves, trois maîtresses.

La fréquentation de ces écoles est obligatoire depuis la troisième année d'école primaire jusqu'à la sortie.

Chaque division d'élèves doit recevoir cet enseignement :

Trois heures au moins en été.

Six heures au moins en hiver.

L'inspection est exercée par une commission de trois à cinq dames nommées par la Commission scolaire de la commune. Les écoles d'ouvrage du district sont sous la surveillance d'une maîtresse supérieure de couture, nommée par le

Conseil d'instruction. Elle doit présenter au Conseil scolaire du district un rapport annuel et réunir les maîtresses de couture en conférence, diriger les cours de districts pour les maîtresses.

Il n'y a que des maîtresses spéciales de couture dans ce canton ; toutes doivent être en possession d'un brevet spécial. Elles sont nommées comme les institutrices primaires.

Les leçons d'économie domestique doivent être données en été simultanément avec les ouvrages de couture.

Thurgovie.

La création d'une école d'ouvrage est obligatoire dans chaque commune. Lorsqu'une école nouvelle est construite, une salle spéciale doit être réservée à cet usage, de même qu'un endroit spécial pour conserver les ouvrages commencés.

Les fonds des écoles primaires pourvoient à l'entretien de ces écoles.

La fréquentation de ces classes est obligatoire dès la quatrième année de classe (depuis l'âge de neuf ans) jusqu'à la sortie de l'école obligatoire. Les meilleures élèves peuvent sortir de ces écoles dès l'âge de treize ans. Il peut être installé des écoles facultatives pour les enfants au-dessous de neuf ans.

Les élèves sont réparties d'après les années de classe. Plus de vingt-cinq élèves entraînent la division.

L'enseignement est donné pendant deux demi-journées de la semaine, de trois heures chacune.

Les autorités scolaires locales ont la surveillance de ces classes.

Elles délèguent des commissions de trois dames au moins. Celles-ci signalent les améliorations à apporter, examinent chaque année les candidats. Aux réunions de cette commission peuvent être convoquées les institutrices.

Le département de l'instruction publique peut faire inspecter par des dames les écoles de couture.

Les institutrices qui possèdent un brevet peuvent seules être nommées. Il n'y a que des maîtresses spéciales dans ce canton.

Les brevets sont délivrés à la fin des cours par les institutrices ou par une commission de dames nommée par le département de l'instruction publique.

La nomination a lieu par les autorités scolaires après l'avis préalable des commissions de surveillance pour la couture.

Elle est provisoire, et pour un an, ou définitive pour six ans.

Les maitresses d'ouvrage peuvent être appelées à suivre les cours.

Leur traitement est pour chaque classe ou division de 100 francs au minimum sur lesquels l'État donne de 20 francs à 50 francs.

Les absences de ces écoles sont ajoutées à celles des écoles primaires et punies de la même manière.

Les élèves doivent fournir le matériel nécessaire; les enfants pauvres en sont dispensées.

Les élèves les plus avancées peuvent servir d'aide à leurs maîtresses.

Des leçons d'économie domestique sont ajoutées à l'ouvrage pendant l'hiver.

Tessin.

La couture est matière obligatoire du programme. Dans ce canton, elle est enseignée dans les classes, très souvent par l'institutrice même, quatre heures par semaine.

Dans les classes supérieures, des leçons d'économie domestique y sont ajoutées.

Vaud.

L'enseignement des ouvrages féminins fait partie des matières obligatoires du programme des écoles primaires et secondaires.

Il est donné dans des écoles spéciales dans les communes qui ont plus de quarante jeunes filles ayant l'âge de la fréquentation scolaire.

La commune fournit le local, le matériel et le traitement des maitresses.

Les commissions scolaires déterminent la durée de la fréquentation de ces écoles.

Ces écoles durent toute l'année lorsque le nombre des jeunes filles qui ont l'âge de la fréquentation scolaire dépasse soixante. Lorsque ce nombre est de quarante à soixante, ces écoles ne durent qu'un semestre.

Cet enseignement peut, avec l'autorisation du département, être donné simultanément aux élèves des écoles primaires et secondaires.

La nomination des maîtresses a lieu par voie de concours. Les candidates doivent savoir lire, écrire et connaître théoriquement et pratiquement les ouvrages féminins. Une épreuve d'économie domestique est ajoutée à ces premières. Le Conseil communal nomme la maîtresse, porte cette nomination à la connaissance de l'inspection et du département de l'instruction et a la charge du traitement.

L'économie domestique est enseignée aux élèves.

Valais.

A part de rares exceptions, les institutrices primaires sont chargées de l'enseignement de la couture.

Neuchâtel.

L'enseignement de la couture est obligatoire dès la première année de classe et dure, pour les deux premières années, deux heures; pour les deux suivantes, de deux à quatre heures; pour les cinquième et sixième, quatre heures.

École de répétition, deux heures par semaine.

Des inspectrices sont désignées par les commissions scolaires.

Des leçons d'économie domestique peuvent être données simultanément.

Genève.

L'État fournit un tiers du traitement des maîtresses d'ouvrage.

Cet enseignement est donné pendant les six années d'école primaire.

L'État nomme et rétribue une inspectrice.

Des examens annuels ont lieu dans toutes les écoles de couture.

L'État fixe le traitement pour les maîtresses de couture d'école secondaire; il est au minimum de 350 francs.

L'enseignement est donné par des institutrices primaires et spéciales.

Je donne ci-dessous, comme spécimen de l'enseignement manuel donné aux jeunes filles en Suisse, *le programme détaillé de la ville de Zurich*.

Il prouve que les enfants n'apprennent à tailler que les objets de lingerie qu'elles confectionnent.

La coupe et l'assemblage des robes ne font pas partie du programme.

Il y a du reste, à proprement parler, peu d'écoles professionnelles de jeunes filles en Suisse.

Dans ma visite à l'Exposition, comme travaux d'écoles de ce genre, je n'ai remarqué que ceux exposés par Genève, Bâle, Zurich et par l'établissement privé des demoiselles Boos, à Zurich.

Programme de l'enseignement de la Couture (Zurich.)

Première classe élémentaire. — *Trois heures par semaine (Tricot).*

Confection d'une bande avec différentes mailles. Usage de ces mailles dans un bas d'enfant.

Deuxième classe élémentaire. — *Quatre heures par semaine (Tricot).*

Un bas complet.

Troisième classe élémentaire. — *Quatre heures par semaine (Couture).*

Différents points de couture sur une pièce avec le fil rouge d'abord.

Couture d'une chemise simple d'enfant.

Conseils donnés pour la coupe des patrons de cette chemise.

Les jeunes filles font toutes le même travail; celles qui ont terminé les premières peuvent tricoter dans l'intervalle.

PREMIÈRE CLASSE RÉALE. — *Six heures par semaine (Tricot, Marque, Couture).*

Tricot. — Exercices de dessins divers (six modèles au moins).

Marque. — Exercice des points de marque sur canevas.

Alphabet et chiffres.

Couture. — Chemise simple avec couture.

Coupe des patrons de cette chemise.

DEUXIÈME CLASSE RÉALE. — *Six heures par semaine (Tricot, Couture).*

Tricot. — Trou de maille.

Couture. — Chemise à poignet; coupe du patron.

TROISIÈME CLASSE RÉALE. — *Six heures par semaine (Couture, Tricot).*

Couture. — Une chemise de garçon; coupe des patrons.

Tablier simple à bavette.

Tricot. — Différents ouvrages; camisole, bonnet, manches, etc.

PREMIÈRE CLASSE SECONDAIRE. — *Quatre heures par semaine (Couture, Raccommodages).*

Chemise de femme à poignet.

Coupe des patrons.

Raccommodage de bas.

DEUXIÈME CLASSE SECONDAIRE. — *Quatre heures par semaine (Couture, Tricot).*

Un chemise d'homme et patrons.

Tricot. — Raccommodage des bas; pièces rapportées au bas. Garniture.

TROISIÈME CLASSE SECONDAIRE. — *Quatre heures par semaine (Raccommodages).*

Pièce à l'étoffe blanche. Ouvrages utiles.

Pièce avec dessins à rapporter. Ouvrages utiles.
Reprises dans le linge damassé.

QUATRIÈME CLASSE SECONDAIRE. — *Quatre heures par semaine.*

Tous les ouvrages précédents auxquels s'ajoutent les ouvrages d'agrément. Les élèves taillent et disposent seules le travail.

Les méthodes de couture sont celles de Mlles Hirz, Strichler et celle d'Egli-Brumenstein.

Dessin.

L'enfant apprend le dessin dès le premier âge.

Dans le Kindergarten, on l'exerce à reproduire les formes géométriques à l'aide de lattes, de laiton, de bandes de papier.

A l'école primaire, c'est l'instituteur lui-même qui est chargé de l'enseignement pour le programme.

Chaque école secondaire possède un professeur spécial ; là, l'élève dessine alors d'après la bosse. Souvent pour les nouvelles arrivées, le professeur esquisse au tableau, dans une figure géométrique, la moitié d'un dessin que l'élève doit reproduire et continuer sur le papier.

Chant.

Ainsi que le dessin, le chant est enseigné dès les premières années.

Aux Kindergarten, les exercices sont interrompus par de petits chants que l'institutrice accompagne au piano.

A l'école primaire aussi, c'est l'instituteur qui donne la leçon; s'il n'a pas de voix, il donne le ton et accompagne les élèves sur le violon.

Un professeur spécial est attaché aux écoles secondaires.

Dans quelques cantons, Zurich, par exemple, l'école de chant est obligatoire une fois par semaine pour les élèves de l'école.

Gymnastique.

Les Suisses considèrent comme utile et même comme nécessité hygiénique l'enseignement de la gymnastique. J'ai dit au chapitre des bâtiments scolaires que chaque école possédait une salle de gymnastique spéciale; j'ai été frappé des dimensions de celles que j'ai visitées. Pour la plupart, ce sont des vastes bâtiments quadrangulaires, bien ensablés, très hauts, avec fenêtres larges de $2^{m},50$ à 3 mètres du sol. On y rencontre tous les appareils d'agrément ou d'exercices de corps. Aussi ai-je remarqué que les enfants semblent tous heureux de prendre cette leçon, et, par conséquent, en profitent-ils bien.

L'enseignement est toujours donné, pour les garçons et les filles, par un professeur homme.

La méthode Spess-Niggeler paraît être celle le plus en usage : elle exclut les tours de force et de casse-cou et tend à la suppression des exercices aux engins pour n'enseigner que ceux combinés et variés, devant faciliter le fonctionnement des muscles; les leçons doivent être pour les enfants de véritables jeux amusants, récréatifs.

L'enseignement de la gymnastique est obligatoire dans la plus grande partie des cantons de la Suisse; il est donné dans toutes les écoles de garçons, et son introduction dans les écoles de jeunes filles est reconnue par les législateurs d'autant plus essentielle que les jeunes filles, pour le développement du corps, ne trouvent pas suffisamment de compensation dans les jeux de récréation. A partir d'un certain âge, en effet, elles ne s'ébattent pas, elles se promènent.

CHAPITRE III

DES INSTITUTEURS

§ 1er. — **Écoles normales.** — Statistique; — études préparatoires du personnel enseignant en 1882.

§ 2. — **Instituteurs primaires.** — Brevets; — nomination; — stage; — conférences; — bibliothèques, etc.

§ 3. — **Statistiques.** — État civil des instituteurs et institutrices primaires au 31 mars 1882; — traitements des instituteurs et institutrices; — pensions de retraites.

§ 4. — **Instituteurs des écoles secondaires.** — Brevets; — nomination; — traitements.

§ 1er. — DES INSTITUTEURS

ÉCOLES NORMALES. — INSTITUTEURS PRIMAIRES. — INSTITUTEURS SECONDAIRES.

Écoles normales. — Statistique : Études préparatoires du Personnel enseignant en 1882.

L'intervention de la Confédération dans le domaine de l'éducation populaire et l'obligation même de l'enseignement, devaient avoir comme conséquence heureuse le souci d'apporter une amélioration dans les études pédagogiques. Tant vaut le maître, tant vaut l'enseignement.

La Confédération ne pouvait, du reste, exercer d'une façon plus heureuse son influence sur l'école qu'en pourvoyant à la préparation des instituteurs et aussi, en leur assurant une position sociale entourée de la considération désirable.

Après le vote de la nouvelle loi fédérale (29 mai 1874), et celui de l'article 27, beaucoup de pédagogues et de professeurs autorisés de la Suisse demandèrent même la fondation d'une école normale fédérale, ayant deux sièges, un principal dans la Suisse allemande, l'autre dans la Suisse française, avec succursale dans la Suisse italienne.

Les examens de sortie de cette école devaient donner droit à un diplôme d'instituteur, valable dans la Suisse entière.

L'école devait comprendre quatre années d'études, dont la troisième année eût été passée dans la section française pour élèves allemands et *vice versa* pour les élèves romands.

Ce généreux projet, quoique n'ayant pas encore été mis à exécution, verra bien certainement le jour.

Douze cantons de la Suisse possèdent des écoles normales :

Zurich, Berne, Lucerne, Schwytz, Fribourg, Soleure, Saint-Gall, Grisons, Argovie, Thurgovie, Tessin, Vaud, Valais.

Dans les cantons de Grisons et de Neuchâtel, les instituteurs ont préparés dans les écoles cantonales.

Les cantons suivants n'ont pas d'établissement public spécial :

Uri, Unterwalden-le-Haut et Unterwalden-le-Bas, Glaris,

Zug, Bâle-Ville, Bâle-Campagne, Schaffouse, Appenzell (Rhodes extérieures), Appenzell (Rhodes intérieures), Genève.

Quelques-uns de ces cantons, comme Bâle-Campagne, ont passé des traités avec des cantons qui possèdent des écoles normales pour la préparation des instituteurs.

En dehors de ces établissements, il en existe plusieurs privés.

Études préparatoires du personnel enseignant en 1882.

NUMÉROS	CANTONS	NOMBRE DES MAITRES — ÉTUDES PRÉPARATOIRES							
		UNIVERSITÉ	École NORMALE	GYMNASE	École SUPÉRIEURE	COURS	École PRIMAIRE	Autres ÉTUDES	TOTAL
1	Zurich	»	628	»	»	»	»	2	630
2	Berne	»	1.719	9	70	45	»	58	1.901
3	Lucerne	1	273	6	3	1	16	5	305
4	Uri	»	25	5	1	»	2	19	52
5	Schwytz	»	114	1	»	1	»	4	120
6	Unterwalden-le-Haut	»	36	»	»	»	»	2	38
7	— le-Bas	1	26	2	»	»	»	7	36
8	Glaris	»	83	1	»	»	2	»	86
9	Zug	4	53	2	2	»	2	»	63
10	Fribourg	»	267	10	12	»	5	107	401
11	Soleure	»	211	»	3	»	2	1	221
12	Bâle-Ville	»	73	1	»	»	»	»	79
13	Bâle-Campagne	1	130	»	»	1	»	»	132
14	Schaffouse	1	109	5	2	»	»	2	119
15	Appenzell (Rhodes extérieures)	»	102	»	»	»	»	»	102
16	— (Rhodes intérieures)	»	15	»	1	»	1	7	24
17	Saint-Gall	»	455	1	2	»	2	8	468
18	Grisons	»	346	6	15	73	7	4	451
19	Argovie	2	332	1	2	»	»	17	354
20	Thurgovie	»	259	»	1	»	»	»	260
21	Tessin	1	222	1	1	250	»	4	479
22	Vaud	»	766	3	8	»	12	9	798
23	Valais	»	447	2	2	1	2	16	471
24	Neuchâtel	1	80	7	251	»	31	8	378
25	Genève	»	»	»	197	»	»	»	197
	SUISSE	17	6.971	63	573	376	85	280	8.365

Les écoles normales en Suisse sont désignées sous le nom de « séminaires ».

J'ai cru devoir donner à cette partie de mon rapport, un certain développement et traiter autant que possible tous les points relatifs :

1° Aux écoles normales elles-mêmes (recrutement, admission des élèves, programmes, durée des études, etc.).

2° Aux instituteurs (brevets, nominations, conférences, traitements, pensions de retraites, etc.)

Zurich.

L'école normale d'instituteurs et d'institutrices primaires est située à Kümacht.

Pour être admis, le candidat doit être âgé de quinze ans au moins et posséder le programme des connaissances enseignées dans les trois années d'école secondaire. Il est soumis par conséquent à un examen.

Les simples auditeurs (les élèves ne venant qu'à certaines leçons) ne peuvent être admis que dans la classe supérieure.

L'école normale dure quatre années.

L'année commence au mois de mai.

L'examen de départ, c'est-à-dire l'examen de la dernière année donne le brevet d'instituteur.

Les matières obligatoires sont : allemand, pédagogie, méthode, français, mathématiques, physique et chimie avec expériences, histoire, géographie, chant, violon, dessin, écriture, gymnastique.

Dans la quatrième classe, exercices de pratique à l'école primaire annexée.

Les matières facultatives sont : religion, anglais, latin, le piano; cet instrument est obligatoire pour ceux qui n'apprennent pas le violon.

La surveillance appartient à une commission nommée par le Conseil d'instruction; le président et le directeur de l'enseignement. Il est assisté par six membres nommés par le Conseil d'État pour six années.

L'école normale a à sa tête un directeur qui assiste, ainsi que son représentant, aux séances de la Commission, avec voix délibérative.

Le directeur préside le synode.

Il est ouvert au Conseil d'instruction un crédit annuel pour l'entretien des élèves de l'école. Les élèves prennent leurs repas à l'école. Pour les élèves mêmes du canton, l'enseignement est gratuit. Les élèves d'autres cantons paient un écolage annuel de 60 francs.

Les élèves sortis qui n'entrent pas dans l'enseignement ou qui le laissent après deux années d'exercices, doivent payer l'écolage indiqué plus haut et rembourser les dépenses.

Le Conseil d'instruction peut, dans ces derniers cas, donner des dispenses.

Berne.

Ce canton possède quatre écoles normales publiques.

Deux pour les instituteurs.

A Münchenbuchsée, l'enseignement est donné en allemand.

A Pruntrut, — — en français.

Deux pour les institutrices.

A Hindelbank, l'enseignement est donné en allemand.

A Delsberg, — — en français.

Les élèves doivent avoir quinze ans révolus pour être admis à ces écoles et subir une épreuve sur les matières enseignées dans les écoles primaires.

La durée des cours est :

Pour les instituteurs, de trois à quatre années;

Pour les institutrices, de deux à trois années.

Les matières enseignées sont :

Pédagogie ;

Religion chrétienne ;

Allemand ;

Français;

Mathématiques;

Physique;

Sciences naturelles;

Histoire.

Géographie ;

Calligraphie et tenue des livres;

Dessin ;

Chant;

Piano, orgue, violon;
Gymnastique;
Agriculture.

Des modifications peuvent être apportées à ce programme dans les écoles normales de filles, auxquelles on enseigne les travaux manuels et l'économie domestique.

La musique instrumentale ne comprend que le piano.

Le français est facultatif à Hindelbank.

A Delsberg, les élèves peuvent être dispensés de l'allemand et du piano, la dernière année seulement.

A Münchenbuchsée, les élèves ne sont externes que la quatrième année.

L'année commence au printemps. A la fin de chaque année les élèves passent un examen.

La dernière année, l'examen peut leur donner le droit d'exercer.

Les professeurs des élèves assistent aux examens, mais n'interrogent pas.

Pour la pratique, des écoles primaires sont annexées aux écoles normales.

Chaque établissement a un directeur qui préside aux réunions des professeurs; l'autorité supérieure appartient au directeur de l'enseignement.

La direction de l'enseignement nomme pour une période de six années, une commission distincte de cinq membres pour les écoles normales allemandes et françaises. Ces commissions sont chargées de l'étude de toutes les questions pédagogiques.

Les aspirants doivent être natifs du canton ou appartenir à des parents nés dans le canton.

Les autres peuvent cependant être admis moyennant une pension annuelle de 400 francs.

L'enseignement est gratuit.

Les élèves internes paient suivant la situation des parents de 150 à 400 francs. Cette pension peut même être augmentée par le Conseil d'État.

Les jeunes gens qui se vouent à l'enseignement sont exemptés des frais ci-dessus.

Il peut être alloué des bourses aux élèves qui ne prennent pas leurs repas à l'école.

Chaque élève breveté est tenu de desservir une école publique pendant quatre années. Dans le cas contraire, il doit rembourser à l'État les frais de sa pension ou les bourses dont il aurait pu bénéficier.

Il existe pour ceux qui se destinent à l'enseignement dans les écoles secondaires et supérieures, un programme spécial qui comprend les sections suivantes (de chacune quatre trimestres d'études).

1° Section des langues anciennes.
2° — — modernes.
3° — — mathématiques, physique.
4° — — histoire naturelle,

Des commissions d'examens confèrent le brevet d'instituteur secondaire.

Lucerne.

L'école normale d'instituteurs et d'institutrices est à Hitzkerk.

L'examen d'admission porte sur les connaissances que l'élève doit avoir acquises pendant les deux années d'école secondaire.

L'instruction donnée dans les écoles normales se répartit en quatre cours (d'une année chacune).

Le programme est le même que celui de Berne.

Une école primaire est annexée à l'école normale.

L'année scolaire commence en octobre.

A la fin des cours, les élèves reçoivent un brevet provisoire pour l'année.

Un directeur est à la tête de l'école normale qui préside les réunions d'instituteurs.

L'inspection de l'école normale appartient à une commission spéciale composée de l'inspecteur cantonal et de deux membres nommés par le Conseil d'instruction.

L'enseignement est gratuit.

Les cours des candidats aux écoles primaires et aux écoles secondaires qui sont reconnus spécialement capables peuvent recevoir une indemnité annuelle.

Ce bénéfice les engage à servir dans une école publique pendant une période de cinq années au moins.

Schwytz.

École à Rickenbach.

L'admission n'a lieu qu'à l'âge de seize ans révolus après examen.

L'élève est tenu de prendre ses repas à l'école.

Les études durent trois années.

Le programme des matières est celui de Berne. Le français est facultatif.

A l'école normale est annexée une école primaire.

Des leçons d'agriculture sont données dans le jardin même par un professeur spécial.

L'école commence en mai.

A la fin des cours, les élèves peuvent être placés, comme épreuve, pendant une année dans une école primaire, sous la direction et les conseils du directeur.

C'est seulement après cette épreuve que le brevet leur est délivré.

Un directeur est à la tête de l'école. Il préside le collège des instituteurs et prend part aux sessions de la Commission spéciale de l'école normale avec voix délibérative.

Cette commission, composée de cinq membres y compris le président, nommés par le Conseil d'instruction pour quatre années (parmi lesquels un inspecteur d'écoles publiques), exerce la surveillance sur l'école.

Les élèves paient pour leur nourriture, les fournitures scolaires et la literie.

L'instruction, l'habitation, le chauffage, sont gratuits pour les élèves mêmes du canton ; pour les autres élèves, le Conseil d'État détermine l'écolage.

Des bourses peuvent être données aux meilleurs élèves. Elles peuvent être de 250 francs ou des trois quarts, de la moitié, du quart même de cette somme.

Les élèves qui bénéficient de ces avantages s'engagent à servir dans les écoles publiques pendant cinq années, ou à rembourser les indemnités.

Des bourses de 100 francs peuvent être données aux élèves qui se préparent à l'école normale, mais à ceux seulement qui fréquentent la troisième année de l'école secondaire.

ÉCOLE NORMALE D'HAUTERIVE.

Fribourg.

Cette école est pour la partie française du canton ; les élèves ne peuvent y entrer qu'après la communion et un examen portant sur les matières des écoles primaires.

Ils prennent leurs repas dans l'établissement.

L'école est ouverte également à ceux qui ne se destinent pas à l'enseignement.

Les cours comprennent trois années et portent sur les matières suivantes :

Religion, langue française et grammaire, pédagogie, calligraphie et tenue des livres, arithmétique et géométrie, géographie et cosmographie, histoire suisse et constitutions nationales, éléments d'histoire naturelle et d'agriculture, hygiène, langue allemande, dessin, musique vocale et instrumentale, et gymnastique.

L'année scolaire commence à la deuxième quinzaine d'octobre et dure jusqu'au commencement d'août. Des examens ont lieu à la fin des cours et des brevets peuvent être délivrés.

Un directeur est à la tête de l'établissement. Une commission disciplinaire, l'aumônier, le surveillant l'assistent.

Des conférences pour les instituteurs de l'école doivent avoir lieu périodiquement.

Le prix de la pension des élèves est de 20 francs par mois pour les aspirants à l'enseignement, 30 francs par mois pour les autres élèves, 45 francs pour les élèves d'autres cantons, ou pour les élèves du canton même qui sortent de l'école avant la fin de l'année.

Un prix de faveur est donné aux meilleurs élèves, à la condition qu'ils servent les écoles publiques ; dans le cas où ils quitteraient l'enseignement, ils seraient tenus de rembourser les frais de la pension.

Un crédit spécial est ouvert pour les candidats à l'enseignement qui ne peuvent suivre le français ou qui ne sont pas de la même confession, et qui, pour ces raisons, fréquentent les écoles normales des cantons voisins.

Ils ont droit aux mêmes avantages que les élèves d'Hauterive, et sont astreints aux mêmes obligations.

Soleure.

L'école est située à Soleure même.

Les candidats à cette école doivent être âgés de quinze ans au moins et passer un examen d'admission.

L'école normale comprend trois années. Une école primaire y est annexée.

L'année scolaire commence en mai. Des brevets sont délivrés à la sortie des élèves.

Le Conseil d'État choisit à tour de rôle pour trois années, parmi les instituteurs de l'école, le directeur et l'économe.

L'écolage est de 3 francs par semaine pour ceux qui aspirent à l'enseignement; de 10 francs pour ceux qui abandonnent les cours avant la date fixée.

Saint-Gall.

Les élèves doivent avoir quinze ans et subir un examen pour entrer à l'école normale qui est à Rorschach.

La durée des écoles est de trois années; à part l'enseignement de la religion qui est donné à chaque confession, les branches du programme sont celles de Berne.

L'année commence en mai.

Les brevets ne sont délivrés aux élèves qu'après deux années de pratique, après la sortie de l'école normale.

La surveillance est exercée par une commission d'enseignement.

La direction même de l'école appartient à un directeur qui régit également l'école primaire annexée. Ce directeur préside les conférences des instituteurs.

Les élèves du canton de Saint-Gall reçoivent gratuitement l'instruction, l'habitation; ceux qui n'appartiennent pas au canton paient une indemnité fixée par le Conseil de l'instruction.

Pour l'entretien, les élèves doivent payer à l'avance et par semestre. L'État donne un crédit de 8,000 francs pour les élèves sans fortune. Les élèves sont obligés de rembourser les frais lorsqu'ils se signalent par leur inapplication ou leur inconduite, ou lorsqu'ils quittent les écoles du canton avant d'avoir servi pendant six années dans les écoles publiques.

Argovie.

École normale à Wettingen.

Les élèves doivent être âgés de quinze ans au moins et subir un examen pour l'admission ; on tient compte dans l'examen des notions d'orgue ou de violon.

L'école normale comprend quatre années.

L'année commence en mai.

Des brevets sont délivrés à la fin des cours.

L'école a un directeur qui est en même temps l'économe de l'établissement et qui préside les réunions d'instituteurs.

Le contrôle de l'établissement appartient à une commission composée du directeur de l'enseignement et d'inspecteurs nommés par la direction de l'enseignement. Le directeur et son représentant ont voix délibérative dans ces nominations.

Les élèves paient un écolage par semaine. Ceux qui n'appartiennent pas au canton paient 100 francs d'écolage par an.

L'État fournit une somme de 7,000 francs pour les élèves pauvres.

Des bourses de 80 à 200 francs peuvent être allouées.

Les bénéficiaires sont obligés, à leur sortie de l'école normale, de servir dans une école publique du canton pendant six années, à la requête de la direction de l'enseignement.

Dans le cas contraire, ils sont appelés à restituer leurs bourses.

Pour les aspirantes à l'enseignement qui n'ont pas les moyens nécessaires, une subvention annuelle de 3,000 francs est destinée à leur fournir des bourses.

L'élève peut bénéficier d'une bourse pendant trois années consécutives, mais le montant ne peut dépasser annuellement la somme de 500 francs.

Thurgovie.

École normale à Kreuzlingen.

Pour être admis, les élèves doivent avoir eu seize ans au 1er janvier et subir un examen sur les matières enseignées dans les trois années d'école secondaire.

L'école normale comprend trois années.

En dehors des matières du programme enseignées aux élèves, ceux-ci reçoivent des leçons pratiques d'agriculture.

Une école primaire est annexée à l'école normale.

L'entrée a lieu en mai.

Des brevets sont délivrés à la sortie.

Le directeur de l'école normale qui dirige également l'école annexée est en même temps l'économe.

La haute surveillance appartient à la direction du département qui l'exerce par une commission composée de trois membres.

Les élèves doivent payer pour leur nourriture.

Les jeunes gens qui n'appartiennent pas au canton de Thurgovie paient en outre une indemnité pour l'enseignement et l'habitation.

L'État accorde des subventions pour les élèves nécessiteux.

Les instituteurs et institutrices ainsi aidés par l'État prennent l'engagement de diriger dans le canton une école primaire pendant quatre années; dans le cas où ils résilieraient cet engagement, ils seraient appelés à rembourser les frais.

Tessin.

Deux écoles normales à Locarno :

L'une d'instituteurs;

L'autre d'institutrices.

Pour être admis, il faut avoir quinze ans au moins, vingt-cinq ans au plus, et avoir fréquenté un gymnase, une école secondaire ou une école cantonale, et subir un examen.

L'enseignement est réparti en deux ou trois cours.

Le troisième cours est spécialement consacré aux instituteurs d'école secondaire.

Une école primaire sert d'école pratique.

L'année scolaire commence au 1er octobre et se termine au 1er juillet.

L'examen à la fin de la deuxième année tient lieu de brevet.

L'enseignement dans l'école normale d'instituteurs est donné par un directeur et par un adjoint;

Dans l'école normale d'institutrices, par une directrice et une adjointe.

Exceptionnellement, la pédagogie est enseignée dans cette dernière par un professeur.

La haute surveillance appartient au département de l'instruction publique.

L'instruction dans ces écoles normales est gratuite.

L'État donne soixante bourses par année.

Elles sont de 220 francs pour les instituteurs.

De 200 francs pour les institutrices.

Les élèves qui habitent à plus de 3 kilomètres, seuls, ont droit à ces bourses.

Ces bourses engagent les élèves à entrer dans une école primaire du canton pendant une période de quatre ans; dans le cas contraire, ceux qui en ont bénéficié sont appelés à les rembourser entièrement ou en partie.

Vaud.

Deux écoles normales à Lausanne :

L'une d'instituteurs ;

L'autre d'institutrices.

Ces deux établissements bien distincts ont cependant la même direction.

L'école normale d'instituteurs comprend quatre années, l'école d'institutrices deux années.

Les élèves du canton de Vaud ont leur place marquée dans ces écoles, ceux des autres cantons peuvent y entrer s'il existe encore des places; surtout ils doivent être externes et ne suivre que les cours de matières spéciales.

Pour l'admission, l'enfant doit être âgé de seize ans au moins et subir un examen sur les matières des écoles primaires.

Le programme est celui de Berne; la musique instrumentale est facultative.

Les ouvrages de couture et l'économie domestique sont enseignés aux jeunes filles.

L'année scolaire commence en mai.

Des brevets sont délivrés à la fin.

Des cours supplémentaires existent pour les aspirants aux écoles secondaires.

La haute surveillance appartient au Conseil d'État qui l'exerce par le département de l'instruction.

Les deux établissements n'ont qu'un seul directeur qui est secondé par deux membres nommés par le Conseil d'État.

Ils forment tous les trois le Conseil d'école.

La direction est encore exercée à l'école de jeunes filles par une surveillante nommée aussi par le directeur des écoles ou par le Conseil d'État.

L'enseignement est gratuit pour les élèves du canton.

Un écolage frappe les autres élèves.

Les candidats réguliers, seuls, ont droit à des bourses; le nombre et la valeur de ces dernières sont déterminés par le Conseil d'État.

Les élèves qui en bénéficient s'engagent à ne sortir de l'école qu'à la fin des cours et à desservir une école publique du canton pendant deux années au moins. Dans le cas contraire, ils remboursent la moitié des allocations qui leur ont été versées.

Ces bourses varient entre 20 centimes et 1 fr. 40 c. par journée d'école.

Les élèves doivent déposer un cautionnement pour les obtenir :

De 500 francs pour instituteurs;

De 200 francs pour institutrices.

Valais.

Quatre écoles normales :

Trois à Sitten : d'instituteurs allemands.
— français.
d'institutrices françaises.

Une à Brieg d'institutrices françaises.

Pour l'admission à l'une de ces quatre écoles qui ont été créées successivement dans l'ordre ci-dessus, les élèves doivent avoir quinze ans au moins, vingt-cinq ans au plus, et subir un examen sur le programme des écoles primaires.

L'école normale comprend deux années au moins de huit mois au minimun chacune; dernièrement ce temps a même été porté à dix mois.

Un examen a lieu à la fin de la première année; d'après le résultat, les élèves doivent abandonner l'école normale ou continuer à suivre les cours.

Un brevet provisoire peut être délivré à la fin de la deuxième année (il permet d'enseigner pendant une année).

Dans le cas où l'aspirant n'a pas obtenu ce brevet, il doit renouveler la dernière année.

Le Conseil d'instruction a la surveillance des cours qui commencent en septembre.

Les élèves internes sont admis gratuitement ou paient la moitié de la pension.

Ils sont, à leur sortie, obligés de tenir une école du canton pendant huit années. Dans le cas contraire, ils remboursent les frais dont ils ont été déchargés pendant leur séjour à l'école.

Cette obligation n'existe pas pour les élèves qui ont payé leur pension entière.

---

§ 2. — INSTITUTEURS PRIMAIRES

BREVETS. — NOMINATION. — STAGE. — CONFÉRENCES. — BIBLIOTHÈQUES, ETC.

Statistiques. — État civil des Instituteurs et Institutrices primaires au 31 mars 1882. — Traitements des Instituteurs et Institutrices. — Pensions de retraites.

Zurich.

Nul ne peut être nommé instituteur primaire s'il n'est pourvu d'un brevet et âgé de dix-neuf ans au moins.

Les examens ont lieu à la fin du semestre d'hiver et comprennent toutes les matières obligatoires du programme de l'école normale.

Les étrangers qui remplissent ces conditions peuvent également exercer dans le canton.

Tout instituteur est tenu de faire d'abord un stage de deux ans dans le canton, et sa nomination pour six années est faite par la commune.

Cette période expirée, il peut être renommé pour six années encore, toujours par les habitants de la commune, au vote secret, à moins qu'il ne soit décidé que cette deuxième nomination ne soit définitive.

Un instituteur peut faire partie d'une association du canton, accepter les fonctions de greffier ou être nommé membre d'une autorité scolaire, à la condition d'en aviser la Commission dont il relève directement, et justifier de la compatibilité de ces nouvelles charges avec ses fonctions de régent.

Pout tout autre emploi, il doit au préalable demander l'autorisation du Conseil d'instruction qui, dans l'un ou l'autre cas, peut suspendre.

Si un régent cesse de professer pendant trois années, il est tenu de passer un nouvel examen, et il se retrouve dans les mêmes conditions qu'à sa première nomination.

Les instituteurs et les institutrices forment, dans chaque district, une association ou chapitre des écoles (Schulkapitel) dont ils nomment le président, le vice-président et le secrétaire.

Une réunion à laquelle ils sont tous tenus d'assister et ayant pour but la discussion de tout ce qui est relatif à l'enseignement, au personnel, a lieu trimestriellement; un rapport annuel doit être adressé à la direction de l'enseignement.

Chaque chapitre possède une bibliothèque que subventionne l'État (60 francs par an).

Les présidents des différents chapitres du canton se réunissent tous les ans, à la fin de mars, avec les présidents du synode pour délibérer sur les questions qui intéressent tous les districts.

Le synode est composé de tous les instituteurs du canton auxquels se joignent ceux des écoles supérieures de Zurich et de Winthurthur.

Dans cette assemblée, ont voix délibérative les membres du Conseil d'instruction, les autorités scolaires du canton, les membres des commissions scolaires de districts.

Le synode tient séance réglementairement une fois l'an; il peut y avoir une réunion extraordinaire sur convocation des présidents ou sur la demande de quatre chapitres.

Ces réunions sont publiques.

Tous les points, méthodes, programmes, règlements, nominations, retraites, traitements, etc., qui doivent être traités, sont préalablement discutés dans une assemblée composée des délégués des divers chapitres et des écoles supérieures du canton. C'est le prosynode.

Berne.

Des examens pour l'obtention du brevet d'instituteur ont lieu à la fin de chaque année.

Les candidats doivent avoir dix-sept ans révolus.

Le programme des matières est celui des écoles normales.

Pour l'aspirant, les notions de violon sont facultatives.

Les aspirantes peuvent remplacer les langues étrangères (français ou allemand) par la couture; la musique instrumentale est facultative.

Deux commissions sont nommées pour ces examens; l'une pour la partie française, l'autre pour la partie allemande.

Les membres et le président sont choisis pour une période de quatre années par la direction de l'enseignement; ils doivent se retirer de la salle lorsque leurs élèves ou les élèves de leur école sont interrogés; dans tout autre cas, les directeurs des écoles normales et les professeurs des matières spéciales peuvent faire partie de ces commissions et donner des notes.

Le *Journal officiel* porte à la connaissance des intéressés l'existence d'une vacance avec les devoirs et privilèges qui y sont attachés.

Les candidats doivent remettre à la Commission scolaire :

Leur brevet, un certificat de bonnes mœurs et, au gré de la Commission, subir un examen public devant l'inspecteur primaire sur les points suivants :

Composition ;

Épreuves pratiques (une leçon) ;

Composition facile de musique.

Les habitants de la circonscription de l'école sont convoqués par la Commission scolaire pour juger avec elle et arrêter, sur la liste qui leur est soumise, un candidat qui sera nommé pour six ans, devra garder son emploi pendant un an au moins, et ne pourra en tous cas démissionner avant la fin de l'année scolaire.

Si les résultats du concours ont été nuls, c'est-à-dire si aucun aspirant n'a été élu, la vacance est publiée à nouveau à la fin du premier semestre scolaire.

Les instituteurs relèvent directement de l'inspecteur et du Conseil communal; ils ne peuvent accepter aucune charge sans en avoir avisé le président du Conseil communal; jamais ils ne peuvent tenir auberge, ni être rédacteur d'un journal politique.

Les instituteurs et les institutrices d'un district composent le synode de district.

Ils traitent des questions sur l'enseignement public et sur le perfectionnement des méthodes, et choisissent les membres du synode scolaire.

Le synode de district se réunit généralement au printemps et en été.

Chaque instituteur est obligé d'assister au synode du district et peut être tenu de faire deux travaux par an.

Les synodes du district nomment un comité de cinq membres pour deux années; ils adressent des rapports à la direction de l'enseignement.

Chaque synode de district nomme dix membres qui composent une délégation au synode scolaire pour une année.

Le synode scolaire choisit un comité de neuf membres parmi lesquels un secrétaire allemand, un secrétaire français, et un seul traducteur des deux langues.

Toutes les questions relatives à l'enseignement public peuvent être traitées dans cette réunion.

Le Comité adresse un rapport annuel à la direction de l'enseignement; les membres de ce comité reçoivent le même traitement journalier que les membres du grand Conseil, plus des frais de déplacement; ceux du synode ne jouissent que de cette dernière allocation.

Lucerne.

Des certificats spéciaux délivrés par le Conseil de l'instruction peuvent dispenser de l'examen du brevet de capacité qui a lieu en automne.

Les épreuves sont théoriques (écrites ou orales) et pratiques, et portent sur les matières enseignées à l'école normale. Les aspirantes peuvent remplacer les travaux de gymnastique par les travaux de couture.

Tout candidat doit être âgé de dix-huit ans au moins, produire un certificat d'une vie morale et religieuse; il doit, en outre, avoir fait un stage d'une année dans une école du canton.

Les élèves des écoles normales ne sont admis à concourir qu'une année après leur sortie de l'école; à ce moment on leur donne un brevet provisoire d'un an et sont tenus de servir dans un établissement public.

Le Conseil de l'instruction publique nomme, pour une période de quatre années, une commission spéciale de quatre membres et un président chargé de cet examen.

Les résultats sont exprimés par les notes 1, 2, 3, 4.

Les aspirants qui n'ont obtenu que la note 3 reçoivent un brevet valable pour une année seulement, et si l'année suivante ils restent à cette note, ce brevet leur est retiré et ils sont exclus de l'enseignement.

La note 4 est nulle; obtenue deux fois elle écarte des examens.

Les places vacantes d'instituteurs sont publiées par le Conseil d'instruction. Le choix est fait par les habitants électeurs de la commune ou plutôt de la circonscription de l'école, par vote secret; cette nomination peut aussi être confiée à un comité dont les membres sont nommés au scrutin secret.

Dans la ville de Lucerne, le grand Conseil confère le droit de nomination à un comité.

Les instituteurs et institutrices sont nommés provisoirement pour un an ou pour une durée de quatre années.

Les instituteurs des écoles complémentaires sont nommés par le Conseil d'instruction sur la proposition des inspecteurs du district.

L'instituteur ne peut donner sa démission qu'à la fin de l'année scolaire.

L'instituteur incapable, négligent, immoral, ou qui provoque des dissensions religieuses entre les élèves, doit après enquête être signalé au Conseil d'instruction qui en réfère au Conseil d'État.

En attendant une décision, le Conseil d'instruction peut ordonner la suspension provisoire; ce droit appartient même, dans les cas extrêmes, à l'inspecteur cantonal qui est tenu d'en aviser immédiatement le Conseil d'instruction.

Après jugement, il est révoqué et le brevet lui est retiré.

Les conférences de district pour les instituteurs primaires et secondaires sont obligatoires, sous peine de réprimande.

Les membres des autorités scolaires et les ecclésiastiques qui donnent l'enseignement religieux ont voix délibérative.

Les réunions ont lieu trois fois par an; elles peuvent être provoquées exceptionnellement sur le désir du Conseil ou sur celui exprimé par le tiers des membres.

Toutes les questions relatives à l'enseignement sont traitées dans ces conférences ; un rapport annuel en est dressé.

Les instituteurs et institutrices des écoles publiques, ainsi que les membres des autorités scolaires, forment la conférence cantonale. Celle-ci se réunit une fois par an en septembre.

Le comité de cette réunion est composé de vingt et un membres (deux membres de la conférence du district de Lucerne, un des dix-huit conférences du district, et un membre de la Commission d'école normale).

Il compose lui-même son bureau ; l'inspecteur du canton a voix délibérative.

Ce bureau se réunit sur avis du président. Il peut, en outre, être convoqué par le Conseil d'instruction.

Uri.

Le candidat à l'enseignement doit posséder un brevet; il peut être aussi nommé par la direction de l'enseignement sur la présentation de certificats.

La Commission de l'examen. qui a lieu un mois avant l'ouverture des classes, est composée de trois membres nommés pour trois années par le Conseil d'instruction.

L'examen comprend deux parties (écrit et oral).

Si les réponses ne sont pas satisfaisantes, le candidat n'obtient qu'un brevet provisoire pour un an. S'il passe à nouveau cet examen, un brevet pour une plus longue durée peut lui être accordé.

La nomination des instituteurs appartient aux communes.

Le Conseil d'instruction peut limiter la durée de cette nomination et défendre à l'instituteur d'accepter certaines charges étrangères à l'enseignement.

Les instituteurs et les institutrices tiennent séparément, tous les ans, des réunions qui sont obligatoires et pour lesquelles est allouée une indemnité de 4 francs, avec frais de déplacement.

La première absence non motivée entraîne une amende qui peut aller jusqu'à 30 francs, et une réprimande ; à la deuxième, l'instituteur est suspendu de ses fonctions.

Schwytz.

Les brevets d'instituteurs sont donnés par le Conseil d'instruction. Ils sont définitifs et valables pour trois, six années, ou provisoires et valables de un à deux ans seulement.

Pour subir les épreuves des examens, les candidats doivent être âgés de dix-neuf ans au moins, les institutrices dix-huit ans au moins.

En dehors des interrogations sur la pédagogie et sur les méthodes, le programme porte sur les connaissances enseignées à l'école primaire.

Les instituteurs sont proposés par le Conseil scolaire et nommés par la commune, de concert avec les autorités scolaires.

Toute démission doit être donnée trois mois avant la fin du semestre scolaire.

Les places vacantes doivent être remplacées au nouveau semestre.

Les institutrices mariées ne sont pas admises, les maîtresses de couture font exception.

Les institutrices (célibataires) ne peuvent diriger ni les classes élémentaires de garçons à partir de la cinquième, ni classes secondaires mixtes.

Le Conseil d'instruction peut faire des exceptions dans les petites communes.

L'instituteur doit dans la limite du possible aider dans leurs fonctions les autorités scolaires et le curé de l'endroit.

Le personnel enseignant se partage les services religieux des dimanches et jours de fêtes.

L'instituteur ne peut remplir d'autres emplois qu'avec l'autorisation du Conseil d'instruction.

Il peut tenir l'orgue à l'église, à la condition que le nombre d'heures réglementaires de la classe ne soit pas diminué.

Les instituteurs primaires et secondaires de chaque district se réunissent en conférence.

Les réunions présidées par l'inspecteur sont obligatoires, les absences passibles d'une amende de 2 à 4 francs.

Pendant les vacances des écoles normales, les instituteurs peuvent suivre des cours dans ces écoles. Le Conseil d'instruction désigne ceux qui doivent les suivre.

Unterwalden-le-Haut.

Les instituteurs et institutrices d'écoles primaires doivent, pour être nommés, subir un examen.

Le Conseil d'instruction peut dispenser des épreuves les personnes avantageusement connues dans l'enseignement.

La nomination est faite par le Conseil d'instruction qui en prévient l'inspecteur des écoles.

L'État secourt les candidats à l'enseignement, subventionne les cours de répétition et organise des conférences sous la surveillance des inspecteurs cantonaux.

Unterwalden-le-Bas.

Le Conseil d'État ne délivre le brevet d'instituteur qu'aux candidats qui ont subi un examen.

Ce brevet mentionne s'il est valable pour une ou plusieurs années.

Les instituteurs brevetés dans d'autres cantons peuvent être admis à enseigner dans le canton d'Unterwalden-le-Bas, sur l'autorisation du Conseil d'instruction.

Lorsque la durée mentionnée sur le brevet est expirée, lorsque l'instituteur a interrompu son service pendant deux années ou qu'il sollicite un poste plus élevé, il doit passer un nouvel examen.

La nomination a lieu par les communes scolaires ou par les autorités scolaires de l'endroit pour trois années, à moins que ce brevet ne mentionne pas une durée aussi longue.

L'instituteur ne peut accepter en dehors de l'enseignement, que les emplois qui peuvent concorder avec ses devoirs d'instituteur.

Lorsque le Conseil d'instruction ordonne une conférence, les instituteurs sont tenus d'y assister.

Le Conseil d'État peut suspendre les instituteurs qui sont signalés par leur négligence ou leur inexactitude.

Le retrait du brevet a lieu en même temps que la révocation.

Le droit de recours existe.

Glaris.

L'examen pour l'obtention du brevet d'instituteur porte sur les matières de l'enseignement primaire et sur les notions de pédagogie.

Ce brevet n'est valable que pour deux années, après lesquelles il peut être délivré un brevet pour la même période.

Ces brevets sont délivrés annuellement par une Commission composée de trois à cinq membres, élus par le Conseil scolaire du canton.

Ceux délivrés dans les autres cantons peuvent être reconnus valables dans celui de Glaris.

Les instituteurs qui ont quitté pendant un certain temps l'enseignement peuvent être appelés à subir un nouvel examen.

Le Conseil scolaire cantonal peut annuler le choix d'un instituteur non breveté.

Les instituteurs sont nommés par la Commission de l'école pour une durée de trois années, à moins que le brevet ne porte pour une période aussi longue.

A l'expiration des trois années, la commune juge si l'instituteur peut être renommé. Dans le cas contraire, l'instituteur doit être remplacé au bout de trois mois.

Le Conseil scolaire du canton a seul le droit de suspendre l'instituteur, de le révoquer et de lui retirer son brevet.

Dans le cas où l'instituteur donnerait sa démission, il doit l'annoncer trois mois avant de quitter l'enseignement.

Les châtiments corporels sont interdits.

Les instituteurs doivent assister à chaque session de la Commission scolaire dans laquelle les questions relatives à l'école doivent être discutées ; ils ont voix délibérative.

Zug.

A la fin de chaque année, les candidats sont appelés à passer un examen dont les épreuves sont théoriques et pratiques. Suivant les résultats, ils obtiennent un brevet pour un ou cinq ans que leur délivre la Commission composée de trois à sept membres.

A l'expiration de la durée du brevet, le Conseil d'instruction peut faire subir un nouvel examen ou prolonger la durée du brevet.

Les postes vacants sont portés à la connaissance du Conseil d'instruction par les communes. Le choix de l'instituteur est fait par les communes, par le Conseil communal ou par les autorités scolaires locales.

Si au bout de quatre semaines, l'élection n'a pu avoir lieu, le Conseil d'instruction envoie un instituteur provisoire jusqu'à la fin de l'année scolaire.

Les démissions doivent être adressées deux mois avant la fin de l'année scolaire, au président des autorités scolaires.

Toute occupation incompatible avec le service des classes est défendue.

Une conférence a lieu une fois par an.

Elle comprend tous les instituteurs du canton ; les instituteurs primaires et secondaires sont obligés de se réunir en mai. Les instituteurs secondaires et professeurs de gymnase et de l'école industrielle cantonale en automne.

Les deux conférences ont une direction unique exercée par trois membres, et se réunissent pour voter les statuts et les questions qui intéressent les deux partis en une conférence générale.

Toute absence non motivée est punie d'une amende de 2 francs; cette somme est versée à la caisse de la bibliothèque qui est d'ailleurs entretenue par l'État.

Fribourg

Les postes d'instituteurs primaires sont dans la règle donnés au concours.

Il existe deux commissions d'examen, l'une française, l'autre allemande.

A la suite de l'examen, la commission examinatrice (préfet-inspecteur de l'arrondissement, troisième membre nommé par la direction) transmet la liste au Conseil communal avec la note de mérite de chacun d'eux et son préavis.

La nomination a lieu par le Conseil d'État sur le préavis du Conseil communal.

Les nominations sont provisoires ou définitives.

Provisoirement pendant trois ans, pour les instituteurs nouvellement brevetés et qui n'ont pas encore fonctionné comme tels;

Définitives pour ceux qui ont déjà enseigné pendant trois ans au moins et qui ont fait preuve de capacité suffisante.

Toute nomination peut être annulée aussi longtemps qu'elle est provisoire.

Le Conseil d'État peut procéder à la nomination d'instituteurs sans l'accomplissement des formalités du concours, s'il y a accord entre les communes et ces instituteurs reconnus éligibles.

Sont incompatibles avec les fonctions d'instituteurs celles de syndic, de forestier, ainsi que la tenue d'un débit de vin.

Toute autre fonction peut être exercée par les instituteurs, moyennant une autorisation préalable de la direction de l'instruction publique. Cette autorisation est en tout temps révocable.

L'instituteur démissionnaire doit rester à son poste jusqu'à ce qu'il soit remplacé.

Dans tous les cas, le terme ne doit pas dépasser deux mois.

La direction de l'enseignement peut révoquer l'instituteur de ses fonctions pour négligence, insubordination, mauvaise conduite, ou le suspendre pour six mois.

L'instituteur a recours devant le Conseil d'État.

Le dernier cas (mauvaise conduite) entraîne toujours la révocation.

La révocation avec le retrait du brevet n'appartient qu'au Conseil d'État.

Les instituteurs et les institutrices sont tenus d'assister aux conférences du district qui ont lieu deux fois par an, sous la présidence de l'inspecteur du district.

L'absence entraine une amende de 2 francs. Ils sont en outre tenus d'assister à certains cours de l'école normale.

Dans chaque district existe une bibliothèque entretenue par l'État pour laquelle l'endroit principal du district fournit le local.

Le choix des livres appartient à la Commission des études.

Il existe également sous la surveillance du Conseil d'État une caisse de retraites pour les instituteurs que l'État subventionne de 3,000 francs.

Soleure.

Les aspirants à l'enseignement primaire doivent réglementairement passer par l'école normale, et s'ils sont reconnus capables d'enseigner, ils reçoivent un brevet de sortie qui leur donne le droit d'exercer.

Exceptionnellement, d'autres personnes peuvent aussi être admises, à la condition de passer un examen ou de produire un certificat établissant leurs aptitudes ; dans ce cas, c'est le Conseil d'État qui se prononce sur l'admission.

La commune nomme les instituteurs.

Lorsqu'une place est vacante, le Conseil d'État met un remplaçant, et cette vacance est portée à la connaissance des aspirants. La nomination de la commune peut être définitive pour six années, ou provisoire pour une année.

Le Conseil d'État seul peut révoquer l'instituteur.

En cas de maladie, il est adjoint un instituteur pris parmi les aspirants à l'enseignement ; le Conseil d'État décide s'il doit être rétribué par l'instituteur, ou la part que doit fournir la commune et celle de l'État.

L'instituteur doit donner avis de sa démission six semaines avant le commencement d'un semestre scolaire ; il peut être obligé de continuer sa classe jusqu'à la fin du semestre, ou son traitement lui est retenu.

Le poste d'instituteur est incompatible avec les charges suivantes :

Bailli, juge de paix ; il lui est également défendu de tenir une auberge.

Les instituteurs sont obligés de diriger l'école complémentaire. Ils peuvent être appelés à suivre des cours.

Ils sont également tenus de contribuer, de verser à la caisse de secours (retraites, veuves, orphelins).

Bâle-Ville.

Les instituteurs et institutrices sont nommés par le Conseil d'instruction sur la proposition de l'Inspection ou de la Commission scolaire.

La nomination est faite à la suite d'un examen sur les matières de l'école primaire ; elle est provisoire.

Le Conseil d'État a le droit de changer de poste les instituteurs.

Les instituteurs doivent prévenir trois mois avant de donner leur démission.

La révocation est faite par le Conseil d'instruction, d'après la décision du Conseil d'État.

Il existe une caisse d'instituteurs à laquelle ils sont tenus de participer.

Le Conseil d'État peut ordonner aux instituteurs et institutrices de suivre des cours pour leur perfectionnement.

Les instituteurs de la même école se réunissent au moins tous les mois en conférence.

Bâle-Campagne.

Les aspirants à l'enseignement doivent obtenir un brevet à la suite d'une épreuve passée devant l'inspecteur des écoles.

La nomination est faite pour cinq ans par les habitants de la commune.

A la fin des cinq années, une deuxième nomination a lieu, si le Conseil d'État et la majorité des votants le demandent trois mois avant l'expiration du délai.

Le directeur de l'enseignement nomme les vacances. Les instituteurs qui donnent leur démission peuvent être tenus d'exercer encore pendant trois mois.

Les instituteurs sont obligés d'assister aux conférences qui ont lieu quatre fois par an.

Ils sont obligés également de faire des travaux écrits.

Dans ces conférences un président est nommé par les instituteurs.

Les instituteurs dont les connaissances sont jugées insuffisantes peuvent être appelés à suivre des cours de perfectionnement.

Pour la préparation des instituteurs, le canton passe un traité avec l'un de ceux que possèdent une école normale.

Tous les instituteurs et institutrices doivent se réunir à l'appel de la direction de l'enseignement.

Schaffouse.

En principe, la nomination d'un instituteur ou d'une institutrice à une école primaire n'a lieu que sur la présentation d'un brevet de capacité.

Les examens pour l'obtention de ce brevet ont lieu chaque année.

Les épreuves sont théoriques et pratiques.

Dans l'épreuve orale l'aspirant est interrogé sur la connaissance des écoles publiques, sur les méthodes spéciales et sur le plan d'étude des écoles du canton.

Les inspecteurs des écoles et des examinateurs désignés par le Conseil d'instruction font passer ces examens.

Les brevets délivrés dans d'autres cantons peuvent être reconnus valables dans celui de Schaffouse, surtout si celui qui le possède a déjà exercé et s'il a été reconnu capable dans l'enseignement.

D'après le résultat des examens le brevet est provisoire ou définitif.

La note 1 donne le brevet définitif.

La note 2 donne le brevet provisoire de un à six ans.

La note 3 donne le brevet provisoire de un à trois ans.

Le Conseil d'État encourage la fréquentation des cours de perfectionnement par une indemnité de 200 francs donnée à l'instituteur.

La nomination des instituteurs a lieu par la commune où est située l'école. Elle ne peut être définitive qu'après deux années d'exercice.

Le remplacement provisoire d'une place vacante est confié aux autorités scolaires locales et soumis au Conseil d'instruction.

La commune peut aussi confier la nomination des instituteurs à un comité élu pour un temps déterminé. Chaque place vacante doit être remplacée provisoirement ou définitivement au commencement de l'année scolaire.

La direction de l'enseignement public les places vacantes.

Lorsque l'élection est votée par la commune, l'avis des autorités scolaires doit être pris avant l'élection.

Les institutrices célibataires peuvent diriger toutes les classes de jeunes filles (excepté la classe supérieure) et les classes mixtes jusqu'à la quatrième. Elles n'ont à donner que vingt-cinq heures d'enseignement par semaine.

Pour toutes les autres conditions, elles sont assimilées aux instituteurs.

La durée du mandat de l'instituteur est de huit années. Il est alors renommé pour une nouvelle période. Il ne peut être tenu qu'à trente-trois heures au maximum de travail par semaine.

Lorsqu'il y a plusieurs classes dans une école, l'instituteur de la classe supérieure exerce la surveillance directe sur les autres et a le droit de les réunir en conférence.

Le Conseil d'instruction ordonne de temps à autre des cours pour certaines matières spéciales et peut obliger les instituteurs à les fréquenter.

L'instituteur ne peut accepter une charge de la commune ou d'un autre canton qu'avec l'assentiment du Conseil d'instruction. Il lui est interdit de tenir un débit de vins.

Un instituteur peut se retirer des écoles à la fin du semestre scolaire, mais il doit prévenir trois mois à l'avance.

La suspension et la révocation ne peuvent être faites que par le Conseil d'instruction (recours au Conseil d'État).

L'instituteur ainsi révoqué ne peut plus être réélu.

Il existe pour le personnel enseignant une caisse obligatoire (retraites, veuves, orphelins) entretenue par les subventions de l'État, des communes et par les reversements des instituteurs.

Tous les instituteurs et institutrices du canton forment la conférence cantonale chargée d'étudier les améliorations à apporter et adresser un rapport au Conseil d'instruction. Tous les membres présents reçoivent un jeton de 4 francs.

Les membres du Conseil d'instruction, inspecteurs d'écoles et autorités scolaires ont voix délibérative.

La conférence cantonale se réunit au moins une fois l'an. Les sessions sont publiques et obligatoires pour les instituteurs.

En dehors de cette conférence, il existe des conférences de district pour les instituteurs des écoles primaires et réales. Elles sont obligatoires également et ont lieu deux fois par an.

Elles se constituent elles-mêmes.

Un jeton de 3 francs est alloué à cet effet à chaque instituteur.

Appenzell (Rhodes extérieures).

Le brevet est délivré à la suite d'un examen électoral, épreuve pratique. Il donne droit à une élection provisoire.

La Commission d'examen se compose des membres des commissions scolaires du pays.

Le candidat qui n'a pas répondu d'une manière satisfaisante

à une seule matière n'est pas reconnu capable d'enseigner, mais il peut se représenter à une session postérieure.

Ce brevet n'est valable que pour trois années pour celui qui n'est pas actuellement dans une école.

Sans brevet de capacité, aucun instituteur ni institutrice ne peut être nommé définitivement dans une école publique ou privée.

La nomination provisoire ne peut être faite que sur l'assentiment du président de la Commission du canton.

Cette même commission doit entretenir des concours pour le perfectionnement des instituteurs primaires.

Toutes les autres conditions pour les instituteurs sont déterminées par les communes.

Appenzell (Rhodes intérieures).

Les aspirants à l'enseignement public doivent avoir des croyances catholiques romaines, et doivent subir un examen devant les inspecteurs d'écoles pour obtenir le brevet de capacité, à moins qu'ils ne possèdent des certificats satisfaisants constatant qu'ils ont exercé ailleurs.

La nomination est faite par la commune où est située l'école; elle est définitive pour un temps indéterminé ou provisoire et pour le temps indiqué sur le brevet.

La négligence dans l'accomplissement des devoirs, les mauvais traitements envers les enfants, les mauvais exemples, sont signalés par le Conseil scolaire local à la Commission scolaire du canton qui suspend l'instituteur ou le révoque de ses fonctions.

Les instituteurs reçoivent une indemnité pour assister à la conférence lorsque la Commission scolaire les convoque; ils peuvent également être appelés à suivre des cours.

Ils souscrivent à la bibliothèque des instituteurs subventionnée par l'État.

Saint-Gall.

Un brevet de capacité, donné par le Conseil d'instruction, est nécessaire pour se présenter à l'élection des instituteurs.

On a vu que les élèves de l'école normale reçoivent la troisième année, après examen, un brevet provisoire qui les autorise à desservir une école primaire pendant deux années.

Le Conseil d'instruction nomme les examinateurs.

Les épreuves sont écrites, orales et pratiques.

Les matières peuvent être réduites pour les instituteurs.

Le Conseil d'instruction peut appeler l'instituteur à un deuxième examen et le relever de ses fonctions si le résultat n'est pas satisfaisant.

Si une vacance se produit, la commune est appelée à nommer un remplaçant provisoire ou définitif suivant le cas; elle soumet son choix au Conseil d'instruction avec le procès-verbal de ses délibérations.

L'instituteur doit exercer pendant une année au moins. Les démissions ne sont acceptées qu'à la fin de l'année scolaire.

La révocation peut être faite par un arrêté de la commune, sans que le brevet soit retiré; le retrait du brevet a lieu lorsque la révocation est décidée par le Conseil d'État.

Le Conseil d'État peut prononcer le licenciement de l'instituteur lorsque celui-ci est malade pendant plus d'une année.

Ces mêmes prescriptions s'appliquent toutes aux institutrices.

Les personnes qui sont dans les ordres religieux ne peuvent enseigner que si elles appartiennent à un couvent du canton.

Les instituteurs sont obligés de souscrire à la caisse de secours des instituteurs publics (retraites, veuves, orphelins). Cette caisse a été fondée par l'État, et subventionnée par lui.

Le même instituteur peut accepter une école de demi-journée de classes différentes, une école de tous les jours ou une école de répétition, pourvu que le temps réglementaire des classes ne soit pas réduit.

Toute profession étrangère à l'enseignement ne peut être exercée par l'instituteur sans l'autorisation de la direction de l'enseignement.

Il lui est interdit de tenir un débit de vin; d'autre part, il est obligé de tenir l'orgue à l'église, et touche alors une indemnité déterminée.

Si les autorités ecclésiastiques de la commune le demandent, l'instituteur doit surveiller les enfants pendant les offices religieux moyennant une rétribution.

Chaque semestre l'instituteur est obligé de visiter une autre école que la sienne pendant deux journées.

Les instituteurs d'un district forment une ou plusieurs conférences spéciales et se réunissent huit à dix fois l'année.

Un rapport annuel doit être fait.

Le bureau est constitué par les instituteurs primaires et ceux d'écoles réales.

Ce sont eux qui nomment de trois à cinq membres comme délégués à la conférence cantonale et la commission chargée de la bibliothèque scolaire.

La conférence cantonale se réunit deux fois l'an. Une indemnité de 2 à 4 francs est remise aux membres qui y assistent.

Les autorités scolaires du district y prennent part avec voix délibérative.

Les délégués des conférences de districts composent la conférence cantonale. Celle-ci discute les propositions déposées par ses membres ainsi que celles du Conseil d'instruction et des réunions de districts. Elle se réunit en juillet tous les deux ans et alterne l'ordre des réunions d'après les districts.

Tous les instituteurs et élèves d'écoles normales peuvent prendre part aux discussions; les délégués seuls ont voix délibérative; le Conseil d'instruction se fait représenter par un de ses membres.

Les délégués reçoivent une indemnité journalière de 3 francs et des frais de déplacement.

Le canton possède pour les instituteurs huit bibliothèques entretenues par les amendes d'écoles, les dons, les subventions de l'État et les versements des instituteurs eux-mêmes (1 franc par an pour ceux qui ont un traitement de 400 francs à 700 fr.; 2 francs par an pour les instituteurs qui ont un traitement supérieur).

Grisons.

Tout instituteur doit avoir un brevet délivré par le Conseil d'instruction.

L'obtention de ces brevets a lieu lors des examens spéciaux qui sont annuels.

L'aspirant doit être âgé de dix-sept ans et demi au moins.

Une épreuve pratique accompagne l'épreuve théorique.

Les instituteurs reconnus capables venant d'autres cantons peuvent être dispensés de nouvelles épreuves.

Ces épreuves peuvent avoir lieu en allemand ou en italien (la musique instrumentale est obligatoire).

Celui qui n'obtient pas de brevet peut être admis à subir une nouvelle épreuve ou exclu définitivement.

Des cours annuels de répétition existent pour les instituteurs de vingt à trente ans, sous la direction du directeur de l'école normale.

Ces cours durent dix semaines; ceux qui y participent reçoivent une indemnité journalière. L'instituteur qui a bénéficié d'un de ces cours et qui a un brevet pour la tenue d'une classe est obligé d'en tenir une pendant deux hivers suivants.

Les inspecteurs scolaires réunissent les instituteurs en conférences particulières, en conférences de districts. Les districts reçoivent pour la bibliothèque des instituteurs une subvention de l'État.

Argovie.

Tout candidat à un poste d'instituteur doit posséder un brevet de capacité. Celui-ci est donné sur la présentation de brevets d'autres cantons ou délivré à la suite d'un examen.

L'épreuve est théorique et pratique.

Les examens pour les instituteurs de communes et d'écoles complémentaires sont différents (pour ces derniers l'examen est plus élevé). Ils donnent un brevet valable pour une période de deux à six années. A l'expiration de l'une de ces périodes, suivant les rapports des commissions scolaires et des inspecteurs, les titulaires peuvent être tenus de suivre des cours et de passer un nouvel examen.

Lorsque le brevet a été renouvelé deux fois pour une période de six années, il est définitif.

Les places vacantes d'instituteurs sont annoncées publiquement.

Le directeur de l'établissement contrôle les brevets des aspirants, les présente aux autorités locales et ratifie le choix de la commune.

La commune choisit donc elle-même l'instituteur parmi les candidats qui lui ont été proposés.

Il est exigé, pour une nomination définitive, que l'aspirant ait exercé pendant un an au moins.

Les instituteurs ne peuvent être nommés définitivement qu'à vingt ans.

Les institutrices ne peuvent être nommées définitivement qu'à dix-huit ans.

Les installations provisoires ne peuvent durer plus de deux ans.

La nomination définitive n'est valable que pour six années.

Une décision du Conseil d'instruction donne droit d'exercer pendant une nouvelle période.

Les institutrices mariées ont besoin d'une sanction annuelle.

Les instituteurs ne peuvent, en dehors de l'enseignement, exercer aucune charge publique, ni aucune profession qui puisse nuire à leur mandat.

Les instituteurs et institutrices de couture de chaque district tiennent quatre fois au moins par an une conférence qui a pour but la réunion de toutes les questions scolaires.

Ils possèdent une bibliothèque de district.

Une fois par an, tous les instituteurs du canton se réunissent.

Tous les instituteurs et institutrices, à l'exception des maîtresses spéciales de couture, sont obligés à leur nomination de participer à la société des instituteurs (pension de retraite) dont les statuts sont soumis au Conseil d'État.

Celui-ci donne à cette société une subvention annuelle et détermine l'emploi de cette subvention.

Thurgovie.

Les places vacantes d'instituteurs sont remplacées provisoirement par le département de l'instruction publique ou définitivement par les communes.

Les instituteurs possesseurs de brevets peuvent seuls être nommés définitivement.

La nomination définitive se fait par les habitants de la commune siège de l'école, et doit être soumise à l'approbation du Conseil d'État.

Pour l'obtention du brevet et l'admission à la charge d'instituteur primaire (dans la règle, pas avant vingt ans) une épreuve publique doit avoir lieu, elle est pratique.

Le Conseil d'État peut, sur la proposition du département de l'instruction, suspendre ou révoquer les instituteurs pour les causes suivantes :

Immoralité, incapacité ou insubordination.

La commune peut, sur la proposition du quart des votants, révoquer l'instituteur.

Une punition déshonorante ou la perte des droits civiques peut en tout temps suivre la révocation.

Les conférences de districts ont lieu tous les semestres, elles sont obligatoires pour les instituteurs primaires et secondaires. On y traite oralement et par écrit les questions scolaires. Les absences non motivées sont punies d'une amende de 1 fr. 50.

Tous les instituteurs qui sont sous le contrôle de l'État composent le synode scolaire et sont obligés d'y assister (amende dans le cas contraire). Ils reçoivent à cet effet une indemnité journalière de 3 à 5 francs, proportionnée à l'éloignement du lieu de réunion.

De temps en temps des cours de perfectionnement sont ouverts et subventionnés par l'État.

Tous les instituteurs primaires et secondaires du canton sont obligés de participer à la caisse de secours pour les instituteurs et leur famille (retraites, veuves, orphelins), subventionnée de 200 francs par an depuis 1862.

Les instituteurs démissionnaires et ceux qui ont quitté le canton peuvent rester membres de cette société moyennant une souscription plus forte.

Tessin.

Les aspirants à l'enseignement public ou privé doivent, dans la règle, avoir un brevet délivré à une des écoles normales du canton.

Celui qui n'a pas fréquenté l'école normale doit subir une épreuve devant une commission spéciale sur les matières enseignées à l'école normale.

Les brevets sont délivrés pour un an, pour quatre ans au plus. Un brevet définitif ne peut être donné qu'après quatre années de pratique dans les écoles.

Le département de l'instruction est appelé à statuer sur la valeur des brevets délivrés dans d'autres cantons ; le Conseil d'État, sur la valeur des brevets délivrés en pays étranger.

Une nouvelle épreuve peut être demandée à l'instituteur après quatre années d'exercice.

L'instituteur ne peut exercer aucune profession sans l'autorisation du département de l'instruction publique.

Les charges de syndic, de président de la commune sont incompatibles avec celle d'instituteur.

Lorsqu'un instituteur veut se retirer de l'enseignement à la fin de l'année, il doit prévenir dès le mois de juin.

L'instituteur malade pendant plus d'une semaine doit être remplacé.

Le remplaçant reçoit les honoraires de la commune si le congé est au-dessous d'un mois ; de l'instituteur si le congé excède ce temps.

Les instituteurs qui manquent à leurs devoirs peuvent être passibles d'amendes.

Le Conseil communal frappe d'une amende de 10 francs, l'inspecteur du district 30 francs.

Le département de l'instruction peut suspendre un instituteur pour quatre années; la révocation n'appartient qu'au Conseil d'État. Le retrait du brevet suit la révocation.

L'État participe à la caisse de secours des instituteurs par une subvention annuelle de 1,000 francs.

Vaud.

Nul n'est admis à enseigner dans une école publique primaire ni comme régent, ni comme régente, sans être porteur d'un brevet de capacité.

Chaque année, au printemps et en automne, une commission nommée par le département de l'instruction publique et des cultes fait subir un examen aux personnes qui aspirent à des brevets de capacité.

Les matières de l'examen sont celles enseignées dans les écoles primaires.

Les aspirants sont examinés en outre sur la pédagogie et sur les méthodes d'enseignement.

Les aspirantes ne sont pas examinées sur la géométrie, l'instruction civique et la gymnastique.

L'époque de l'examen est annoncée au moins un mois à l'avance.

L'examen est public.

Les aspirants sont examinés sur la religion par un ecclésiastique de l'Église nationale s'ils sont protestants, ou par un ecclésiastique de l'Église romaine s'ils appartiennent à la religion catholique.

Il y a pour les régentes et pour les régents deux classes de brevets :

Les brevets de capacité;

Les brevets provisoires.

Pour obtenir le brevet de capacité, il faut que l'examen soit admis avec le chiffre minimum de quatre succès sur cinq pour chaque branche, religion, langue française et arithmétique, et de trois succès sur cinq pour chacune des autres branches.

Le brevet provisoire est accordé quand les trois quarts au moins des examens sont admis avec le chiffre minimum de trois succès sur cinq pour chacun d'eux, et que la totalité des succès atteint les trois cinquièmes du maximum.

Tout régent porteur d'un brevet provisoire a le droit de postuler les écoles temporaires ou toute autre école primaire qui ne réunit pas plus de trente enfants.

Le régent ou la régente porteur d'un brevet provisoire qui se représente aux examens dans le terme d'un an, demeure au bénéfice des examens admis comme satisfaisants.

Le brevet provisoire est valable pour trois ans. Si, pendant ce temps, le porteur n'a pas obtenu un brevet de capacité, il lui est accordé un nouveau délai d'une année.

Ce terme écoulé, il se représente à l'examen. Un nouvel échec le fait rayer du corps enseignant.

Aucun concours pour la nomination d'un régent ou d'une régente ne peut avoir lieu dès le 1er octobre au 30 avril suivant. Si une régence devient vacante dans cet intervalle, il est pourvu aux besoins de l'école par des mesures provisoires sans concours. La Commission soumet à l'inspecteur et par celui-ci au département de l'instruction publique et des cultes, les moyens qu'elle juge convenables à cet effet.

Lorsqu'une place de régent ou régente devient vacante, la Commission en donne connaissance à la municipalité et à l'inspecteur. Celui-ci en informe le département de l'instruction publique et des cultes.

L'autorisation donnée par le département, la Commission annonce le concours au moins un mois à l'avance et indique les fonctions, ainsi que le traitement et le jour où les aspirants devront se présenter devant elle.

La Commission et l'inspecteur leur feront subir un examen qui doit essentiellement porter sur la méthode et dont le règlement précise les détails.

Cet examen est public. La municipalité y assiste en corps ou par délégation; les membres de cette autorité prennent part à la discussion sur l'appréciation des examens, mais n'ont pas voix délibérative.

Les aspirants, par le seul fait de leur inscription pour postuler la place, s'ils sont protestants, sont censés adhérer à l'Église nationale garantie par la Constitution.

La municipalité et la Commission réunies procèdent à l'élection à la majorité absolue des suffrages; l'élection est soumise à la sanction du département de l'instruction publique et des cultes.

L'élection peut être annulée lorsqu'elle ne répond pas aux dispositions citées et pour d'autres motifs graves, sauf le recours au Conseil d'État.

Si, lors de l'ouverture d'un concours pour la nomination d'un régent ou d'une régente, il ne se présente aucun candidat pourvu d'un brevet de capacité, l'examen peut être subi par des personnes pourvues d'un brevet provisoire.

Après cet examen, la municipalité, la Commission et l'inspecteur font des propositions au département de l'instruction publique et des cultes, qui nommera pour une année. Ce terme expiré, il est ouvert un nouveau concours.

S'il ne se présente aucun candidat breveté, l'école peut être desservie par toute autre personne désignée par le département sur la présentation de la municipalité réunie à la Commission.

Les régents et régentes nommés définitivement à une régence sont tenus de la desservir au moins pendant deux ans.

Le régent ou la régente qui contreviendrait à la disposition ci-dessus, est dénoncé au département de l'instruction publique et des cultes, lequel peut, suivant les circonstances, lui refuser pour un temps qui n'excède pas deux ans, toute nomination à une régence nouvelle, le tout sans préjudice aux dommages et intérêts envers la commune, s'il y a lieu, pour les frais occasionnés par l'examen destiné à pourvoir à la place abandonnée.

Les fonctions de régent dans une école publique primaire sont incompatibles avec tout autre emploi, à moins d'une permission expresse du département de l'instruction publique et des cultes.

Sont exceptées les fonctions de membres du Conseil général de commune et celles de membre d'un corps ecclésiastique.

Le département de l'instruction publique et des cultes pourra s'opposer à l'exercice d'une profession qui serait incompatible avec les devoirs du régent ou de la régente.

Les régents se réunissent en conférence pour s'occuper des questions relatives à l'enseignement.

Le règlement détermine le nombre et la circonscription de ces conférences.

Le Conseil d'État peut suspendre ou destituer un régent pour cause d'incapacité, d'insubordination ou d'immoralité.

Les municipalités, réunies aux Commissions d'écoles, et l'inspecteur, peuvent proposer la suspension ou la destitution d'un régent pour les motifs ci-dessus.

Dans tous les cas, l'inspecteur, la municipalité, la Commission et l'inculpé doivent être entendus.

Lorsqu'un régent n'exerce plus utilement ses fonctions, soit qu'il ait laissé tomber son école dans un état d'abaissement, soit qu'il ait donné lieu à des plaintes sur sa conduite, le Conseil d'État peut, sur la demande de la municipalité réunie à la Commission d'école ou de l'inspecteur, mettre le régent hors d'activité de service dans la commune.

Lorsque, par suite de circonstances indépendantes de sa volonté, un régent ne peut plus exercer utilement ses fonctions, il est mis hors d'activité de service dans le canton. Dans ce cas, il obtient une pension de retraite s'il remplit les conditions requises, ou, à ce défaut, une indemnité s'il y a lieu.

Le département de l'instruction publique et des cultes décide des difficultés qui peuvent s'élever entre les communes et leurs régents, sauf recours au Conseil d'État.

Dans tous les cas prévus dans cette section, l'inculpé doit être entendu.

Il est établi, sous la garantie et par l'intermédiaire de l'État, une caisse de retraites en faveur des régents et régentes devenus émérites par leurs années de services ou par leurs infirmités, des veuves et des orphelins. Cet établissement fait l'objet d'un décret de l'autorité législative.

Valais.

Il y a trois sortes de brevets, le brevet *provisoire* pour la première année d'enseignement, le brevet *temporaire* valable pendant une période de quatre années.

Le brevet *définitif* donné après cinq années d'exercice et un nouvel examen sur le programme de l'école normale.

Les instituteurs et institutrices sont nommés avant le 1er octobre par le Conseil communal avec la sanction du Conseil d'État.

Toute profession étrangère à l'enseignement est interdite à l'instituteur.

Le département de l'instruction peut prononcer la suspension ou la révocation des instituteurs.

Toute commune qui nomme un instituteur non autorisé ou non breveté est passible d'une amende de 50 à 100 francs. Cette somme est versée à la caisse de bibliothèque des communes ainsi punies.

Neuchâtel.

Aucune personne appartenant à un ordre religieux ne peut enseigner dans une école publique.

Les candidats à l'enseignement doivent posséder un brevet.

Les examens ont lieu annuellement.

Le brevet avec la note 3 donne droit d'exercer provisoirement dans les écoles temporaires;

Avec la note 2, dans les écoles annuelles éloignées ou dans les classes inférieures et moyennes d'écoles subdivisées.

La note 1 concède le brevet normal.

Les places vacantes sont insérées au *Journal officiel.*

La nomination est faite par la Commission scolaire et sanctionnée par le Conseil d'État.

A mérite égal, le candidat neuchâtellois doit être choisi avant le candidat d'un autre canton, et celui-ci de préférence à un étranger.

La démission doit être annoncée deux mois à l'avance, ou l'instituteur doit rétribuer le remplacement nommé par la Commission scolaire.

La révocation de l'instituteur ne peut être faite que par la commune avec les deux tiers des voix des votants.

Le personnel des écoles primaires se réunit deux fois par an en conférence de district. La présence est obligatoire.

Chaque année, une conférence qui dure trois jours a lieu. L'élite des instituteurs compose cette réunion ; toutes les questions pédagogiques traitées dans les conférences partielles de district sont discutées.

Le bureau des conférences est composé du directeur de l'enseignement, des inspecteurs, etc.

Tous les instituteurs et institutrices du canton sont tenus de prendre part à la caisse de secours qui reçoit de l'État une subvention annuelle de 6,000 francs.

Genève.

L'enseignement primaire est donné par les régents, sous-régents, élèves régents des deux sexes.

Les aspirants à l'enseignement doivent posséder un brevet.

Les instituteurs sont laïques et tous nommés par le Conseil d'État.

Les instituteurs et institutrices primaires forment trois classes.

1° L'élève régent, de même que le stagiaire, est placé comme aide auprès des maîtres expérimentés, de manière à passer successivement par tous les degrés d'une école.

Ce stage est consacré à l'étude de la pédagogie pratique, à la tenue et à la direction d'une classe. Ce temps de préparation n'est pas déterminé ; il varie suivant les aptitudes des personnes et le nombre des places à pourvoir.

2° L'élève régent est promu sous-régent.

En cette qualité, il est placé à la tête de l'un des trois degrés inférieurs d'une école; quelquefois d'une division comprenant deux de ces degrés et même les trois degrés réunis.

3° Le sous-régent est promu régent; il dirige alors l'un des trois degrés supérieurs ou une division de plusieurs degrés.

Lorsqu'une place de régent est vacante, les sous-régents et les régents primaires en fonction peuvent seuls la postuler.

Si le conseil d'État ne choisit pas les titulaires parmi les fonctionnaires qui se sont présentés, le département ouvre un concours public.

Le droit d'enseigner est garanti aux citoyens suisses.

Les étrangers doivent être autorisés par le Conseil d'État.

Dans les congés pour maladie, les instituteurs sont remplacés aux frais de l'État; pour tout autre motif, aux frais de l'instituteur lui-même.

Les instituteurs ne peuvent exercer aucune profession étrangère à l'enseignement sans l'autorisation du Conseil d'État.

L'État peut obliger l'instituteur à suivre des cours de perfectionnement.

Ils peuvent également être convoqués par des conférences.

Ils sont également obligés de participer à la caisse de retraites.

§ 3. — État civil des Instituteurs et Institutrices primaires au 31 mars 1882.

Nos	CANTONS ET DISTRICTS	TOTAL	NOMBRE DES INSTITUTEURS AU 31 MARS 1882. État civil.					TOTAL	NOMBRE DES INSTITUTRICES AU 31 MARS 1882. État civil.					TOTAL des fonctionnaires.	SUR CENT FONCTIONNAIRES SONT :			
			Mariés.	Veufs.	Célibataires	Laïques.	Ecclésiastiq.		Mariées.	Veuves.	Célibataires	Laïques.	Ecclésiastiq.		Mariés.	Célibataires	Laïques.	Ecclésiastiq.
	Zurich.																	
1	Zurich	131	108	2	21	131	»	14	»	1	13	14	»	145	77	23	100	»
2	Affoltern	26	20	1	5	26	»	5	»	»	5	5	»	31	68	32	100	»
3	Horgen	48	34	2	12	48	»	»	»	»	»	»	»	48	75	25	100	»
4	Meilen	37	30	1	6	37	»	»	»	»	»	»	»	37	84	16	100	»
5	Hinweil	60	45	3	12	60	»	6	»	»	6	6	»	66	73	27	100	»
6	Uster	36	24	2	10	36	»	3	»	»	3	3	»	39	67	33	100	»
7	Pfäffikon	41	23	2	16	41	»	5	»	»	5	5	»	46	54	46	100	»
8	Winterthur	80	60	2	18	80	»	8	»	»	8	8	»	88	70	30	100	»
9	Andelfingen	40	29	»	11	40	»	3	»	»	3	3	»	43	67	33	100	»
10	Bülach	42	30	2	10	42	»	7	»	»	7	7	»	49	65	25	100	»
11	Dielsdorf	36	25	»	11	36	»	2	»	»	2	2	»	38	66	34	100	»
	Berne.																	
1	Oberhasle	23	11	1	11	23	»	7	4	»	3	7	»	30	53	47	100	»
2	Interlaken	64	41	4	19	64	»	28	6	»	22	28	»	92	55	45	100	»
3	Frutigen	34	23	2	9	34	»	14	5	1	8	14	»	48	65	35	100	»
4	Saanen	17	9	2	6	17	»	4	1	»	3	4	»	21	57	43	100	»
5	Obersimmenthal	24	17	3	4	24	»	13	3	»	10	13	»	37	65	33	100	»
6	Nieder	35	25	3	7	35	»	11	5	»	6	11	»	46	72	28	100	»
7	Thun	79	53	3	23	79	»	27	11	»	16	27	»	106	63	37	100	»
8	Signau	56	37	2	17	56	»	32	11	1	20	32	»	88	58	42	100	»
9	Konolfingen	56	38	»	18	56	»	36	14	»	22	36	»	92	57	43	100	»
10	Seftigen	43	25	3	15	43	»	27	7	2	18	27	»	70	53	47	100	»
11	Schwarzenburg	22	14	»	8	22	»	13	6	»	7	13	»	35	57	43	100	»
12	Bern-Stadt	56	40	1	15	56	»	53	3	3	47	53	»	109	43	57	100	»
13	Bern-Land	50	33	2	15	50	»	36	7	3	26	36	»	86	52	48	100	»
14	Burgdorf	56	39	5	12	56	»	41	8	»	33	41	»	97	55	45	100	»
15	Trachselwald	47	33	3	11	47	»	32	9	»	24	32	»	79	56	44	100	»
16	Aarwangen	57	41	3	13	57	»	34	20	1	13	34	»	91	71	29	100	»
17	Wangen	45	32	1	12	45	»	25	7	»	18	25	»	70	57	43	100	»
18	Fraubrunnen	36	27	2	7	36	»	16	1	»	15	16	»	52	58	42	100	»
19	Büren	28	19	»	9	28	»	11	3	3	5	11	»	39	64	36	100	»
20	Aarberg	47	29	2	16	47	»	25	8	»	17	25	»	72	54	46	100	»
21	Laupen	20	18	1	1	20	»	14	3	1	10	14	»	34	62	38	100	»
22	Erlach	17	14	»	3	17	»	12	4	»	8	12	»	29	62	38	100	»
23	Nidau	33	19	4	10	33	»	22	10	2	10	22	»	55	64	36	100	»
24	Biel	28	14	2	10	28	»	23	1	1	21	23	»	51	40	60	100	»
25	Neuveville	8	3	»	5	8	»	7	2	»	5	7	»	15	33	67	100	»
26	Courtelary	38	25	»	13	38	»	49	8	2	39	49	»	87	40	60	100	»
27	Moutier	40	24	2	14	40	»	25	6	1	18	25	»	65	51	49	100	»
28	Delsberg	28	14	»	14	28	»	26	3	1	22	26	»	54	34	66	100	»
29	Franches-Montagnes	20	10	»	10	20	»	21	8	»	13	21	»	41	44	56	100	»
30	Porrentruy	47	31	2	14	47	»	43	12	4	27	43	»	90	54	46	100	»
31	Laufen	16	7	»	9	16	»	4	1	»	3	4	»	20	40	60	100	»
	Lucerne.																	
1	Altishofen	14	8	»	6	14	»	1	»	»	1	»	1	15	53	47	93	7
2	Entlebuch	17	8	»	9	17	»	2	»	»	2	»	2	19	42	58	89	»

Nos	CANTONS ET DISTRICTS	TOTAL	NOMBRE DES INSTITUTEURS AU 31 MARS 1882. État civil.					TOTAL	NOMBRE DES INSTITUTRICES AU 31 MARS 1882. État civil.					TOTAL des fonctionnaires.	SUR CENT FONCTIONNAIRES SONT :			
			Mariés.	Veufs.	Célibataires	Laïques.	Ecclésiastiq.		Mariées.	Veuves.	Célibataires	Laïques.	Ecclésiastiq.		Mariés.	Célibataires	Laïques.	Ecclésiastiq.
3	Escholzmatt	10	8	»	5	10	»	»	»	»	»	»	»	10	50	50	100	»
4	Habsburg	9	3	»	6	9	»	3	»	»	3	»	3	12	25	75	75	25
5	Hitzkirch	16	7	»	9	16	»	»	»	»	»	»	»	16	44	56	100	»
6	Hochdorf	7	4	»	3	7	»	4	»	»	4	1	3	11	36	64	73	27
7	Kriens-Malters	23	12	»	11	23	»	»	»	»	»	»	»	23	52	48	100	»
8	Luzern	28	19	2	7	27	1	21	»	1	20	21	»	49	45	55	98	2
9	Munster	12	6	1	5	12	»	»	»	»	»	»	»	12	50	41	100	»
10	Reiden-Pfaffnau	14	7	»	7	14	»	»	»	»	»	»	»	14	50	50	100	8
11	Rothenburg	11	5	»	6	11	»	2	»	»	2	1	1	13	38	62	92	5
12	Ruswil	17	8	»	9	17	»	3	»	»	3	2	1	20	55	45	95	5
13	Schüpfheim	10	5	»	5	10	»	»	»	»	»	»	»	10	50	50	100	»
14	Sempach	8	3	1	4	8	»	2	»	»	2	1	1	10	40	60	90	10
15	Sursee	13	7	»	6	13	»	4	»	»	4	4	»	17	41	59	100	»
16	Triengen	10	4	1	5	10	»	»	»	»	»	»	»	10	50	50	100	»
17	Weggis	6	2	»	4	6	»	»	»	»	»	»	»	6	33	67	100	»
18	Willisau	23	7	1	15	23	»	»	»	»	»	»	»	23	35	65	100	»
19	Zell	15	8	1	6	15	»	»	»	»	»	»	»	13	60	40	100	»
	Uri.																	
1	Bodengemeinden	8	2	»	6	4	4	9	»	»	9	»	9	17	12	88	23	77
2	Seegemeinden	4	2	»	2	3	1	8	»	»	8	2	6	12	17	83	42	58
3	Schächenthal	6	1	»	5	2	4	2	»	»	2	»	2	8	12	88	25	75
4	Reussthal	4	1	»	3	3	1	5	»	»	5	»	5	9	11	89	33	67
5	Ursern	4	»	1	3	4	»	2	»	»	2	»	2	6	17	83	67	33
	Schwytz.																	
1	Schwytz	20	8	»	12	18	2	34	1	»	33	»	34	54	17	83	33	67
2	Gersau	2	2	»	»	2	»	3	»	»	3	»	3	5	40	60	40	60
3	March	13	5	1	7	13	»	15	»	»	15	»	15	28	21	79	48	52
4	Einsiedeln	9	5	1	3	9	»	7	»	»	7	4	3	16	38	62	81	19
5	Küssnacht	3	2	»	1	3	»	5	»	»	5	»	5	8	25	75	38	62
6	Höfe	7	3	1	3	7	»	2	»	»	2	»	2	9	44	56	78	22
	Unterwalden-le-Haut	10	4	»	6	10	»	28	»	»	28	3	25	38	11	89	34	66
	Unterwalden-le-Bas	10	2	»	8	5	5	26	»	»	26	1	25	36	6	94	17	83
	Glaris	86	63	2	21	86	»	»	»	»	»	»	»	86	76	24	100	»
	Zug	32	12	»	20	27	5	31	»	»	31	3	28	63	19	81	48	52
	Fribourg.																	
1	Sarine	48	23	2	23	48	»	35	1	1	33	18	17	83	33	67	80	20
2	Sense	26	13	2	11	26	»	22	»	»	22	4	18	48	31	69	63	37
3	Gruyère	40	18	1	21	40	»	29	2	»	27	16	13	69	30	70	81	19
4	Lac	39	24	»	15	39	»	16	2	»	14	12	4	55	47	53	96	4
5	Broye	38	18	2	18	38	»	19	»	»	19	13	6	57	33	67	89	11
6	Glane	38	18	2	18	38	»	22	»	1	21	20	2	60	35	65	97	3
7	Veveyse	13	4	2	7	13	»	16	»	»	16	12	4	29	21	79	86	14

N°ˢ	CANTONS ET DISTRICTS	TOTAL	NOMBRE DES INSTITUTEURS AU 31 MARS 1882. État civil.					TOTAL	NOMBRE DES INSTITUTRICES AU 31 MARS 1882. État civil.					TOTAL des fonctionnaires.	SUR CENT FONCTIONNAIRES SONT :			
			Mariés.	Veufs.	Célibataires.	Laïques.	Ecclésiastiq.		Mariées.	Veuves.	Célibataires.	Laïques.	Ecclésiastiq.		Mariés.	Célibataires.	Laïques.	Ecclésiastiq.
	Soleure.																	
1	Solothurn	8	7	1	»	8	»	10	»	»	10	8	2	18	45	55	89	11
2	Lebern	26	12	»	14	26	»	»	»	»	»	»	»	26	46	54	100	»
3	Bucheggberg	27	16	2	9	27	»	»	»	»	»	»	»	27	67	33	100	»
4	Kriegstetten	31	16	»	15	31	»	»	»	»	»	»	»	31	52	48	100	»
5	Balsthal-Thal	22	11	1	10	22	»	»	»	»	»	»	»	22	55	45	100	»
6	Balsthal-Gäu	14	8	2	4	14	»	»	»	»	»	»	»	14	71	29	100	»
7	Olten	28	14	1	13	28	»	»	»	»	»	»	»	28	54	46	100	»
8	Gösgen	19	13	»	6	19	»	»	»	»	»	»	»	19	68	32	100	»
9	Dorneck	18	10	»	8	18	»	»	»	»	»	»	»	18	55	45	100	»
10	Thierstein	18	8	1	9	18	»	»	»	»	»	»	»	18	50	50	100	»
	Bâle-Ville.																	
1	Stadt-Bezirk	49	34	2	13	49	»	22	»	1	21	22	»	71	52	48	100	»
2	Land-Bezirk	8	8	»	»	8	»	»	»	»	»	»	»	8	100	»	100	»
	Bâle-Campagne.																	
1	Arlesheim	40	28	2	10	40	»	»	»	»	»	»	»	40	75	25	100	»
2	Liestal	28	23	1	4	28	»	1	»	»	1	1	»	29	83	17	100	»
3	Sissach	39	29	3	7	30	»	»	»	»	»	»	»	39	82	18	100	»
4	Waldenburg	24	18	1	5	24	»	»	»	»	»	»	»	24	79	21	100	»
	Schaffouse.																	
1	Hegau	26	17	4	5	26	»	2	»	»	2	2	»	28	75	25	100	»
2	Klettgau	40	31	»	9	40	»	3	»	»	3	3	»	43	72	28	100	»
3	Schaffhausen	43	33	3	7	43	»	5	»	»	5	5	»	48	75	25	100	»
	Appenzell.																	
	(Rhodes extérieures).																	
1	Hinterland	35	28	2	5	35	»	»	»	»	»	»	»	35	86	14	100	»
2	Mitteland	30	25	3	2	30	»	1	»	»	1	1	»	31	90	10	100	»
3	Vorderland	36	26	»	10	36	»	»	»	»	»	»	»	36	72	28	100	»
	Appenzell.																	
	(Rhodes intérieures)	17	11	2	4	17	»	7	»	»	7	7	»	24	54	46	100	»
	Saint-Gall.																	
1	Saint-Gallen	30	27	2	1	30	»	»	»	»	»	»	»	35	83	17	100	»
2	Tablat	18	14	»	4	18	»	»	»	»	»	»	»	18	78	22	100	»
3	Rorschach	24	15	3	6	24	»	»	»	»	»	»	»	24	75	25	100	»
4	Unterrheinthal	38	28	2	8	38	»	»	»	»	»	»	»	38	79	21	100	»
5	Oberrheinthal	40	23	2	15	40	»	7	»	»	7	2	5	47	53	47	89	11
6	Werdenberg	38	24	3	11	38	»	1	»	»	1	»	1	39	69	31	97	3
7	Sargans	49	27	5	17	49	»	»	»	»	»	»	»	49	64	36	100	»
8	Gaster	18	7	1	10	18	»	»	»	»	»	»	»	18	44	56	100	»
9	Seebezirk	31	17	1	13	31	»	»	»	»	»	»	»	31	58	42	100	»
10	Obertoggenburg	30	20	1	9	30	»	»	»	»	»	»	»	30	70	30	100	»

N°s	CANTONS ET DISTRICTS	TOTAL.	NOMBRE DES INSTITUTEURS AU 31 MARS 1862. État civil.					TOTAL	NOMBRE DES INSTITUTRICES AU 31 MARS 1862. État civil.					TOTAL des fonctionnaires.	SUR CENT FONCTIONNAIRES SONT :			
			Mariés.	Veufs.	Célibataires	Laïques.	Ecclésiastiq.		Mariées.	Veuves.	Célibataires	Laïques.	Ecclésiastiq.		Mariés.	Célibataires	Laïques.	Ecclésiastiq.
11	Neutoggenburg	30	15	»	15	30	»	»	»	»	»	»	»	30	50	50	100	»
12	Alttoggenburg	23	14	1	8	23	»	»	»	»	»	»	»	23	65	35	100	»
13	Untertoggenburg	39	26	»	13	39	»	»	»	»	»	»	»	39	67	33	100	»
14	Wil	15	8	»	7	15	»	3	»	»	3	3	»	18	44	56	83	17
15	Gossau	29	19	3	7	29	»	»	»	»	»	»	»	29	70	24	100	»
	Grisons.																	
1	Albula	35	13	1	21	35	»	»	»	»	»	»	»	35	40	60	100	»
2	Bernina	19	13	»	6	17	2	4	1	»	3	1	3	23	61	39	78	22
3	Glenner	50	18	1	31	50	»	6	1	»	5	6	»	56	64	36	100	»
4	Heinzenberg	32	14	»	18	32	»	»	»	»	»	»	»	32	44	56	100	»
5	Hinterrhein	23	7	1	15	23	»	»	»	»	»	»	»	23	35	65	100	»
6	Imboden	20	5	1	14	20	»	2	»	»	2	»	2	22	27	73	91	9
7	Inn	33	16	»	17	33	»	»	»	»	»	»	»	33	48	52	100	»
8	Ober-Landquart	37	12	1	24	37	»	1	»	»	1	1	»	38	37	63	100	»
9	Unter-Landquart	49	25	»	21	40	»	»	»	»	»	»	»	49	51	49	100	»
10	Maloja	30	16	»	14	30	»	1	»	»	1	1	»	31	52	48	100	»
11	Moësa	5	2	1	2	5	»	30	3	»	27	25	5	35	17	83	86	14
12	Munsterthal	7	5	»	2	7	»	2	»	»	2	1	1	9	56	44	89	11
13	Plessier	32	16	»	16	32	»	4	»	»	4	1	3	36	44	56	92	8
14	Vorderrhein	24	10	1	13	24	»	5	»	»	5	5	»	29	38	62	100	»
	Argovie.																	
1	Aarau	37	27	»	10	37	»	11	1	»	10	11	»	48	58	42	100	»
2	Baden	56	33	5	18	56	»	10	1	»	9	10	»	66	59	41	100	»
3	Bremgarten	43	29	1	13	43	»	9	»	1	8	9	»	52	60	40	100	»
4	Brugg	46	32	3	11	46	»	12	»	»	12	12	»	58	60	40	100	»
5	Kulm	47	35	3	9	47	»	6	1	»	5	6	»	53	73	27	100	»
6	Laufenburg	39	31	1	7	39	»	1	»	»	1	1	»	40	80	20	100	»
7	Lenzburg	40	28	3	9	40	»	7	»	»	7	7	»	47	66	34	100	»
8	Muri	33	20	2	11	33	»	3	»	»	3	3	»	36	61	39	100	»
9	Rheinfelden	24	20	»	4	24	»	3	»	»	3	3	»	27	74	26	100	»
10	Zofingen	73	53	2	18	73	»	9	1	»	8	9	»	82	68	32	100	»
11	Zurzach	41	22	5	14	41	»	4	»	»	4	4	»	45	60	40	100	»
	Thurgovie.																	
1	Arbon	34	25	2	7	34	»	1	»	»	1	1	»	35	67	33	100	»
2	Bischoffzell	34	21	1	12	34	»	1	»	»	1	1	»	35	63	37	100	»
3	Diessenhofen	8	6	1	1	8	»	»	»	»	»	»	»	8	87	13	100	»
4	Frauenfeld	37	28	3	6	37	»	4	»	»	4	4	»	41	76	24	100	»
5	Kreuzlingen	35	24	»	11	35	»	»	»	»	»	»	»	35	69	31	100	»
6	Münchweilen	39	27	1	11	39	»	1	»	»	1	1	»	40	70	30	100	»
7	Steckborn	29	21	1	7	29	»	»	»	»	»	»	»	29	76	24	100	»
8	Weinfelden	37	25	»	12	37	»	»	»	»	»	»	»	37	68	32	100	»
	Tessin.																	
1	Bellinzona	21	7	2	12	21	»	28	9	1	18	28	»	49	39	61	100	»
2	Blenio	12	5	»	7	12	»	21	1	»	20	21	»	33	18	82	100	»
3	Leventina	16	5	»	11	16	»	35	3	1	31	33	2	51	16	87	96	4
4	Locarno	39	28	»	11	39	»	56	10	1	45	56	»	95	41	59	100	»
5	Lugano	60	31	2	27	60	»	79	16	4	59	79	»	139	38	62	100	»
6	Mendrisio	21	10	»	11	20	1	41	11	»	30	41	»	62	34	66	98	2
7	Riviera	8	3	1	4	8	»	9	2	»	7	9	»	17	35	65	100	»
8	Vallemaggia	17	11	»	6	17	»	16	4	2	10	16	»	33	51	49	100	»

Nos	CANTONS ET DISTRICTS	TOTAL	NOMBRE DES INSTITUTEURS AU 31 MARS 1882. État civil.					TOTAL	NOMBRE DES INSTITUTRICES AU 31 MARS 1882. État civil.					TOTAL des fonctionnaires.	SUR CENT FONCTIONNAIRES SONT :			
			Mariés.	Veufs.	Célibataires	Laïques.	Ecclésiastiq.		Mariées.	Veuves.	Célibataires	Laïques.	Ecclésiastiq.		Mariés.	Célibataires	Laïques.	Ecclésiastiq.
	Vaud.																	
1	Aigle	40	31	1	8	40	»	21	8	»	16	24	»	64	62	38	100	»
2	Aubonne	18	15	»	3	18	»	16	3	1	2	16	»	34	56	44	100	»
3	Avenches	14	9	1	4	14	»	8	3	»	5	8	»	22	59	41	100	»
4	Cossonay	34	20	1	13	34	»	19	6	1	12	19	»	53	53	47	100	»
5	Echallens	31	19	1	11	31	»	13	6	»	9	13	»	48	56	44	100	»
6	Grandson	24	18	»	6	24	»	22	6	2	14	22	»	46	56	44	100	»
7	Lausanne	31	25	1	5	31	»	37	7	»	30	37	»	68	48	52	100	»
8	Lavaux	23	17	1	5	23	»	13	4	1	8	13	»	38	64	36	100	»
9	Morges	33	25	1	7	33	»	11	3	»	9	11	»	47	66	34	100	»
10	Moudon	35	21	»	14	35	»	13	1	1	11	13	»	48	48	52	100	»
11	Nyon	30	22	1	7	30	»	8	2	1	5	8	»	38	68	32	100	»
12	Orbe	36	28	»	8	36	»	16	6	2	8	16	»	52	69	31	100	»
13	Oron	22	14	»	8	22	»	10	1	1	8	10	»	32	50	50	100	»
14	Payerne	25	18	1	6	25	»	17	6	3	8	17	»	42	67	33	100	»
15	Pays-d'Enhaut	9	7	»	2	9	»	7	2	»	5	7	»	16	56	44	100	»
16	Rolle	12	10	1	1	12	»	7	1	»	6	7	»	19	63	37	100	»
17	La Vallée	12	8	»	4	12	»	12	1	»	11	12	»	24	38	62	100	»
18	Vevey	30	26	1	3	30	»	20	2	»	18	20	»	50	58	42	100	»
19	Yverdon	39	27	1	11	39	»	22	10	1	11	22	»	61	64	36	100	»
	Valais.																	
1	Monthey	17	5	»	12	16	1	27	1	»	26	13	14	44	14	86	66	34
2	Saint-Maurice	20	4	»	16	20	»	15	»	»	15	12	3	35	11	89	91	9
3	Martigny	28	6	1	21	28	»	25	»	»	25	25	»	53	13	87	100	»
4	Entremont	36	14	»	22	36	»	22	3	»	19	22	»	58	29	71	100	»
5	Conthey	22	4	»	18	22	»	18	»	»	18	18	»	40	10	90	100	»
6	Sion	20	3	»	17	12	8	21	»	»	21	21	»	41	7	93	80	20
7	Hérens	16	1	»	15	16	»	11	»	»	11	11	»	27	4	96	100	»
8	Sierre	25	5	»	20	25	»	23	»	»	23	23	»	48	10	90	100	»
9	Leuk	14	2	»	12	12	2	13	»	»	13	8	5	27	7	93	74	26
10	Ost-Raron	6	1	»	5	5	1	5	»	»	5	5	»	11	9	91	91	9
11	West-Raron	10	»	»	10	9	1	5	»	»	5	4	1	15	»	100	84	16
12	Visp	18	6	»	12	16	2	9	»	»	9	7	2	27	22	78	85	15
13	Brig	11	1	»	10	8	3	13	»	»	13	6	7	24	4	96	58	42
14	Goms	14	2	»	11	13	1	7	»	»	7	7	»	21	14	86	95	5
	Neuchâtel.																	
1	Neuchâtel	29	22	1	6	29	»	36	4	1	31	36	»	65	43	57	100	»
2	Boudry	17	11	»	6	17	»	32	1	1	30	32	»	49	27	73	100	»
3	Val-de-Travers	20	12	»	8	20	»	51	5	»	46	51	»	71	24	76	100	»
4	Val-de-Ruz	16	7	»	9	16	»	28	»	»	28	28	»	44	16	84	100	»
5	Locle	20	10	»	10	20	»	47	»	»	47	47	»	67	15	85	100	»
6	La Chaux-de-Fonds	29	12	»	17	29	»	33	»	»	33	33	»	82	15	85	100	»
	Genève.																	
1	Genève	25	15	»	10	25	»	56	20	3	33	56	»	81	47	53	100	»
2	Rive gauche entre Arve et Rhône	26	23	»	3	26	»	29	9	»	20	29	»	55	58	42	100	»
3	Rive gauche entre Arve et Lac	21	15	»	6	21	»	15	4	»	11	15	»	36	53	47	100	»
4	Rive droite	14	9	»	5	14	»	11	4	2	5	11	»	25	60	40	100	»

NUMÉROS	CANTONS	NOMBRE		TRAITEMENTS EN ARGENT					VALEUR DES PRESTATIONS EN NATURE			TRAITEMENTS, TOTAUX			MOYENNE		
							MOYENNES										
		Maîtres.	Maîtresses	Maîtres.	Maîtresses.	Total.	Maîtres.	Maîtresses.	Maîtres.	Maîtresses.	Total.	Maîtres.	Maîtresses.	Total.	Maîtres.	Maîtresses	En général
1	Zurich	577	53	1.176.208	89.650	1.265.858	2.038	1.09	109.400	6.000	115.400	1.285.608	95.650	1.381.258	2.2[illegible]8	1.805	2.192
2	Berne.	1.168	733	1.470.020	683.258	2.153.278	1.250	93[illegible]	158.900	73.240	232.140	1.618.919	756.295	2.375.214	1.386	1.032	1.219
3	Lucerne.	263	42	328.845	50.400	379.245	1.250	1.200	8.840	1.120	9.960	338.613	51.520	390.133	1.287	1.226	1.279
4	Uri.	26	26	12.968	8.085	21.053	499	311	770	1.650	2.420	13.738	9.734	23.473	528	359	451
5	Schwytz.	54	66	53.345	30.360	83.705	988	460	2.000	5.250	7.250	55.345	35.610	90.955	1.025	539	758
6	Unterwald-le-Haut.	10	28	8.240	11.490	19.730	824	410	670	2.300	2.970	8.910	13.790	22.700	891	493	597
7	Unterwald-le-Bas .	10	20	6.500	8.628	14.528	650	30[illegible]	»	1.600	1.600	6.500	9.628	16.128	650	370	448
8	Glaris.	86	»	136.400	»	136.400	1.586	»	2.070	»	2.070	138.470	»	138.470	1.610	»	1.610
9	Zug	32	31	35.440	11.742	47.182	1.107	379	570	1.250	1.820	36.010	12.992	49.002	1.122	419	778
10	Fribourg	242	159	219.713	91.136	310.849	908	573	29.795	19.075	48.870	249.508	110.211	359.719	1.031	693	897
11	Soleure.	211	10	252.301	11.500	263.801	1.196	1.150	19.500	190	19.690	271.801	11.690	283.491	1.288	1.169	1.283
12	Bâle-Ville.	57	[illegible]	174.370	30.714	205.084	3.059	1.535	8.800	»	8.800	183.170	30.714	213.884	3.213	1.535	2.778
13	Bâle-Campagne . .	131	1	153.190	1.400	154.590	1.165	1.400	36.200	50	36.250	189.390	1.450	190.840	1.446	1.450	1.446
14	Schaffouse.	109	10	177.684	11.673	189.362	1.630	1.167	3.650	50	3.700	181.339	11.728	193.062	1.664	1.172	1.623
15	Appenzell, Rh. Ext.	101	1	160.389	1.800	162.189	1.588	1.800	23.550	50	23.600	183.889	1.850	185.739	1.821	1.850	1.821
16	Appenzell, Rh. Int.	17	7	14.476	4.262	18.738	851	609	2.180	260	2.440	16.656	4.522	21.178	979	646	882
17	Saint-Gall.	452	16	659.130	18.765	677.895	1.458	1.173	59.050	350	59.400	718.180	19.115	737.295	1.584	1.195	1.554
18	Grisons.	3[illegible]0	55	263.245	22.506	286.911	665	428	11.680	2.950	14.630	275.015	26.516	301.561	694	482	669
19	Argovie.	479	75	580.395	82.225	662.620	1.003	1.096	5.860	170	6.030	586.255	82.395	668.650	1.224	1.096	1.207
20	Thurgovie.	253	7	327.656	8.800	336.456	1.295	1.257	67.200	»	67.200	394.856	8.800	403.656	1.561	1.257	1.552
21	Tessin	194	285	121.853	131.530	253.383	628	461	7.440	13.070	20.510	129.293	144.600	273.893	666	507	572
22	Vaud.	498	300	748.835	307.635	1.056.470	1.509	1.034	104.610	39.315	143.925	853.445	346.550	1.200.395	1.744	1.166	1.514
23	Valais.	257	214	100.111	65.919	166.030	389	308	9.190	7.230	16.420	109.301	73.149	182.450	425	342	387
24	Neuchâtel.	131	247	252.200	257.797	509.997	1.925	1.044	1.700	750	2.450	253.900	258.547	512.447	1.928	1.047	1.356
25	Genève	86	111	175.075	132.825	307.900	2.036	1.190	13.150	3.350	16.500	188.225	120.175	324.400	2.188	1.[illegible]27	1.647
	Suisse.	5.840	2.525	7.608.694	2.074.560	9.683.254	1.303	822	686.775	179.270	866.045	8.2[illegible]0.366	2.273.627	10.559.993	1.419	901	1.263

D. TRAITEMENT DES INSTITUTEURS ET INSTITUTRICES

É. État, C. Commune, Min. Minimum, éc. école, a. années de service, M. Maître, Ms. Maîtresse, M. o. Maîtresse d'ouvrages, h. heures.

CANTONS	TRAITEMENT EN ARGENT	ACCESSOIRES	EXEMPTIONS	OBLIGATIONS, ACCESSOIRES	PENSIONS	OBSERVATIONS
1. Zurich	Min. 1,200 francs. L'État participe aux augmentation pour 1/10 à 1/2. — Augmentation pour années de service après 5, 10, 15, 20 années resp. 100, 250, 300, 400 francs. M. o. min. 25 francs par an par heure hebdomadaire.	Logement, 1/2 arpent de terrain, 2 moules de bois ou indemnités.	1. Des droits d'établissement et de toute prestation personnelle (service de garde, etc.).		Après 30 ans la moitié du traitement légal.	Entrée obl. dans la convention avec la Société de Rentes suisses : Cont. an. 15 francs (10 francs du M., 5 francs de l'É.); pensions des veuves et orphelins 100 francs. La famille du défunt reçoit 6 mois le traitement ou la pension du défunt.
2. Berne. . . .	Min. : M. et Ms. 550 francs; M. aux éc. supérieures réunies 750 francs de la C. De l'É.; M. brevetés après 1, 6, 11, 16 a. resp., 250, 350, 450, 550 francs.; M. aux éc. supérieures réunies en outre 200 francs.; Ms. brevetées, resp. 150, 150, 200, 250 francs; M. non brevetés 100 francs; Ms. 50 francs; M. o. qui ne sont pas Ms. primaires, min. 20 centimes par semestre par enfant; toute M. o. 20 francs de l'État.	Logement (à la campagne avec jardin), 3 m. sapin. Pour au moins 1 place de M. d'une localité 1/2 arpent de terrain ou indemnité de 50 francs.	2.	Approprier et chauffer les locaux d'été; en échange les cendres et le purin sont au M.	M. et Ms. facultatif de l'État : Pour moins de 30 a. 220 francs, pour 30 ans 240 francs et les 2 a. suivants chaque fois 20 francs de plus jusqu'à 360 francs.	Remplacement aux frais du M. La famille du défunt perçoit le traitement et paie le remplaçant pendant 3 mois.
3. Lucerne. . . .	M. 800 francs pour l'année d'essai et les 4 premières a., après fixé tous les 4 ans jusqu'à 1,000 francs. — Pour les éc. d'hiver 3/5, pour les écoles d'été 2/5 du traitement. Ms. qui sont en même temps M. o. 600 à 800 fr. M. o. 1 fr. 50 à 2 francs par demi-journée et 20 francs de gratification par an.	M. logement ou indemnité de 120 francs, 3 moules de bois ou indemnité de 80 francs. Ms. 120 francs pour logement, 80 francs pour bois.	3.			Remplacement pour maladie ou mort par ceux qui salarient le M.
4. Uri	Laissé à la C. — De l'É. : Subvention annuelle de 20 francs, augmentation de 70 centimes par enfant; primes de mérite (total de 1,700 francs) gratification pour l'éc. du dimanche (total 270 fr.).		4.			
5. Schwytz	Laissé à la C. M. o. pour chaque demi-journée par semaine 25 francs par an.		5.	Approprier les locaux d'éc.; surveiller les enfants au culte divin.		Il existe une société pour secourir les M. pauvres et leurs veuves et orphelins.
6. Unterwalden-le-Haut. . .	Laissé à la C. — Le Conseil d'éducation veillera à ce que le traitement soit convenable. Min. 800 francs pour l'instituteur et 400 francs pour l'institutrice.		6.			
7. Unterwalden-le-Bas. . . .	Laissé à la C.		7.	Surveiller les enfants au culte et aux processions.		
8. Glaris.	Min. 1,000 francs, excepté pour les écoles de montagne.		8.		Facultative pour caducités ou infirmités.	Remplacement pour maladie aux frais de la C. — Entrée obligatoire à la Caisse de prévoyance. (Subvention de l'É.)

D. TRAITEMENT DES INSTITUTEURS ET INSTITUTRICES

É. État, C. Commune, Min. Minimum, éc. école, a. année de service, M. Maître, Ms. Maîtresse, M. o. Maîtresse d'ouvrages, h. heures. *(Suite.)*

CANTONS	TRAITEMENT EN ARGENT	ACCESSOIRES	EXEMPTIONS	OBLIGATIONS, ACCESSOIRES	PENSIONS	OBSERVATIONS
9. **Zug**	Laissé à la C.		9.			
10. **Fribourg** . . .	Min. : M. et Ms. dans les villes 800 francs. M. à la campagne les 3 premières années 600 à 850 francs suivant le nombre des élèves, avec revision tous les 3 ans ; Ms. 500, 550 à 700 francs. Dans les C. au-dessous de 150 habitants et avec moins de 13 enfants. Min. pour M. peut descendre à 500 francs, pour M. à 450 francs pour Ms. — La réduction du traitement est interdite. De l'É. augmentation (2 classes, selon les mérites) : 1re classe après 5 a. 50 francs, après 15 a. 100 francs, après 20 a. 150 francs ; la 2e classe respectivement 80, 70, 100 francs ; la 3e classe rien. — Primes aux M. et Ms. pour les éc. complémentaires 20 à 25 francs. M. o. min. 80 francs.	M. et Ms. logement, jardin, 2 moules bois, M. 1/4 arpent terrain, ou indemnités. Une partie du traitement en argent peut être payée en nature.	10. M. et Ms. des charges communales et des droits d'habitation.	Si on le demande, tenir des écoles complémentaires.	Frais de remplacement supplémentaire en partie par le fonds d'éc. cantonal, suivant le mérite.	Remplaçants, min. 2/3 du traitement des M. ; lors de maladie les frais sont supportés en partie par le fonds d'écoles cantonal. Lors de longue maladie ou d'âge avancé on prend un aide aux frais de M. Les veuves et orphelins perçoivent le traitement jusqu'à la répourvue définitive au plus 6 semaines. — Il existe une Caisse de prévoyance pour les inst. (Subvention de l'É. annuelle 2,080 francs).
11. **Soleure**. . . .	Min. 900 francs. — M. o. min. 900 francs.	Logement ou indemnité, part au bois de bourgeois.	11. De corvées pour le terrain de l'école.	Tenir des écoles complémentaires moyennant indemnité de l'État.		Le Conseil d'É. décide des frais de remplacement en cas de maladie.
12. **Bâle-Ville**. . .	District de la ville. — M. 90 à 110 francs par an par heure hebdomadaire, Ms. 40 à 55 francs, aides 30 à 40 francs. Ms. pour enseignement scientifique jusqu'à 60 francs, excepté jusqu'à traitement de M. — Suppléants 4 fr. 20 par heure. Augmentation par a. : M. 400 francs après 10 a. ; 500 francs après 20 a. ; Ms. respectives 230 francs, 330 francs avec réduction pour moins de 25 leçons (pour M.) ou de 24 (pour Ms.).	Moyennant un loyer de 300 francs quelques maîtres ont un logement officiel dans le bâtiment d'école et du bois.	12. Du service des pompiers.	Pour les M. ayant logement officiel dans le bâtiment d'éc. approprier et chauffer l'école moyennant indemnité.	Les M. nommés à vie reçoivent une indemnité convenable en cas d'infirmité ; pour les autres maîtres et maîtresses elle est facultative.	Quand un M. n'est plus en état de donner ses leçons au complet, on peut en réduire le nombre, avec ou sans réduction de son traitement.
	District rural. — M. principal 65 à 75 francs, autres M. 55 à 65 francs ; Ms. principales 35 à 40 francs, autres Ms. 30 à 35 francs par an par h. hebdomadaire. — Le traitement peut être élevé à 75 francs. Augmentation : M. 250 francs après 10 a., 350 francs, après quinze a. ; Ms. resp. 100, 150 fr.	M. logement, 1 arpent terrain, 2 moules de hêtre et 200 fagots.	Du service des pompiers.	Approprier et chauffer le bâtiment d'école (bois fourni par la C.).	Comme dans le district de la ville.	Comme dans le district de la ville.
13. **Bâle-Campagne**	M. min. 450 francs et l'écolage (3 fr. 60 pour un élève de l'éc. quotidienne, 1 fr. 50 pour un élève de l'éc. de répétition) ; min. absolu 700 fr. M. o. min. 60 francs, aides 30 francs.	Logement, 2 arpents terrain, 2 moules bois et 200 fagots, une part bourgeoise.	13. Du service militaire et de garde, du droit d'établissement et de tout impôt pour logement et terrain.			Subvention de l'État à la Caisse de prévoyance des M. 800 francs.

D. TRAITEMENT DES INSTITUTEURS ET INSTITUTRICES PRIMAIRES

É. État, C. Commune, Min. Minimum, éc. école, a. année de service, M. Maître, Ms. Maîtresse, M. o. Maîtresse d'ouvrages, h. heures.

CANTONS	TRAITEMENT EN ARGENT	ACCESSOIRES	EXEMPTION	OBLIGATIONS, ACCESSOIRES DES M.	PENSIONS	OBSERVATIONS
14. Schaffouse...	M. aux éc. mixtes 1,300 francs, aux éc. de classes d'après une norme fixe 1,000 à 1,550 fr. M. aux écoles d'hiver 500 francs. Augmentation après 4, 8, 16 ans resp. 40, 80, 200 francs. (Pour les écoles de la ville de C. des bourgeois a fixé des traitements propres bien plus élevés. Voir l'appendice (1re partie).	Logement (50 à 200 fr.) terrain, 2 moules bois 46 francs sont compris avec leur valeur dans le traitement.	14. Des droits d'établissement et de toute prestation personnelle.	Éventuellement diriger le chant d'église, moyennant une rétribution de 48 francs.	La moitié ou le tiers du traitement (facultatif).	Remplacement pour congé tout supporté par le M., pour maladie etc., la moitié. La famille retire le traitement du semestre courant et du suivant.
15. Appenzell... Rh. extérieures.	Min. 1,000 francs.	Logement, dans quelques localités bois ou indemnité.	15. Des droits d'établissement et des prestations personnelles.			Chaque M. reçoit à son entrée en fonction 200 francs, il est obligé d'entrer dans la Caisse de prévoyance des instituteurs.
16. Appenzell... Rh. intérieures.	Min. aux éc. de campagne, 800 francs à l'éc. des garçons d'Appenzell, à l'éc. des filles d'Appenzell 1,500 francs.		16.			
17. Saint-Gall...	Min. pour 13 h. hebdomadaires au maximum: Min. aux éc. annuelles 1,000 francs; aux éc. de neuf mois 1,301 francs; aux éc. semestrielles 850 francs y compris 100 francs pour l'éc. de répétition dans le semestre sans éc. M. o. min. 850 francs pour une demi-journée par semestre, 60 francs pour une école d'ouvrage non divisée, 40 francs pour chaque division d'une école d'ouvrage non divisée.	Logement, dans quelques localités bois. Logement ou indemnité de 100 à 400 francs fixé par la Commission d'éducation.	17.	La surveillance des enfants pendant le culte divin peut être exigée moyennant rétribution.		Le Conseil d'éc. peut exiger que le remplaçant soit rétribué par le M. pour au plus le 1/4 de son trait. au moins les 3/4 doivent être payés par la Caisse scolaire.
18. Grisons...	M. min. 340 francs pour 24 semaines d'école. Subvention de l'É. aux M. brevetés avec 1 à 8 a. 100 francs, après 9 a. 200 francs, aux M. admis 300 francs.		18.	Approprier et chauffer les salles d'école aux frais de la commune.		
19. Argovie....	M. inférieurs 800 francs, M. supérieurs 900 fr., M. aux éc. complémentaires 1,200 à 1,800 francs. Bons maîtres après 15 a. 100 francs, augmentation de l'État. M. o. pour chaque division min. 100 francs.		19. Du service de garde, et de toute corvée communale personnelle.		Les bons maîtres devenus infirmes reçoivent une pension de retraite d'au plus le 1/3 de leur traitement.	Les remplaçants reç. 3/4 du trait. légal; en cas de maladie ou de mort du maître, payés par ceux qui salar. le M. La famille reçoit le trimestre du décès. Entrée obligatoire (sauf pour les Ms. o.) dans la Caisse de prévoyance des M. soutenue par l'État.

D. TRAITEMENT DES INSTITUTEURS ET INSTITUTRICES PRIMAIRES

É. État, C. Commune, Min. Minimum, éc. école, a. année de service, M. Maître, Ms. Maîtresse, M. o. Maîtresse d'ouvrages, h. heures. (*Suite.*)

CANTONS	TRAITEMENT EN ARGENT	ACCESSOIRES	EXEMPTION	OBLIGATIONS, ACCESSOIRES DES M.	PENSIONS	OBSERVATIONS
20. Thurgovie . .	M. min. 1,000 francs. Les traitements ne peuvent être diminués. Augmentation de l'État après 5, 10, 15, 20 a. resp. 50, 100, 150, 200 francs. M. o. pour chaque division ou école 100 francs sans changement.	Logement, 1/2 arpent terrain ou indemnités. Cendres et purin du bâtiment d'école.	20. Des corvées communales, personnelles ou en argent.	Chauffer aux frais de la C. et approprier le bâtiment d'école.		Remplaçants 16 francs par semaine. Le Gouvernement règle les remplaçants prolongés et peut donner des secours. La famille reçoit le traitement du tr mestre et du suivant, mais elle entretient le remplaçant. Entrée obligatoire à la Caisse de prévoyance des M. (Subvention de l'État 2,000 francs).
21. Tessin. . . .	M. pour moins de 21. 31 à 46, plus de 45 resp. 500, 600, 700 francs pour six mois d'éc., pour chaque mois de plus augmentation de 1/10. Pour les petites écoles le Conseil d'État peut abaisser le M. à 400 francs.	Chambre et cuisine pour M. ou Ms ne demeurant pas déjà dans la C. si possible, un morceau de terrain.	21.	M. peuvent être tenus de se procurer eux-mêmes une M. o. moyennant une indemnité de 50 à 70 francs.		Remplacement lors de maladie pour un mois a lieu aux frais de la C., ensuite du M. et de la Ms.
22. Vaud	M. 1,400 francs pour les instituteurs et 900 fr. pour les institutrices.	Logement avec jardin, terrain plantage, bois pour l'école ou indemnités pour M. et Ms.	22.	Approprier et chauffer le local d'école (M. et Ms.). Tenir l'école du soir, si on le demande. Diriger le chant d'église.	De la Caisse de retraites pour 10, 15, 20, 25, 30, 40 a. M. brevetés 80, 160, 240, 320, 400, 500 francs. Ms. brevetées 80, 135, 190, 245, 300, 400 francs. (Pensions plus grandes dès 1876.)	Contribution obligatoire à la Caisse de retraites : M. 20 francs, Ms. 10 francs. La veuve perçoit 1/2. Chaque orphelin 1/5 de la pension que le M. aurait eue, total au plus cette pension.
23. Valais. . . .	Min. M. brevetés 20 francs, M. 15 francs, M. provisoire 45 francs. Ms. 25 francs par mois d'éc., C. de moins de 200 âmes pour 1 M. ou Ms. peuvent aller au-dessous du M. avec permission du Conseil d'État.	Logement et 1 moule bois si M. ou Ms n'est pas de la classe.	23. Des impôts communaux et municipaux sur les traitements du service militaire.			
24. Neuchâtel . .	Min. M. aux écoles mixtes permanentes 1,200 francs, aux éc. de classe 1,200 à 2,100 fr. d'après une norme fixe, aux écoles d'hiver temporaires 500 francs, éc. d'été temporaire 400 francs, éc. annuelle temporaire 1,000 francs. Ms. resp. 600, 800, 1,500, 350, 250, 700 francs.	Logement, bois, terrain, sont compris pour leur valeur dans le traitement en argent.	24.	Tenir des cours complémentaires et de répétition jusqu'au maximum de 33 heures par semaine.		Entrée obligatoire dans la Caisse des secours des M. (Subvention de l'É. 10,000 fr.)
25. Genève. . . .	Régents 1,500 francs, sous-régents 1,200 francs, élèves régents sortis du collège 800 francs, du gymnase 1,400 francs, autres élèves régents 600 francs. Régentes 1,100 francs, sous-régentes 800 francs, élèves régentes 400 francs. En outre régent et régentes de classe ont un casuel de 20 centimes par élève et par mois. Supplément de traitement. Régents jusqu'à concurrence de 2,000 francs, sous-régents de 1,800 francs. Régentes de 1,800 francs, sous-régentes de 1,200 francs. M. o. traitement fixé par le Conseil d'État.	A la campagne pour M. et Ms. logement avec jardin, dans la ville indemnités pour M. 400 fr. pour Ms. 250 francs.	25.	Les régents veillent à la propreté des locaux d'école.		Remplacement aux frais de l'É. en cas de maladie ou d'obligation officielle, sinon aux frais du M. ou de la Ms. Entrée obligatoire dans la Caisse de retraites. (Subvention de l'É. 5,000 francs).

Personnel enseignant des écoles secondaires.

NUMÉROS	CANTONS	CORPS ENSEIGNANT											TRAITEMENTS ANNUELS
		TOTAL	MAITRES PRIM.		MAITRES SPÉC.		MAITRES ÉTAT			MAITRESSES ÉTAT			
			Masculin	Feminin.	Masculin	Feminin.	Laïque.	Écoles.	Ord.	Laïque.	Écoles	Ord.	
1	Zurich	281	232	19	18	12	179	85	»	17	»	»	475.085
2	Berne	260	139	35	53	43	172	10	»	78	»	»	443.685
3	Lucerne	37	26	3	8	»	27	7	»	2	»	1	52.201
4	Uri	4	2	1	»	1	»	1	1	»	»	2	1.700
5	Schwytz	49	10	2	7	»	12	3	»	»	»	2	18.790
6	Unterwalden-le-Haut	3	4	1	2	»	1	2	»	1	»	»	1.500
7	— le-Bas	»	»	»	»	»	»	»	»	»	»	»	»
8	Glaris	46	13	1	2	»	13	»	»	1	»	»	39.200
9	Zug	24	6	»	12	6	10	8	»	»	»	6	10.670
10	Fribourg	36	16	2	16	2	22	10	»	4	»	»	44.320
11	Soleure	47	36	4	7	»	36	4	1	4	»	»	89.280
12	Bâle-Ville	73	43	18	10	4	43	1	1	15	»	7	201.035
13	Bâle-Campagne	26	15	1	9	1	22	2	»	2	»	»	38.534
14	Schaffouse	39	27	»	12	»	31	8	»	»	»	»	77.249
15	Appenzell (Rhodes extér.)	20	14	2	4	»	15	1	»	»	»	»	44.000
16	— (Rhodes intér.)	2	1	»	1	»	1	1	»	»	»	»	2.750
17	Saint-Gall	105	65	14	18	8	70	12	»	8	»	14	172.670
18	Grisons	31	19	»	5	7	20	3	1	7	»	»	25.910
19	Argovie	109	77	1	85	3	137	23	»	7	»	»	234.003
20	Thurgovie	64	29	»	32	3	31	30	»	3	»	»	70.030
21	Tessin	65	23	11	34	»	26	27	1	11	»	»	36.940
22	Vaud	7	5	1	»	1	5	»	»	2	»	»	11.900
23	Valais	8	5	»	»	»	3	»	2	»	»	»	4.000
24	Neuchâtel	64	23	4	26	11	49	»	»	15	»	»	169.242
25	Genève	48	19	21	8	»	27	»	»	21	»	»	104.640
	SUISSE	1.448	856	144	346	102	958	244	14	200	»	32	2.370.480

§ 4. — INSTITUTEURS DES ÉCOLES SECONDAIRES.

BREVETS. — NOMINATION. — TRAITEMENTS.

Zurich.

Tout candidat à une école secondaire doit répondre aux conditions suivantes :

1° Avoir exercé au moins pendant un an dans une école primaire de Zurich et fait deux années d'études à l'Université. (Le Conseil d'État peut seul autoriser des exceptions à cette règle.)

2° Passer un examen devant le Conseil cantonal pour l'obtention du brevet.

Les examens sont publiés et portent comme matières obligatoires :

Pédagogie,
Allemand,
Français,

et une des trois matières suivantes :

Dessin,
Musique,
Gymnastique.

Les matières sont réparties en trois groupes, au choix du candidat.

1° Langues modernes, histoire;
2° Mathématiques, physique, chimie;
3° Mathématiques, géologie, botanique.
Le Conseil d'instruction peut établir d'autres combinaisons.

L'instituteur secondaire, nommé, est tenu de donner trente-trois heures au maximum par semaine, sans compter la gymnastique; ses appointements sont de 1,800 francs au minimum; il a en outre l'habitation et le chauffage, et un jardin ; cette prestation doit représenter une valeur de 1,200 francs au minimum.

Berne.

Le brevet d'instituteur secondaire s'obtient après un examen public qui a lieu au printemps devant deux commissions, l'une pour la partie française du canton, l'autre pour la partie allemande.

Il est interrogé :

1° Sur les matières obligatoires suivantes (1) :

Pédagogie,
Composition française ou allemande.

2° Sur l'un des quatre groupes suivants :

1° Langue maternelle, latin, grec, histoire;

2° Langue maternelle, français ou allemand, anglais ou italien, histoire;

3° Mathématiques, géométrie et dessin linéaire, physique;

4° Mathématiques, géométrie et dessin linéaire, histoire naturelle.

En dehors de ces matières l'aspirant doit subir au moins une épreuve sur l'une des matières suivantes :

Dessin,
Chant,
Gymnastique.

Les candidats qui ont obtenu le brevet d'instituteur secondaire peuvent être nommés provisoirement ou définitivement.

Les postes vacants sont publiés.

Les postulants doivent avoir le brevet ci-dessus, ou passer l'examen.

Le Conseil d'État peut toutefois nommer des personnes dont les titres et les aptitudes lui sont connus.

Dans une école, le nombre des instituteurs est basé sur celui des élèves.

De 15 à 30 élèves	2
De 30 à 60 élèves (au minimum)	2
De 60 à 100 élèves (au minimum)	3
Au dessus de 100 élèves (au minimum)	4

Le départ de l'instituteur ne peut avoir lieu qu'à la fin du semestre.

Le traitement comprend, pour l'instituteur qui a fait des

(1) Programme de l'Université.

études universitaires (au moins) 60 francs par semaine, pour les autres (au moins) 30 francs.

En dehors du temps de l'école, les instituteurs sont tenus de donner deux ou trois heures par semaine à l'école professionnelle.

Lucerne.

Tout candidat ne peut être nommé s'il ne possède, en dehors du brevet des écoles primaires, un brevet spécial obtenu après un examen (1) qui comporte les épreuves sur :

La pédagogie,
L'allemand,
Mathématiques,
Langues modernes,
Sciences naturelles,
Histoire et géographie,
Dessin.

La nomination est faite par un comité ainsi formé :

Chaque commune élit pour quatre années un membre par 50 habitants.

Les communes ayant moins de cinquante habitants ont droit de nommer un membre.

Le vote a lieu au scrutin secret.

En dehors de l'habitation, du chauffage, le traitement est de:

Pour les instituteurs, de 1,200 à 1,600 francs ;

Pour les institutrices, de 1,000 à 1,300 francs.

Uri.

Schwytz.

L'examen comporte la pédagogie, la connaissance des méthodes d'enseignement et les matières du programme de Lucerne.

Unterwalden-le-Haut.

Unterwalden-le-Bas.

---

(1) Ce programme peut servir de type pour les examens des autres cantons. Je ne mentionnerai donc que ceux qui offriront une particularité quelconque.

Glaris.

Zug.

En dehors des matières du programme de Lucerne, les candidats sont interrogés aussi sur la religion et l'histoire de l'Église.

Les institutrices ont en outre à subir une épreuve sur les travaux à l'aiguille et l'économie domestique.

Les instituteurs adjoints ne sont interrogés que sur les matières qu'ils ont à enseigner.

La commission scolaire propose les instituteurs et la commune les nomme.

Fribourg.

Le Conseil d'État nomme les professeurs après examen ; il peut faire exception à cette règle en faveur des personnes dont les titres lui sont recommandés par le directeur de l'enseignement. Il désigne le directeur des écoles secondaires qui doivent compter trois instituteurs au moins.

Le traitement minimum est de 1,500 francs.

Soleure.

Le programme des examens porte, au choix du candidat, sur les sciences ou sur les lettres.

Le Conseil d'État nomme, sur la proposition de la Commission scolaire locale, après un stage obligatoire de deux années, les instituteurs secondaires pour une période de six années ou définitivement.

Le traitement est de 2,200 francs au moins, plus le logement et le chauffage.

Sur avis favorable de la Commission scolaire, le Conseil d'État fixe les augmentations.

Nulle autre fonction ne peut être acceptée par l'instituteur secondaire.

Bâle-Ville.

Le Conseil d'instruction, sur la proposition de l'inspecteur et de la Commission scolaire, nomme instituteurs secondaires, les candidats pourvus du brevet spécial.

Les professeurs touchent dans

Ville de Bâle	Instituteurs, de 100 à 160 francs pour une heure de leçon par semaine. Institutrices, de 40 à 80 francs pour une heure de leçon par semaine.
Banlieue	Instituteurs, de 90 à 130 francs. Institutrices, de 40 à 80 francs.

Bâle-Campagne.

Le Conseil d'État nomme après examen, pour une période de cinq années, dans chaque école de district, trois instituteurs qui se partagent l'enseignement des matières.

Le principal instituteur reçoit 1,720 francs, les deux autres 1,600 francs; ils ont tous droit au logement ou indemnité de 150 francs.

Celui qui enseigne les langues anciennes reçoit une indemnité de 250 francs.

Pour les districts du canton, il n'y a qu'un professeur de dessin dont les émoluments sont de 1,800 francs, plus 100 francs de déplacement.

Le principal instituteur a la responsabilité du local et du mobilier; il a le contrôle des absences.

Schaffouse.

Les instituteurs sont nommés après examen pour huit années par un comité spécial formé des membres du Conseil d'instruction et d'autorités de la commune.

Les instituteurs peuvent enseigner dans les écoles réales.

Les instituteurs doivent donner par semaine trente-deux heures de leçon.

Les institutrices, vingt-cinq heures de leçon.

Le traitement minimum est de 2,000 francs.

Appenzell (Rhodes extérieures).

Dans ce canton, l'examen du brevet est scindé (sciences, lettres).

Appenzell (Rhodes intérieures).

Saint-Gall.

L'examen du brevet d'instituteur secondaire est divisé en deux parties (sciences, lettres).

Le mode de nomination est le même que celui des instituteurs primaires.

Grisons.

Argovie.

Les candidats aux fonctions d'instituteur secondaire, qui possèdent un diplôme universitaire, sont exempts du brevet spécial.

La nomination appartient à la Commission scolaire du district, de concert avec le Conseil de la commune, et choisit parmi les candidats qui lui sont proposés par la direction de l'enseignement.

Le minimum du traitement est de 200 francs, logement en sus.

Thurgovie.

L'examen a lieu au printemps; ne peut y prendre part que celui qui a fait un stage d'une année au moins dans l'enseignement.

Il est susceptible d'être passé en deux fois. Le résultat de la première épreuve peut conférer un brevet provisoire. La deuxième épreuve subie, les candidats sont nommés instituteurs secondaires par le Conseil d'Etat pour une période de six années.

La durée des études par semaine est de trente-trois heures.

Le traitement est de 1,600 francs au minimum avec habitation. ou une indemnité de 100 francs à 400 francs.

Les instituteurs secondaires sont tenus d'assister à certaines conférences des instituteurs primaires; ils ont en outre deux conférences spéciales par an, obligatoires et dont les absences sont passibles d'une amende de 3 francs.

Tessin.

Le Conseil d'Etat nomme après examen, pour une période de quatre années.

Le traitement des instituteurs est au début de 1,000 francs et peut être augmenté tous les quatre ans, comme suit : 1,100 francs, 1,200 francs, 1,300 francs, 1,400 francs.

Les écoles secondaires ont des adjoints qui reçoivent annuellement un traitement de 700 francs au début, et tous les quatre ans sont augmentés de 1,000 francs jusqu'à 1,100 francs.

Le traitement des instituteurs secondaires est le même que celui de ces derniers. Les adjoints reçoivent de 400 francs à 700 francs.

Un instituteur primaire qui entrerait dans l'enseignement des écoles secondaires après dix années de service, appartiendrait de suite à la deuxième classe.

Vaud.

Les personnes avantageusement connues dans l'enseignement peuvent être nommées instituteurs secondaires sans l'examen obligatoire.

Les places vacantes sont données par voie de concours.

L'élection se fait comme pour les instituteurs primaires.

La direction de l'école est donnée à un instituteur.

Le minimum du traitement des instituteurs est de 1,400 francs, au minimum, le logement en plus.

Valais.

Neuchâtel.

Les licenciés ès sciences, ès lettres, sont dispensés de l'examen obligatoire qui comprend trois sortes d'épreuves :

Sciences;

Lettres;

Matières spéciales;

latin, grec, langues modernes, comptabilité, dessin d'ornement, calligraphie, musique.

La Commission d'école propose les nominations au Conseil d'État qui les arrête.

Genève.

Le plus grand nombre des branches d'études est confié à des professeurs spéciaux de l'école secondaire de jeunes filles.

Les maîtresses et sous-maîtresses d'études chargées surtout de la surveillance des écoles et qui doivent assister à toutes les leçons sont appelées également à enseigner la grammaire, la géographie et les ouvrages à l'aiguille.

Les professeurs spéciaux reçoivent annuellement de 120 à 160 francs, par heure d'étude par semaine. Ceux des classes supérieures reçoivent pour le même temps un traitement de 160 à 450 francs.

Le directeur de l'école touche 3,000 francs de fixe.

Les maîtresses d'étude, 2,000 francs.

Les sous-maîtresses d'étude, 1,000 francs; et si ces dernières donnent des répétitions, 200 francs en plus, soit 1,200 francs.

CHAPITRE IV

Bâtiments scolaires.

Plan typique d'une salle d'école.

Description de l'école du Schanzengraben à Zurich

Mobilier scolaire.

Notes sur la table de Zurich.

Tableau : mesures des tables scolaires de la ville de Zurich.

Notes sur la table de Saint-Gall.

Tableau : mesures des différents numéros de cette table.

BATIMENTS SCOLAIRES.

Dans la construction de leurs écoles, dont les grandes lignes et les vastes proportions font de véritables palais dans les villes et les monuments les plus remarquables dans les campagnes, les Suisses ont obtenu le bien-être pour la jeunesse, en observant toutes les conditions d'hygiène.

L'emplacement est bien choisi : le bâtiment s'élève dans une voie large, tranquille, à découvert, assurant ainsi aux enfants beaucoup d'air, une lumière abondante.

Les escaliers sont à pente douce, à cages larges, à angles droits, avec balustrades élevées ; les corridors où les enfants prennent le repos de dix minutes après chaque heure de leçon sont spacieux, bien situés, très éclairés.

Voici, d'après l'un des architectes (1) les plus autorisés de la Suisse, que ses études approfondies sur les questions scolaires ont appelé fréquemment à faire partie des jurys chargés d'examiner les plans d'écoles projetées, et récemment de l'important groupe scolaire que la ville de Berne élève actuellement, les règles qui président à la construction des classes mêmes.

On n'admet jamais en Suisse un éclairage bi-latéral, c'est-à-dire à droite et à gauche des élèves ; on exige toujours l'éclairage de gauche en évitant de faire descendre la fenêtre trop bas (environ 1 mètre au-dessus du plancher).

Cela conduit à faire des salles relativement peu larges ($6^{m},50$ à 7 mètres), c'est-à-dire aménagées seulement pour six élèves de front, soit trois bancs à deux places.

On tolère dans certains cas une fenêtre en face du maître et éclairant les élèves par derrière.

Lorsque les façades exigent une fenêtre en face des élèves on la maintient afin d'en profiter pour aérer plus complètement la classe en dehors des leçons ; par contre, durant les heures d'école, on tient le volet fermé ou bien on le masque par le tableau noir.

Pour le chauffage, on paraît de plus en plus abandonner le calorifère central à air chaud qui fonctionne rarement d'une façon satisfaisante.

---

(1) M. Recordon, à Lausanne.

On préfère en général le chauffage à la vapeur ou, si le budget est modeste, on admet des poêles ventilateurs à double enveloppe.

L'air frais du dehors est conduit par des canaux entre les deux enveloppes, s'y réchauffe et se répand de là dans la classe. L'air vicié s'échappe par un canal pratiqué dans l'angle opposé au poêle et qui commence à quelques décimètres au-dessus du plancher.

Le poêle est desservi autant que possible depuis les corridors.

Plan typique d'une salle d'école suisse.

Nombre d'élèves	48
Dimensions $10^{m},40 + 6^{m},60$.	$68^{m2},64$
Hauteur vide.	$4^{m}, 20$

SOIT

Surface du plancher par élève.	1^{m2},43
Cube d'air par élève.	6^{m3},00
Dimensions des fenêtres.	1^{m},50+2^{m}, 80

Boiserie blanche vernie au copal de 1^{m},20 à 1^{m},40, régnant sur le pourtour de la classe.

Plancher en chêne.

Murs gypsés et peints à la détrempe ou mieux à l'huile.

Les fenêtres sont munies de guichets mobiles.

Tables, pieds en fonte, banc et pupitre en bois dur.

Cabinets; il en existe généralement pour chaque classe et le plus souvent, ils sont dans le corps du bâtiment même.

Ils sont désinfectés par de la poudre de charbon, le chlorure de chaux et surtout le sulfate de fer.

Dans mes visites aux différentes écoles de Zurich, j'ai pu constater que, à peu de chose près, les conditions ci-dessus étaient adoptées pour la construction des bâtiments scolaires.

Cependant, j'ai cru utile d'examiner en détail une école de construction récente, « le Schanzengraben », et d'en donner une description aussi exacte que possible.

Cette école est située à proximité du jardin botanique, dans la partie occidentale de la petite ville; elle est entourée au nord, à l'est et au sud de larges rues; à l'ouest, elle a vue sur un panorama splendide formé par une série de montagnes qui limitent la ville et dont un lac la sépare. Elle est spécialement ouverte aux garçons et filles des classes primaires de la petite ville.

Elle mesure 75 mètres de façade sur 13^{m},80 de largeur avec un porche monumental de 10 mètres sur 5^{m},70 et a trois étages.

La hauteur du bâtiment est de 15^{m},40.

Sous-sol.	3^{m},30	15^{m},40
1er étage.	4^{m},10	
2e étage.	4^{m},10	
3e étage	3^{m},90	

L'école compte seize classes divisées en deux catégories, dites classes d'angles et classes centrales.

Classes d'angles. — Elles sont au nombre de six (deux par étage), éclairées de trois côtés. La lumière vient de gauche principalement, la fenêtre située en face des élèves est close, l'autre est placée derrière eux (1).

Elles n'ont qu'un seul battant et sont distantes de deux mètres.

Hauteur, 1er étage	2m, 64
— 2e —	2m, 70
— 3e —	2m, 46
Largeur	1m, 35
Surface du verre (2)	2m²,552

Ces salles ont la forme d'un rectangle.

Longueur	11m, 85
Largeur	6m, 20
Superficie	70m²,15
Hauteur	4m, 10
Cubage	287m³,61

Classes du centre. — Les classes du centre, au nombre de neuf, sont éclairées à l'ouest et mesurent 6m,48 de longueur sur 10m,05 de large, superficie 65m²,124, hauteur 4m,10 pour les deux premiers étages, 3m,90 pour le dernier.

Le cubage pour les deux premiers étages est de 267m³,008.

Mêmes dimensions pour les fenêtres que dans les classes d'angles.

La seizième classe a des proportions exceptionnelles; elle sert de salle d'examen de fin d'année.

Longueur	17m, 00
Largeur	7m, 00
Surface	119m²,00
Hauteur	3m, 90
Cubage	464m³,00

La surface du verre des fenêtres, 28m²,60.

Les classes contiennent en moyenne cinquante places; pour chaque élève, on obtient donc une surface et un cubage :

---

(1) En Suisse, les portes et les fenêtres n'ont généralement qu'un seul battant.

(2) On n'emploie jamais que le verre dépoli.

Dans le premier groupe de.	1^{m3},403
—	5^{m3},700
Dans le deuxième groupe de.	1^{m3},302
—	5^{m3},340
Pour la seizième salle.	3^{m3},30
—	11^{m3},070

Corridors. — Chaque étage est desservi par de vastes corridors, tous très bien éclairés et aérés, où les élèves prennent le repos de dix minutes après chaque heure de leçon.

Cabinets. — Il en existe un par classe avec trois portes successives ; l'eau y coule constamment et cet aménagement a permis de les établir sans aucun inconvénient dans le corps de bâtiment même.

Chauffage. — La direction de l'enseignement s'est arrêtée au chauffage par le calorifère.

Une vaste cour, avec une fontaine au centre et un jet continu, dont une partie est bien ombragée mène à une fort belle salle de gymnastique, dont la collection d'appareils est très complète.

Une salle spéciale est affectée aux collections d'histoire naturelle, de zoologie et de botanique.

Les professeurs ont une pièce où ils peuvent se réunir pendant les temps de repos.

MOBILIER SCOLAIRE

Les efforts les plus louables ont été faits pour la construction des bancs et des tables; mais suivant moi, peu de systèmes exposés, soit au musée Pestalozzi, soit à l'Exposition même, m'ont paru répondre aux bonnes conditions d'hygiène et de construction. Deux tables seulement, du reste les plus en usage, ont attiré mon attention et provoqué par suite un examen sérieux : ce sont les tables de Zurich et de Saint-Gall.

Toutes les autres m'ont semblé ou dangereuses par leur mécanisme ou trop larges ; les bancs, trop éloignés de la table, ou avec une inclinaison en arrière trop prononcée, etc. ; de plus, les proportions et la hauteur de la table, eu égard à celles du banc, n'étaient pas observées, et pouvaient avoir alors une mauvaise influence sur la santé des enfants, offrant des dangers pour la vue, pour les organes de la poitrine et la colonne vertébrale.

Tout ce matériel était lourd et tenait beaucoup de place.

Table de Zurich. — La table de Zurich, connue surtout sous le nom de table Koller, n'a été adoptée comme on va le voir qu'après une étude sérieuse et en 1875 seulement.

Une exposition de tous les systèmes de bancs, de tables, en usage en Suisse et à l'étranger, eut lieu à Zurich à cette époque.

Une commission composée :

de médecins,
de savants,
d'instituteurs,
de membres,

enfin des commissions scolaires de Zurich, fut nommée et chargée de traiter les questions relatives au mobilier scolaire.

Les discussions et l'examen portèrent sur les points suivants :

Distance entre le banc et le siège ;
Dossier du banc ;
Inclinaison de la table;
Rabat formant pupitre;
Dimensions suivant les tailles ;
Plancher de la table ;
Nombre de places, etc., etc.

Distance. — Les élèves doivent-ils se tenir parallèlement avec la table, ou former un angle aigu avec elle?

Tous les membres, surtout les médecins et instituteurs, se prononcèrent pour la tenue parallèle, c'est-à-dire pour la distance la moindre entre le banc et la table.

Les avantages sont évidents; le corps, forcé d'être droit, peut prendre son développement normal et l'organe même de la vue est ménagé.

Après les essais qui furent faits, sur une grande et petite distance de la table, la Commission arrêta un écart de trois centimètres.

Dossiers. — La nécessité d'un dossier ne fut point contestée et la discussion ne porta que sur son application.

Devait-il être plein ou à jour?

On rejeta le dossier plein qui n'a point sa raison d'être; le garçon n'y repose généralement que le haut du corps, il prend par cela même une fausse position; pour la jeune fille, il n'est d'aucun effet, les vêtements l'empêchant de s'appuyer entièrement.

On adopta:

Pour les garçons, un dossier formé de deux traverses, l'une destinée à soutenir les reins, l'autre pour l'appui du dos.

Pour les jeunes filles, on supprima le dossier destiné à soutenir les reins (à cause des vêtements), et on élargit de deux centimètres le dossier supérieur.

Inclinaison de la table. — La plupart des modèles exposés tendaient à donner à la table une direction horizontale. La Commission, tout en étant contraire à une inclinaison trop prononcée, reconnut de toute nécessité une pente de quatorze degrés pour l'enseignement de l'écriture et pour la vue de l'enfant.

Table à rabat. — La table adoptée fut celle du docteur Fahrner, déjà en usage à Saint-Gall.

Elle est divisée en deux parties dont l'une mobile se relève et forme pupitre avec l'inclinaison que l'on désire, à l'aide d'une charnière graduée et adaptée aux côtés de la table. De plus, l'enfant peut se tenir aisément dans la table et les mouvements de sortie s'opèrent facilement.

Pour la couture, ce système offre cet avantage, c'est qu'on donne à la table la position horizontale.

La pente facultative de la partie mobile de la table répond d'ailleurs à un autre besoin: au moment de la lecture, grâce à l'inclinaison que peut prendre le pupitre, on peut ménager la distance voulue pour l'enfant prédisposé à la myopie.

Dimensions pour tailles. — Dans le but d'obtenir des hauteurs normales pour les tables et les bancs, tous les enfants de la ville de Zurich ont été soumis à des expériences. On mesurait leur taille, on les faisait asseoir à une table et sur un banc à hauteur mobile; puis on baissait l'un ou l'autre jusqu'à ce que l'enfant fût assis commodément, c'est-à-dire la jambe pliée à angle droit, les pieds sur le plancher et l'avant-bras reposant librement sur la pente inclinée de la table. Chaque fois on notait la hauteur de la table et du banc; toutes ces mesures étaient inscrites sur un tableau, la moyenne en a été prise et on est arrivé ainsi à établir huit numéros de tables suivant l'âge des élèves.

Mesures des tables scolaires de la ville de Zurich (en millimètres).

AGE DES ÉLÈVES	6-7	7-8	8-9	9-10	10-11	11-12	12-13	13-14
TAILLE DES ÉLÈVES	101-110	111-120	121-130	131-140	141-150	151-160	161-170	171-180
NUMÉROS DES BANCS	1	2	3	4	5	6	7	8
Inclinaison de la table 15°.	80	87	90	95	100	100	100	100
Distance verticale entre la table et le banc.	190	200	210	220	230	240	260	280
— le banc et le plancher.	260	300	340	370	400	430	460	490
Écart entre le parquet et le plancher de la table.	220	163	110	63	»	»	»	»
HAUTEUR TOTALE DE LA TABLE.	730	750	750	750	730	770	820	870
BANC								
Hauteur du banc.	450	463	420	435	400	430	460	490
Largeur du banc.	230	240	250	260	280	295	320	340
DOSSIER								
Dossier inférieur à partir du banc	120	140	150	160	170	180	190	210
Dossier supérieur	190	200	220	230	240	250	260	280
Largeur du dossier supérieur pour garçons.	80	80	80	80	100	100	100	100
— — filles	100	100	100	100	120	120	120	120
TABLE								
…gueur de la table.	340	360	380	400	420	420	430	430
…blette fixe.	160	180	200	220	240	240	250	250
Largeur du rabat.	180	180	180	180	180	180	180	180
Frises.	110	110	110	120	120	120	120	120
Largeur de la tablette pour livres	200	200	200	240	240	240	270	270
Espace entre la tablette pour livres et la surface inférieure de la table.	145	145	145	140	140	140	140	140
Longueur de la table et du rabat.	1.200	1.200	1.200	1.200	1.200	1.200	1.400	1.400

Plancher de la table. — La table Koller est reliée au siège par un plancher. On a combattu sérieusement son existence. On lui reprochait d'être une gêne pour le balayage et d'augmenter le poids de la table. D'un autre côté, on reconnaissait son utilité dans les classes élémentaires surtout. On invoquait qu'il permettait de donner une plus grande hauteur à la table, sans s'écarter relativement à l'enfant des proportions de taille, en même temps qu'il facilitait la tâche du professeur, appelé souvent près de l'élève pour annoter un devoir, corriger l'écriture, etc. Son maintien fut décidé pour les quatre premiers numéros de table seulement.

Nombre de places. — La Commission s'arrêta de suite à la table à deux places, qui donne à l'enfant un accès facile à sa place et permet au professeur de se transporter aisément auprès de chaque élève.

Deux tables sont placées de front et séparées par une allée de $0^m,80$, dans le sens de la profondeur de la classe, les pieds des tables se touchent.

Pieds des tables et bancs. — Les pieds en fonte furent choisis pour ces raisons : ils donnent du jour et laissent voir la case de l'élève ; leur poids dispense de sceller la table dans le parquet ; en cas de rupture, ils sont remplacés facilement, les magasins scolaires étant approvisionnés des différents numéros.

L'expérience démontre que le remplacement se présente rarement.

Le restant du corps de la table est en bois, le dessus de la table en chêne, les autres parties en sapin.

Un des membres de la Commission, le docteur Horner, insista pour l'abandon de la peinture, le chêne devant conserver sa couleur naturelle, et l'on devait simplement donner une teinte similaire au sapin.

Il prétendit que la couleur noire, verte ou brune, fatiguait la vue de l'enfant en provoquant des réflexions nombreuses.

L'encrier est le plus souvent un verre cylindrique, placé dans un gobelet quadrangulaire en fonte ou fer, fixé dans la table et muni d'un couvercle mobile en fer-blanc vissé dans la table même.

Table de Saint-Gall. — La table pliante de Saint-Gall a été inventée par le docteur Fahrner.

Elle comprend moins de numéros que la table de Zurich, c'est-à-dire 5 au lieu de 8; par suite, les mesures pour tailles diffèrent comme l'indique le tableau ci-dessous.

Les proportions ont été basées sur les mesures suivantes :

Taille de l'élève;

Distance du banc au coude prenant la position pour écrire.

	TABLEAU				
	I	II	III	IV	V
Hauteur verticale. Pupitre et dossier. .	74	74	74	74	80
Hauteur verticale. Bancs, partie la plus élevée	45.4	44	42.5	41	46
Hauteur verticale. Petit banc.	18	12	6	aucun.	
Largeur totale du banc ou longueur de la traverse	80	82	85	90	94.96
Largeur du petit banc.	40	40	40	»	»
— du banc.	26	27	28	30	33.33
— du pupitre (entier) . . .	38	39	40	42	44
— du plaint avec cannelure	18	18	20	20	20
— du pupitre (partie fixe).	20	21	20	22	24
Distance entre le pupitre et le banc.	3	3	3	3	3
Éloignement du bord intérieur du pupitre au banc.	21	22.5	24	25.5	27
Inclinaison du pupitre sur 27e larg.	7.5	7.5	7.5	7.5	7.5

Ces tables sont à deux ou quatre places; la longueur des tables à deux places est de 120 centimètres pour les quatre premières tailles, de 135 centimètres pour la cinquième. La longueur des tables à quatre places est de 235 à 240 centimètres.

Je terminerai ce chapitre en notant que le professeur n'a qu'une simple table, sans commodité, sans estrade, le plus souvent reléguée dans un coin de la salle, peu faite pour la surveillance et attirer le respect de l'élève.

CHAPITRE V

A travers l'Exposition.

Situation.
Plan de l'Exposition.
Exposition scolaire.

A TRAVERS L'EXPOSITION

L'idée première d'une exposition suisse prit naissance en 1880, on voulait en faire coïncider l'ouverture avec l'inauguration du chemin de fer du Saint-Gothard; la situation politique et administrative du pays ne le permit pas; il fallait en effet un temps considérable pour réunir, classer ensuite les travaux de quantités de comités locaux et cantonaux.

Une grande assemblée réunie à Berne en fixa la date en mai 1883, et décida que cette exposition aurait lieu à Zurich.

Elle était la quatrième de la Suisse; la première avait eu lieu à Saint-Gall en 1843, la deuxième à Berne en 1848 et la troisième, de nouveau à Berne en 1857.

Ces trois premières expositions ne peuvent être comparées à celle de mai 1883, sous le rapport de l'étendue; celle-ci, du reste, embrassait le domaine entier du développement matériel et intellectuel de la Suisse, ainsi que le progrès des beaux-arts.

Par rapport à la Suisse, cette exposition fut une exposition universelle; elle mesurait une superficie 36,000 mètres carrés, et se composait de deux parties distinctes, dont l'une, la principale, se trouvait tout près de la gare, dans une magnifique promenade plantée de vieux arbres, appelée le Platz, et l'autre, dans le quartier industriel de la ville, située sur les bords de la Sihl et de la Limat. (Une annexe pour les beaux-arts avait été élevée près du lac de Zurich.)

L'administration se trouvait dans la grande promenade du Platz; la Commission scolaire était ainsi composée :

MM. J.-E. Grob, Zurich.
Geiser, professeur à Zurich.
J. Hardmeyer-Jenny, Zurich.
A. Koller, instituteur de l'école secondaire, Zurich.
Küttel, directeur de l'école, Lucerne.
J. Spuhler, secrétaire de la direction de l'enseignement.
Wettstein, directeur de l'école normale, Küsnacht.
Fritz Burkhardt, professeur, Bâle.
Docteur Killias, Chur.
C. Grob, Zurich (1).

(1) Président de l'Exposition : M. Oberst A. Vogeli, Bodmer. Directeur, M. Zuan Salis.

GROUPE 30.

Éducation, instruction, littérature, sciences, ayant une étendue de 855 mètres carrés, soit 57 sur 15.

Elle était située à l'extrémité nord-ouest de la galerie de l'industrie.

Les exposants, au nombre de 500, avaient pour la plupart une place très restreinte; non seulement on avait dû écarter beaucoup de demandes d'admission, mais le comité avait été dans la nécessité de restreindre chaque exposition industrielle.

Bien que limité dans son ensemble, le groupe 30 offrait, grâce à son intelligent organisateur, M. Koller, professeur, une disposition d'ensemble et un classement avantageux pour les exposants et les visiteurs.

Je vais passer successivement en revue les différentes parties de ce groupe, en m'étendant principalement sur tout ce qui a trait à l'enseignement primaire.

Section historique. — La section historique forme une salle spéciale; sur les murs, on voit les portraits de pédagogues célèbres.

Pestalozzi	1746-1827
Girard P..	1765-1850
Wehrli (J.-J.).	1790-1855
Eslin (J.).	1728-1782
Fellenberg	1771-1844
Rousseau (J.-J.).	1712-1778
Scherr (Ignace-Thomas)	1801-1870
Stapfer (Ph.-A.).	1766-1840
de Staël	1766-1817
Necker de Saussure	1775-1841
Zöllinger (J.-C.).	1820-1882

Mayer (F.), Normand, Naville, Gindroz, Gauthey, Vinet, etc.

Au-dessus de ces portraits, çà et là on lit les maximes suivantes de quelques-uns d'entre eux, maximes que l'on retrouve souvent en Suisse, inscrites sur les façades d'écoles et dont la plupart dénotent l'esprit de l'enseignement dans ce pays :

« Que votre élève ne sache rien parce que vous lui avez dit, mais parce qu'il l'a compris lui-même. »

J.-J. ROUSSEAU.

« Jeunes maîtres, souvenez-vous qu'en toutes choses vos leçons doivent être plus en actions qu'en discours ; car les enfants oublient aisément ce qu'ils ont dit et ce qu'on leur a dit, mais non pas ce qu'ils ont fait et ce qu'on leur a fait. »

J.-J. Rousseau.

« Le bon Dieu ne condamne pas les bonnes gens. »

P. Girard.

« Tout ce qui fait de l'homme un homme est le véritable objet de l'éducation. »

Mad. de Staël.

« Chacun croit que tout peut aller mieux qu'à présent ; mais pour obtenir le progrès auquel on aspire, ce sont peut-être les femmes avant tout qu'il importe de perfectionner. »

Mad. Necker de Saussure.

« Ce qui n'est pas compris ne profite pas, et ce qui ne profite pas nuit presque toujours. »

Vinet.

« C'est s'engager dans une route funeste que d'aspirer dans l'éducation à une suite de résultats prochains. »

Naville.

« Un jour, la Suisse entière célébrera périodiquement la fête représentative de l'éducation helvétique, pour corroborer l'union des cœurs et l'unité de l'esprit au milieu de la diversité des formes sociales.

Mounard.

« La véritable émancipation d'un pays date de l'émancipation des esprits. »

Mounard.

« Le mérite d'une méthode d'enseignement dépend des rapports qu'elle établit entre les objets de l'étude et l'intelligence qui étudie. »

Gindoz.

« Il faut que l'instituteur, en tout temps, sache attendre, travailler, espérer et aimer. »

Gauthey.

Ces portraits et ces maximes, qui occupent une large place dans l'Exposition scolaire, témoignent du respect de la Suisse pour ceux qui ont travaillé au progrès de l'instruction du peuple.

Une collection d'autographes de ces hommes illustres complète cette intéressante exposition, montre les phases successives de l'enseignement et les luttes soutenues pour son développement.

Les cantons de Zurich, Genève, Saint-Gall, Bâle, Winthherthur, Neuchâtel, ont formé entre eux cette exposition qui fait connaître le mode d'enseignement, les différentes occupations, les moyens d'instruction employés dans ces écoles.

Les tableaux d'histoire naturelle d'André Perthes, les dessins choisis parmi les plus heureux modèles, les piquages brodés aux vives couleurs et les entrelacements de lattes, de laiton, représentant les combinaisons les plus variées de figures géométriques, donnent à ce coin de l'Exposition un aspect des plus riants.

Sur des tables, toute une collection d'objets divers, en terre glaise, moulés, servant de modèles aux enfants, représentent les travaux qu'on leur fait faire ; dans un angle enfin, un véritable jardin miniature avec ses allées, la maison d'habitation les dépendances, jets d'eau, etc.

Plans d'écoles. — J'ai dit au chapitre bâtiments scolaires, combien les Suisses étaient fiers et à juste titre de leurs écoles. Aussi cette classe offrait-elle une exposition particulièrement remarquable de plans d'établissements scolaires, avec façades, coupes, etc.

L'album que j'ai été assez heureuse de pouvoir joindre à ce rapport donnera une idée de cette exposition, à laquelle ont pris part les cantons de Bâle, Vaud, Genève, Zurich.

Le premier surtout mérite d'être mentionné spécialement.

Dans cette classe on trouvait aussi les catalogues, les prospectus envoyés par les différentes maisons de la Suisse, qui fournissent le matériel d'enseignement.

Direction de l'enseignement. — Un cabinet spécial avait été réservé à la collection des lois, ordonnances, règlements, circulaires, en vigueur dans les différents cantons. On se rendra compte de la quantité considérable de documents entassés dans cette partie de l'Exposition scolaire, si l'on veut bien se rappeler que chaque canton a une organisation différente.

Parmi les travaux importants, je signalerai la statistique Grob; le Conseil fédéral a chargé la Commission du groupe 30 de continuer la statistique scolaire commencée en 1871. Les collaborateurs à cette œuvre gigantesque sont MM. C. Grob, secrétaire du département de l'instruction publique du canton de Zurich; Hunzicker, professeur à l'École normale de Kusnacht.

Grâce à l'heureuse idée d'un des membres de la Commission du groupe 30, M. Koller, instituteur secondaire, le visiteur pouvait consulter une partie de cette statistique à l'aide de graphiques peints sur les murs.

Travaux d'élèves. — Tous les cantons n'ont pas pris part à cette partie de l'Exposition; de plus, l'emplacement limité de cette classe n'a pas permis d'admettre tous les travaux envoyés.

Des dix cantons admis à exposer, et dont je vais parler, aucun n'a pu faire une exposition complète; l'un a été représenté par ses manuels, l'autre par des travaux d'élèves; celui-ci par des dessins, celui-là par des ouvrages manuels; et ces expositions partielles ont formé un ensemble qui pouvait donner à peu près un aperçu des méthodes, et de l'enseignement des différentes branches.

Ont exposé :

Canton de Zurich.

Des classes élémentaires de Zurich et Winthorthur . .	Langue allemande. Écriture.
Des classes réales de plusieurs communes. . . .	Grammaire. Arithmétique. Géométrie.
Des écoles complémentaires.	Histoire. Tenue des livres.
Des écoles secondaires de plusieurs districts. . . .	Grammaire. Mathématiques. Français. Histoire. Géographie. Dessin d'ornement.

Livres employés dans ces divers établissements.

Canton de Fribourg.

Livres d'enseignement.

Canton de Bâle.

Livres d'enseignement, solides géométriques.

Canton de Vaud.

Écoles primaires.	Exercices. Arithmétique. Livres d'enseignement.

Canton d'Argovie.

Écoles primaires et de districts.	Dessins d'ornement.

Canton de Lucerne.

Écoles primaires et secondaires.	Calligraphie. Composition. Arithmétique. Dessins. Cartes géographiques. Livres de lecture.

Canton de Berne.

Livres en usage.

Canton de Tessin.

Écoles primaires.	Travaux divers en italien. Livres scolaires.

Canton de Saint-Gall.

Écoles primaires . . . . . . — complémentaires . . . — réales.	Langue allemande. Composition. Comptabilité. Arithmétique. Géométrie. Cartes géographiques. Dessins d'ornement.

Cantons de Genève et de Neuchâtel.

Livres obligatoires pour les élèves et ceux recommandés au personnel enseignant.

Canton de Zurich.

Institut privé Beust, à Hottingen	Collections de plantes. Solides géométriques, etc.

Comme on vient de le voir, peu de travaux d'élèves avaient été exposés ; les appréciations suivantes portent autant sur les notes prises dans les écoles que dans l'exposition même.

LECTURE ET ÉCRITURE.

L'enseignement de la lecture est presque toujours donné simultanément avec l'écriture, mais l'élève qui commence ne doit apprendre la première année que les caractères graphiques, réservant l'étude des caractères typographiques pour la deuxième année; c'est ce procédé qui est employé à Berne, Zurich, Bâle, etc. Presque partout la méthode phonétique est préférée à la méthode d'épellation.

Les livres n'offrent pas un choix très varié; il y a généralement le livre des classes élémentaires, celui des classes réales, et celui des écoles secondaires.

Les auteurs les plus connus sont :

Dans les cantons allemands :

Eberhard, livre pour les classes primaires.

Ruëgg, livre pour les classes primaires.

Jacob, livre pour les classes élémentaires.

Gachnang, livre pour les classes élémentaires.

Dans les cantons français, nous retrouvons presque tous nos livres.

Regimbeau, Noë, Fabre, Dupuis, Guyau, docteur Saffray, Dussaud, Gavard etc.

Des récits, des morceaux choisis, des leçons de choses, etc., sont le fond de ces lectures.

Écriture.

A l'époque de l'Exposition scolaire de Zurich, l'enseignement de l'écriture était dans une période de tâtonnement.

Depuis plusieurs années déjà, en effet, dans la plupart des cantons de la Suisse, une discussion était engagée pour savoir si l'on devait maintenir les caractères gothiques ou leur substituer d'une façon générale les caractères latins.

Entre autres raisons invoquées en faveur de cette transformation, je citerai celle-ci :

Le souci de la vue de l'enfant; la myopie existe dans des proportions considérables. J'ai constaté moi-même dans les visites aux écoles, que beaucoup d'enfants portaient des lunettes; de plus, dans le synode auquel j'ai assisté, j'ai été frappé de voir sur 450 instituteurs environ, plus de la moitié porter lunettes.

L'attention du Conseil d'hygiène fut appelée là-dessus, et celui-ci a attribué cette particularité aux caractères propres à l'écriture allemande.

Aussi, dans la plupart des cantons, ne se sert-on aujourd'hui que des caractères latins et de livres imprimés avec ces caractères.

Une autre raison était que toutes les langues emploient ces derniers caractères, que l'allemand seul fait exception, que l'enseignement des langues étrangères, obligatoire partout, serait ainsi plus facile.

Les premiers éléments de l'écriture consistent le plus souvent en petits exercices de dessin; on tend aussi à rendre la main de l'élève souple et à éviter la raideur dans l'écriture. Pour cette raison même, on supprime insensiblement l'usage de l'ardoise dans bien des cantons; le crayon exige, en effet, que l'enfant appuie; de plus, les caractères miroitent et ont une mauvaise influence sur les facultés visuelles.

Dans l'Exposition, je n'ai vu que quelques cahiers d'écriture servant de modèle; l'instituteur fait généralement le modèle lui-même sur le cahier et aussi sur le tableau.

L'exposition des travaux d'écriture devait naturellement se ressentir des tentatives de cette transformation.

LANGUE MATERNELLE (RÉDACTION, GRAMMAIRE, ORTHOGRAPHE).

Rédaction.

Dès les premières années de classe commencent les exercices d'intuition : l'enfant est d'abord appelé à décrire les objets qui l'environnent ; il le fait oralement avec le concours du maître; un peu plus tard il écrit des groupes de mots et des propositions, et, insensiblement, il passe à des rédactions de divers degrés.

Dans le cours supérieur, l'élève est guidé par les traités de rédaction des professeurs Ruegg, Fusch, Straubb, etc., le cours de style Larousse, le cours pratique de composition de Leclair et Rouzé. A Fribourg, on emploie la méthode analytique de style par le frère P.

Les écoles primaires et secondaires du canton de Zurich avaient exposé des rédactions; je dois noter que dans ce canton il n'y a aucune méthode particulière; le plan d'études ne fait qu'indiquer ces exercices sans en déterminer la nature; il y avait donc une grande variété dans tous ces travaux là; le sujet était heureux, le plan distribué avec intelligence, la rédaction bien menée : plus loin, au contraire, le sujet était peu en rapport avec l'âge de l'enfant, on sentait le tâtonnement dans le sommaire, et la rédaction en souffrait.

L'exposition de l'école secondaire de Lucerne est à signaler : l'élève avait traité lui-même le sommaire de la rédaction, et plusieurs de ces rédactions étaient remarquables.

Grammaire.

On ne commence pas l'enseignement de la grammaire dès les premières années de classe dans tous les cantons. La grammaire n'est étudiée qu'à partir de la quatrième année de classe dans les cantons de Zurich, Berne, Glaris, Argovie, Thurgovie, Appenzell (Rhodes extérieures), Schaffouse; à partir de la deuxième année à Lucerne, Uri, Unterwalden-le-Haut, Zug, Soleure, Appenzell (Rhodes intérieures), Vaud; dès la première année dans les cantons de Saint-Gall, Grisons, etc.

Les traités de Larive et Fleury, Guerard, Bescherelle, Larousse, le dictionnaire Littré et Beaujan figuraient dans les cantons français.

Orthographe.

Les plans d'études dans certains cantons, entre autres dans celui de Zurich, ne mentionnent pas l'orthographe ; ils ne la considèrent pas comme une matière spéciale, mais comme un exercice devant se rattacher au côté de l'enseignement de la langue maternelle.

Pour les cantons français, ils se trouvent en présence de difficultés trop sérieuses pour ne pas étudier l'orthographe à part.

Les dictées font partie de toutes les épreuves d'examens de fin d'année dans tous les degrés, et c'est cette épreuve qui est, en général, décisive.

Langues étrangères.

Les plans d'études mentionnent tous, dès la deuxième année de classe d'école secondaire, l'enseignement d'une langue étrangère.

Le français est obligatoire dans les cantons allemands et le Tessin, l'allemand dans les cantons français ; l'anglais et l'italien sont enseignés, mais comme matières facultatives.

Les langues anciennes, latin et grec, ne font partie du programme que dans peu d'écoles secondaires.

Les livres d'enseignement sont de Keller, à Zurich ; de Brettinger, de Baumgartner, Ahn, etc.

Arithmétique, Géométrie,

Dans la plupart des traités d'arithmétique exposés, on voit qu'il est recommandé aux instituteurs de procéder pour l'enseignement de cette science graduellement et par intuition.

Pour les premières années de classe, par exemple, les opérations ne doivent jamais porter que sur des nombres concrets inférieurs à 100. Bien souvent au début, le calcul n'est que mental et enseigné à l'aide d'objets (monnaies imitées, baguettes, etc.).

L'explication de la théorie ne commence guère que vers la quatrième ou cinquième année, en même temps aussi les opérations sur les fractions.

L'examen des travaux exposés prouve que les problèmes restent toujours dans un cadre usuel et facile.

Parmi les exercices de comptabilité, je signalerai l'exposition de Bâle-Ville.

Dans les cantons du Tessin, de Fribourg, l'enseignement de la comptabilité se borne à quelques factures, dont la disposition et l'écriture pour un exercice de cette nature laissen quelquefois à désirer.

Le matériel exposé comprenait le « boulier-compteur » pour les classes élémentaires; le mètre en bois dont les divisions étaient coloriées; le tableau comparatif du système métrique et du système de poids et mesures suisses, le tableau démonstratif de la théorie des fractions par Maillard, instituteur, montrant successivement les principales opérations à effectuer sur les fractions.

Pour l'enseignement de la géométrie, les cantons de Bâle, Vaud, Argovie, Genève, l'institut privé Beust à Hottingen (Zurich) avaient exposé une collection de solides propres aux démonstrations.

Les principaux traités d'arithmétique étaient de Bodmer, Zähringer, Ducotterd, Leyssene; la géométrie de Hunzicker, celle de Guillemin; la méthode de dessin linéaire de Riegger.

Histoire et Instruction civique.

Dans certains cantons, on divise l'enseignement en matières principales et secondaires; l'histoire est alors du nombre de ces dernières.

A l'école primaire, on se borne aux faits principaux de l'histoire de la Suisse, et en particulier à ceux qui intéressent le canton.

A l'école secondaire seulement, commencent les notions d'histoire générale; de grands tableaux synoptiques sur pivot étaient exposés.

L'instruction civique est donnée en même temps que l'histoire; elle est une simple causerie sur les institutions, les lois fondamentales, les formes du gouvernement, etc.

A Genève, le traité de Duchosal et Berthet est en usage dans les écoles.

Chant.

Les livres exposés prouvent qu'en dehors de la méthode chiffrée de Chevé, employée dans les cantons de Genève, Neuchâtel, il n'existe aucune théorie de chant. Les autres recueils à une ou deux parties et souvent avec paroles, sont de Ruëgg, Schaüblin, Louis Müller, etc., le solfège Edouard Batiste, à l'École normale de Vaud.

Pour les classes élémentaires, ce sont de petites mélodies, ayant pour titres : *Chant du matin, Chant du soir, Au printemps, le Dimanche, la Nuit, la Nature, le Sapin, Chant de la Suisse, la Patrie, le Mal du pays, etc.*

Dans les classes les plus avancées, la musique est généralement choisie dans les œuvres des bons compositeurs; aux explications orales de solfège, on joint quelques notions très élémentaires d'harmonie.

Dessin.

Comme l'indiquent les méthodes de J. Carot, Hauselmann et Ruigger, Gilliait, Hutter, Cassagne et Boccion, l'élève apprend encore dans bien des endroits à copier un dessin.

On ne dessine, d'après la bosse, qu'à l'école secondaire.

L'Exposition n'offrait aucun modèle de ce genre; ce n'est qu'à Zurich, à l'École supérieure, que j'ai vu une collection intéressante d'ornement, et celle des frères Dupuis, comprenant une série de plâtres de différents numéros des paysages, des tours, etc.

Les écoles secondaires de Zurich donnaient une exposition très remarquable de rosaces, fleurs, dessins appliqués à l'industrie (art polychrome), etc. Le canton de Saint-Gall rivalisait avec celui de Zurich.

Venaient ensuite les cantons de Lucerne, d'Argovie.

A part, dans un espace réservé, on s'arrêtait devant la valeur incontestable des expositions des écoles d'art de Bâle, de Genève et de Zurich, c'est-à-dire devant une collection de dessins de trois genres, de portraits à l'huile, de peinture sur porcelaine, etc.

Couture.

Le matériel d'enseignement, c'est-à-dire le canevas installé sur une mécanique que l'on retrouve dans presque toutes les écoles pour la partie théorique de la leçon et le tableau noir quadrillé avec le dessin en rouge des différents points, figurait à côté de collections fort nombreuses.

Cette partie comprenait surtout des travaux de lingerie, chemises d'homme et de femme, corsages de dessous, draps à jour et brodés, raccommodages divers, tricots, etc., puis des ouvrages de fantaisie, tapis brodés, corbeilles, filets, albums, tableaux, etc.

L'école de Bellinzona tenait un premier rang avec les écoles secondaires de Zurich, Winthertthur et de Saint-Gall.

En général, à partir d'un certain âge, l'enseignement est donné pratiquement sur tout, en ce sens qu'il comprend la confection d'objets usuels, c'est-à-dire que l'enfant fait, par exemple, une chemise, un jupon, au lieu de faire un surjet, une couture sur un morceau d'étoffe.

Une seule école, celle de Hottingen, a exposé quelques costumes sur de petits mannequins, d'après la méthode Egli-Brumenstein.

Dans une vitrine spéciale, on pouvait voir les costumes de femme sortant de l'école professionnelle libre de Mlles Boos, à Zurich, ainsi que les patrons ayant servi de modèles.

Sciences.

Les sciences sont enseignées rationnellement, grâce aux musées que possèdent la plupart des écoles.

J'ai pu voir à Zurich, dans les établissements que j'ai visités et à l'Exposition même, les nombreux appareils mis à la disposition du professeur pour les démonstrations de physique et de chimie, et les riches collections pour l'enseignement de la zoologie et de la botanique.

J'ai remarqué également les grands tableaux d'histoire naturelle de Wettstein, l'album de physiologie et d'anatomie en usage dans les écoles secondaires et supérieures de Dodel, les tableaux d'anatomie de Dussaud et Gavard, la jolie collection d'oiseaux dans la nature éditée par Lebet, à Lausanne, enfin des traités de Wettstein qui, en un seul volume, renferment les notions principales d'histoire naturelle, de physique et de chimie.

Géographie.

Une des parties les plus remarquables de l'exposition scolaire était la section géographique qui comprenait spécialement les cartes générales de la Suisse ou de ses cantons. Je mentionnerai tout d'abord la carte de Dufour, un véritable monument scientifique.

Elle se compose de vingt-cinq feuilles ; elle est la représentation aussi exacte que possible de la configuration du sol du pays; de la plaine au sommet des plus hautes montagnes, aucun sentier, aucune maison, aucun point, aucun ruisseau n'a été oublié.

C'est un travail de géant qui a demandé à son auteur trente-trois années de labeur.

La Suisse reconnaissante a immortalisé le nom de Dufour, en appelant *Pic-Dufour* la plus haute cime des Alpes suisses (4,638 mètres), faisant partie du groupe du mont Rose.

Parmi les mappemondes, peu en usage dans les écoles de la Suisse, je ne citerai que celle de Keller.

Les cartes d'Europe physique et politique du même géographe et de Magnenat sont dans presque tous les établissements scolaires.

Chaque canton possède la carte de la Suisse de Keller et Ziegler.

Une carte oro-hydrographique de la Suisse par Wurster et Randegger attire l'attention par sa netteté et le relief de ses montagnes.

Je citerai aussi une belle carte géologique de la Suisse, établie par la Commission de géologie avec le concours de MM. Muller, Théobald, Maesch, Kauffmann, Fellenberg.

Presque tous les cantons, Zurich, Berne, Vaud, Valais, Argovie, Appenzell, Genève, Neuchâtel, ont leur carte particulière; certaines d'entre elles sont très nettes, d'autres sont confuses en raison des détails.

La configuration du sol du pays demande tout naturellement la carte en relief. Aussi de nombreuses cartes de ce genre étaient-elles exposées, dressées en grande partie par des instituteurs des cantons de Zurich, Vaud, Saint-Gall principalement.

L'enseignement de la géographie est donné d'une façon rationnelle à l'aide de ces cartes qui font connaître à l'enfant d'abord la situation de sa commune, puis les environs, son canton et enfin la Suisse entière.

La lecture des cartes lui est ainsi rendue plus facile.

J'ai vu très peu de sphères.

Un nouvel appareil cosmographique de Waddmann était exposé. Par un mouvement mécanique, la terre tournait sur elle même et autour du soleil en passant par les différents signes du zodiaque.

Outre les cartes que j'ai mentionnées, le personnel enseignant avait exposé les rapports pédagogiques des dernières années.

J'en ai parcouru quelques-uns, et cet examen m'a démontré que les questions pédagogiques posées en Suisse avaient beaucoup d'analogie avec les nôtres.

Je retrouve par exemple les sujets suivants :

L'enseignement des sciences et les collections scolaires.

Les programmes actuels tiennent-ils suffisamment compte du développement physique des enfants ?

De l'emploi des manuels à l'école primaire.

CONCLUSIONS.

Le rapport qui précède est, comme on l'a vu, divisé en cinq parties.

J'ai cherché, sans phrases, à traiter chacune d'elles, n'ayant qu'un but, celui de donner une idée aussi exacte que possible de l'organisation de l'enseignement primaire en Suisse.

Malgré les soins que j'ai pris, ce travail doit évidemment présenter des lacunes, des longueurs et des répétitions, conséquences de l'organisation spéciale que possède chaque canton.

Je terminerai en ajoutant quelques notes et remarques.

L'instruction est obligatoire dans toute la Suisse depuis 1871.

Le temps d'école se compose de six années dans sept cantons; Zurich, Zug, Unterwalden-le-Haut, Unterwalden-le-

Bas, Bâle-Campagne, Appenzell (Rhodes intérieures) et Uri; de sept années dans sept autres cantons : Bâle-Ville, Genève, Saint-Gall, Glaris, Schwytz, Appenzell (Rhodes extérieures) et Lucerne, de sept années et demie à Soleure; de huit années dans les cantons de Schaffouse, Grisons, Argovie, Tessin et Valais; de huit années et demie dans celui de Thurgovie; et enfin de neuf années dans ceux de Berne, Fribourg, Neuchâtel et Vaud.

Dans ces trois derniers états, les commissions d'école sont autorisées à dispenser de l'école sans examen les enfants de treize et même de douze ans, de sorte qu'il n'y a que le canton de Berne qui exige une fréquentation pendant neuf années entières.

D'après la statistique Grob, l'enseignement dans les écoles primaires est gratuit.

L'écolage existe pour les écoles enfantines et secondaires; toutefois certains cantons donnent la gratuité.

Le Conseil fédéral veille à l'application de l'article 27 dans toute la Suisse; mais il n'a aucun contrôle sur les études et il n'en connait la valeur pour chaque canton que par les examens des recrues, créés en 1875, je crois.

Bien que ces examens concernent les jeunes gens, je dois ici en parler puisque nombre d'écoles mixtes existent, que ces examens seuls donnent une idée comparative de l'enseignement et qu'enfin, c'est d'après eux que le classement des cantons dans l'instruction est établi; ils ont lieu chaque année.

Le tableau ci-contre donne, depuis 1875, la place de chaque canton, avec le rang moyen dans la dernière colonne.

L'année scolaire ne commence pas aux mêmes époques; elle a lieu surtout au printemps; la direction de l'enseignement tient compte des besoins locaux.

Les répressions des absences varient beaucoup dans leur nature; le plus souvent des amendes sont appliquées, mais quelquefois aussi les parents sont déférés à l'autorité judiciaire, et on voit même, comme dans le canton de Soleure, l'intervention du gendarme, ramenant l'enfant à l'école, intervention qui n'exclut pas l'amende.

NUMÉROS	CANTONS	ANNÉES 1875	1876		1878	1879	1880	1881	1882	1883	Rang moyen.
1	Bâle-Ville	1	2	1	1	3	1	1	1	2	1
2	Genève	2	3	2	2	1	3	2	5	1	2
3	Zurich	4	5	4	3	4	2	4	3	4	3
4	Thurgovie	3	1	3	5	8	4	3	4	3	4
5	Schaffouse	6	6	6	4	2	5	5	2	5	5
6	Vaud	5	4	5	6	5	11	8	11	8	6
7	Soleure	9	7	7	7	12	15	10	8	3	7
8	Zug	14	12	8	8	7	13	12	9	9	8
9	Neuchâtel	7	10	13	14	11	12	9	10	7	9
10	Obwalden	21	16	11	8	6	10	14	6	6	10
11	Argovie	16	9	14	17	10	8	6	12	14	11
12	Saint-Gall	8	11	9	16	18	9	15	13	15	12
13	Grisons	13	15	17	13	16	7	11	15	12	13
14	Lucerne	12	8	10	12	9	18	19	21	24	14
15	Glaris	17	22	20	18	17	6	13	7	10	14
16	Bâle-Campagne	10	13	16	16	14	16	16	19	18	15
17	Appenzell (Rhodes extérieures)	11	14	12	20	22	14	17	14	11	16
18	Tessin	18	20	19	11	19	20	7	17	16	17
19	Berne	15	21	18	15	15	17	18	20	19	18
20	Nidwalden	24	23	15	19	13	22	13	16	20	19
21	Schwytz	22	17	22	21	20	19	21	18	17	20
22	Fribourg	20	18	21	22	24	21	20	24	24	21
23	Uri	19	19	24	23	21	24	24	22	25	22
24	Valais	23	25	25	24	23	23	22	25	23	23
25	Appenzell (Rhodes intérieures)	25	24	23	25	25	25	25	23	22	24

L'enseignement religieux figure dans presque tous les programmes scolaires; il est donné le plus souvent par un ecclésiastique, aussi par l'instituteur seul et quelquefois par l'instituteur sous la direction du curé de l'endroit. Cet enseignement dans certains cantons est donné dans le local de l'école même.

A Berne et dans d'autres cantons, le choix des livres religieux appartient à l'ecclésiastique.

Quant au personnel enseignant, les ecclésiastiques sont en majorité dans les cantons suivants :

Unterwalden-le-Bas	83 0/0
Untervalden-le-Haut.	66 0/0
Uri	66 0/0
Schwytz.	53 0/0
Zug	52 0/0

Les rangs qu'occupent ces cantons dans le tableau que je viens de donner sont peu flatteurs pour l'enseignement congréganiste.

En effet, si Zug tient le huitième rang, Untervalden-le-Haut le dixième, les autres sont classés ainsi : Untervalden-le-Bas, dix-neuf; Schwytz, vingt; Uri, vingt-deux.

Les écoles enfantines, dans certains cantons, n'ont pas le caractère d'écoles primaires ; dans beaucoup, en effet, aucune des matières n'y est enseignée.

Il sera intéressant, je crois, de connaître d'après les deux statistiques suivantes, les biens, les recettes et les dépenses des écoles primaires.

Biens de l'École.

NUMÉROS	CANTONS	BIENS DE L'ÉCOLE				NOUVELLES MAISONS D'ÉCOLES
		IMMEUBLES	CAPITAUX	MOBILIER	TOTAL au 31 décembre 1881.	dès 1871.
1	Zurich	[illegible]	[illegible]	621.512	20.103.308	5.822.7.0
2	Berne	15.112.283	5.262.288	665.582	21.317.253	6.513.420
3	Lucerne	1.625.6[illegible]	1.327.579	110.973	3.061.084	309.800
4	Uri	252.229	136.662	8.982	407.903	46.632
5	Schwytz	1.134.29[illegible]	665.023	52.262	1.795.175	396.808
6	Unterwalden-le-Haut	212.5[illegible]	221.350	9.864	444.714	94.000
7	— le-Bas	212.100	129.719	11.765	353.524	428.000
8	Glaris	1.070.2[illegible]	1.016.181	79.792	2.196.473	476.000
9	Zug	652.500	414.175	29.518	1.097.403	428.783
10	Fribourg	2.142.40[illegible]	3.664.637	94.509	6.030.715	540.426
11	Soleure	2.493.465	2.872.728	99.777	5.465.910	513.300
12	Bâle-Ville	2.151.000	2.108.720	421.495	4.231.835	170.000
13	Bâle-Campagne	2.203.217	634.250	62.778	2.900.235	588.662
14	Schaffhouse	1.225.966	1.621.250	57.234	2.925.459	83.600
15	Appenzell Rhodes extérieures	1.252.070	2.045.151	85.140	3.349.961	124.900
16	— Rhodes intérieures	200.500	44.217	6.267	250.884	103.000
17	Saint-Gall	5.561.465	7.190.798	282.459	13.043.726	1.468.010
18	Grisons	1.984.631	2.814.794	94.797	4.901.221	635.460
19	Argovie	5.308.583	5.477.797	352.502	11.138.884	1.393.870
20	Thurgovie	2.352.557	5.223.578	137.913	8.491.043	1.068.032
21	Tessin	972.304	411.580	166.472	1.223.356	103.535
22	Vaud	9.274.166	82.324	295.410	9.654.600	1.475.553
23	Valais	966.165	850.250	71.350	1.887.765	258.830
24	Neuchâtel	6.412.000	128.023	335.553	6.875.556	1.207.054
25	Genève	4.607.393	225	234.300	4.856.920	»
	SUISSE	82.614.327	50.[illegible]03.044	4.017.226	137.534.597	24.156.915

Recettes, Dépenses, etc.

NUMÉROS	RECETTES			VALEUR des ACCESSOIRES	DÉPENSES	NOMBRE des ÉLÈVES	DÉPENSES par ÉLÈVE
	COMMUNE	ÉTAT	AUTRES RECETTES				
1	1.442.505	537.017	563.360	105.500	2.503.686	48.791	51.4
2	1.829.205	676.715	247.847	232.540	3.018.289	96.158	31.4
3	241.619	197.366	69.137	10.960	551.139	18.000	30.6
4	43.914	5.520	8.424	2.420	49.477	3.109	15.9
5	98.317	3.415	32.434	7.250	95.859	6.789	14.1
6	15.412	1.436	11.297	2.970	30.137	2.288	13.2
7	8.434	9.811	7.644	1.600	26.245	1.625	16.2
8	132.399	27.097	46.033	2.070	206.773	5.718	36.2
9	47.278	10.694	31.989	1.820	91.864	3.380	27.2
10	202.754	17.609	187.007	18.810	432.341	19.363	22.3
11	136.406	71.282	194.163	19.080	395.481	12.420	31.8
12	953	239.653	82.098	8.800	330.245	4.299	76.8
13	83.520	70.615	47.321	36.250	223.846	9.606	23.3
14	123.637	92.065	87.681	3.700	295.566	6.693	44.2
15	108.197	6.000	84.223	23.600	214.763	8.456	25.4
16	8.884	13.605	2.518	2.440	24.296	1.918	12.7
17	892.946	78.100	423.093	59.400	1.503.083	30.955	48.6
18	136.858	2.792	115.221	14.630	276.846	14.170	19.5
19	644.648	102.299	284.101	6.030	1.025.033	30.462	33.6
20	205.749	40.510	245.830	67.200	544.805	14.606	37.3
21	201.796	70.906	7.741	20.510	300.543	17.346	17.7
22	1.058.342	147.084	5.627	153.925	1.338.320	34.368	38.9
23	141.741	»	44.490	16.420	211.496	20.012	10.6
24	450.868	174.093	10.454	2.450	627.292	15.510	40.4
25	113.570	229.583	»	16.500	462.239	7.838	59
Suisse.	8.359.697	2.825.722	2.660.735	857.285	14.781.634	434.080	34.1

Une autre remarque que suscite ce tableau, c'est que ce sont les cantons dont le budget de l'instruction est le plus élevé qui tiennent les premiers rangs.

En Suisse, la grande majorité des cantons ne donne ni récompenses, ni prix ; l'enfant doit travailler uniquement parce que la nécessité de l'instruction lui est démontrée : sa satisfaction doit être celle d'avoir atteint ce but ; sa récompense celle d'être content de lui-même, de faire la joie de ses parents et de recevoir les félicitations de ses maîtres.

A la fin de chaque année scolaire, des examens auxquels assistent les parents ont lieu et les résultats obtenus par l'élève sont indiqués à ceux-ci sur une note que délivre l'instituteur.

L'enfant vit plus que chez nous de la vie de famille, il ne se rend à l'école que pour les heures d'études, parce que dans plusieurs cantons il n'y prend ni récréation, ni repas.

Les bâtiments scolaires où se trouvent les écoles mixtes sont plus souvent divisées en deux ailes, l'une pour les garçons, l'autre pour les filles.

La moyenne des absences pour la Suisse au 31 mars 1882 se monte à 17.8 par élève.

Le maximum se trouve à Genève, 30 absences par élève ; le minimum dans le Valais, 3.8 ; Berne, 28.7 et Vaud, 28.4 suivent Genève.

Dans le canton d'Uri, 28.7 des élèves sont éloignés de l'école de plus de 3 kilomètres ; dans le canton de Vaud, 3.8 0/0 sont dans ce cas, pour la Suisse entière la proportion est de 4.7 0/0 (Genève et Bâle, 0 0/0).

En Suisse, la moyenne des élèves confiés à un seul maître est de 51.9.

Dans le canton de Zurich, chaque instituteur a en moyenne 77 élèves; Berne, 51 élèves; les instituteurs d'Appenzell (Rhodes extérieures) ont les classes les plus nombreuses, 83 élèves en moyenne. Les Grisons n'ont que 31 élèves par maître; Vaud, 43.

Dans l'enseignement du programme dont les matières sont les mêmes que chez nous, on s'attache surtout à apprendre le fond et on développe peu.

Chaque instituteur (sauf à Schaffouse) ne relève directement que de la commission scolaire :

Il se sent indépendant et cette qualité établit entre les membres du personnel d'excellents rapports.

Je noterai aussi la cordialité qui existe entre le maître et l'élève ; il n'y a pas cette raideur qui paraît être chez nous la garantie de l'autorité, l'instituteur suisse semble heureux au milieu de ses élèves qui tous viennent lui serrer la main à l'entrée et à la sortie des classes.

Ces différences tiennent beaucoup au tempérament.

L'école secondaire est frappée d'écolage, mais il y a des bourses pour les nécessiteux.

Presque dans tous les cantons il y a un examen d'admission.

Chaque école a à sa tête un directeur, choisi le plus souvent parmi le personnel de l'école même, éligible pour une ou plusieurs années.

Le programme des matières n'est autre que celui de nos écoles primaires développé auquel est toujours ajouté l'étude d'une langue étrangère.

La statistique ci-contre donne pour chaque canton les produits des écolages, le chiffre des bourses, les dépenses, etc.

Dépenses, etc.

NUMÉROS	CANTONS	ÉLÈVES				DÉPENSES 1881			BIENS DE L'ÉCOLE
		TOTAL 31 Mars 1881.	ÉCOLAGE		BOURSES	ÉTAT	TOTAL	par ÉLÈVE	
			Montant.	Exempt.					
1	Zurich	4.033	»	»	20.676	221.279	504.158	125	1.280.869
2	Berne	3.828	6-100	564	5.457	228.021	546.804	135	662.479
3	Lucerne	650	»	»		24.725	23.190	60	47.823
4	Uri	28	10-20	5		800	1.854	66	150
5	Schwytz	182	5-40	30	70	3.129	14.215	78	124.324
6	Unterwalden-le-Haut	»	»	»		»	»	»	»
7	— le-Bas	47	10-15	5		»	3.200	65	17.650
8	Glaris	244	20-50	22	50	12.500	48.431	198	420.734
9	Zug	135	»	»		»	»	»	1.000
10	Fribourg	290	26-70	10		15.700	27.260	94	5.256
11	Soleure	624	10-20	»	»	32.060	71.059	114	176.411
12	Bâle-Ville	2.125	»		786	87.701	89.350	42	444.105
13	Bâle-Campagne	311	18	1	1.257	4.500	29.355	65	690.751
14	Schaffouse	374	20-16	124	»	28.830	29.708	52	20.805
15	Appenzell (Rhodes extér.)	276	20-50	13	427	500	42.573	134	676.527
16	— (Rhodes intér.)	22	»	»		»	2.090	157	»
17	Saint-Gall	1.273	15-60	344	»	46.500	160.928	117	2.418.130
18	Grisons	261	10-60	20	»	4.270	16.565	47	29.579
19	Argovie	1.580	»	»	»	68.721	178.084	112	220.834
20	Thurgovie	695	15-23	265	70	32.900	75.584	109	212.160
21	Tessin	702	5-7	105	»	33.694	40.785	56	36.713
22	Vaud	104	15-50	4	»	2.650	12.400	129	10.720
23	Valais	71	26	19	»	3.500	4.600	65	38.030
24	Neuchâtel	664	25-30	»	40	37.742	94.820	143	1.266.900
25	Genève	1.478	20	»	»	112.315	150.175	119	121.340
	SUISSE	20.431	5-100	1.984	26.233	1.066.828	2.136.314	106	90.177.720

L'enseignement de la couture est presque toujours confié à une maîtresse spéciale qui doit généralement avoir suivi des cours et subi un examen.

Des commissions de surveillance composées de dames, d'inspectrices, sont chargées du contrôle de cet enseignement.

Comme principe d'enseignement, il y a, je trouve, une excellente chose; chaque élève s'exerce sur une pièce qui doit retourner dans sa famille; elle ravaude un bas, bâtit et monte un col, une chemise, etc.

Les travaux ainsi vus du professeur et des parents invitent l'enfant à y apporter ses soins.

Comme on a pu le voir au chapitre des instituteurs, la nomination de professeur ne constitue pas un titre définitif ni une situation définitive. Il doit continuer à travailler, suivre des cours, passer des examens suivant que le brevet qu'il possède lui a été décerné pour un an, deux ou plus.

Il n'y a pas de lettres d'obédience; le Conseil de l'instruction seul peut dispenser du brevet. Presque toujours le brevet n'est valable que pour le canton où il a été obtenu.

Dans bien des cantons, le corps enseignant est une force; ainsi à Zurich, par exemple, les commissions scolaires désireuses d'introduire le travail manuel dans les écoles primaires ont échoué devant la résistance des instituteurs.

L'examen de la statistique du personnel enseignant donne lieu aux remarques suivantes :

Glaris n'a pas d'institutrices du tout, Bâle-Campagne et Appenzell (Rhodes extérieures) n'en ont qu'une chacun, Thurgovie en a 7 contre 253 instituteurs.

Les cantons qui, proportionnellement, ont le plus d'institutrices, sont :

Obwalden	28 instituteurs et	10 institutrices.
Nidwalden	26 instituteurs et	10 institutrices.
Neuchâtel	247 instituteurs et	131 institutrices.

La Suisse compte 5,840 maîtres primaires et 2,525 maîtresses (70 0/0 et 30 0/0).

Dans l'esprit des Suisses, la femme mariée ne peut faire une bonne institutrice; aussi, 82 0/0 des maîtresses sont-elles célibataires.

1 0/0 des maîtres sont ecclésiastiques, 4 0/0 des maîtresses sont dans les ordres.

Après l'étude de l'organisation de l'enseignement primaire en Suisse, après mes visites dans les écoles et dans l'Exposition, je conclus que les résultats obtenus dans nos écoles sont plus brillants, que le niveau des études primaires est plus élevé; ainsi, si nous prenons, à Paris, un bon élève, de douze ans par exemple, cet élève en saura beaucoup plus que son condisciple suisse du même âge.

A quoi attribuer cette différence, puisque les ouvrages, programmes, méthodes employés là-bas, sont le plus souvent les nôtres et que les examens des candidats à l'enseignement sont également sérieux.

Cela tient uniquement à ceci : l'intelligence de l'enfant n'est point surmenée; de plus les mœurs sont plus simples, les aspirations plus modestes.

Toutefois, je constaterai que si l'enseignement n'atteint pas dans les résultats un degré aussi élevé que chez nous, l'enfant possède peut-être mieux ce qui lui a été enseigné, et presque tous les élèves, à la sortie de l'école primaire, ont une instruction solidement établie.

Paris, le 17 mars 1884.

F. ESCALI.

Directrice de l'école communale de la rue Clausel,

Déléguée à l'Exposition de Zurich.

FIN

TABLE DES MATIÈRES

CHAPITRE IV.

CHAPITRE V.

A TRAVERS L'EXPOSITION.

CONCLUSIONS.

Paris. — Imp. CHAIX (Succ. B), rue de la Sainte-Chapelle, 5. — 1573-5.

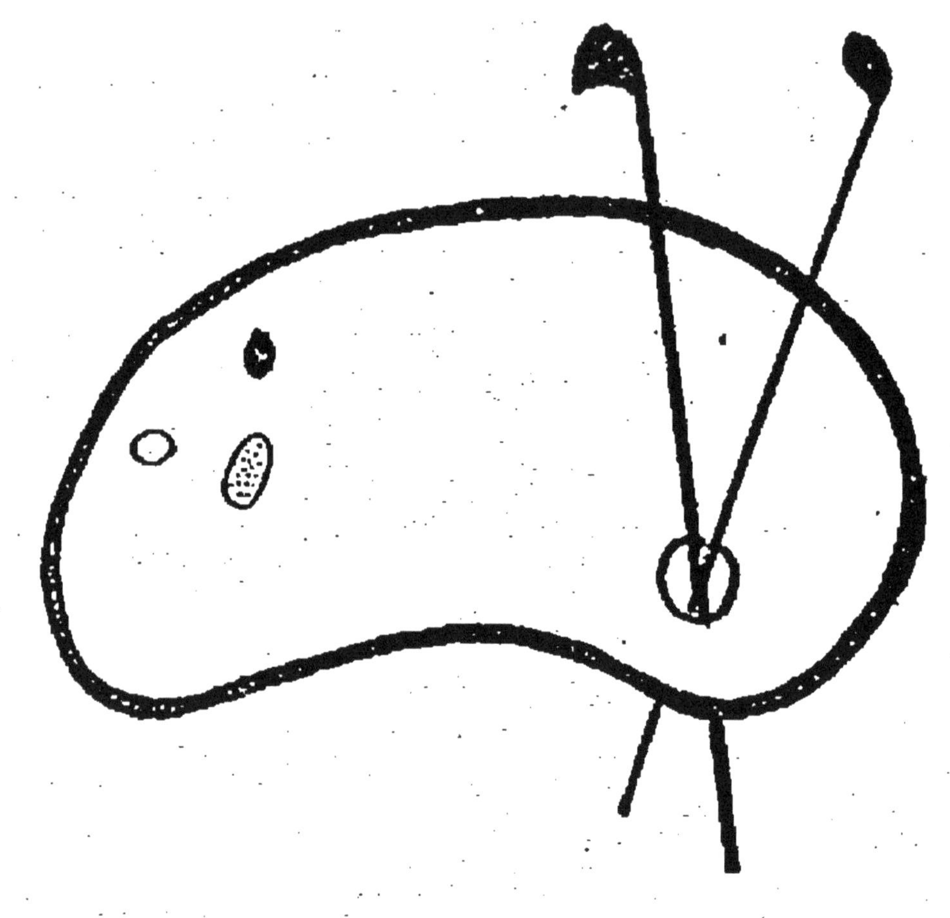

www.ingramcontent.com/pod-product-compliance
Ingram Content Group UK Ltd.
Pitfield, Milton Keynes, MK11 3LW, UK
UKHW020312230726
13925UKWH00002B/375